DELIUS KLASING

Joachim Schult

Langzeitsegeln

Tipps und Erfahrungen

Delius Klasing Verlag

Folgende von Joachim Schult im Delius Klasing Verlag
erschienenen Bücher sind ebenfalls lieferbar:

Auf Rettung ist nicht immer Verlaß
Logbuch für die Charteryacht
Logbuch für die Yacht
Notfälle an Bord – was tun?
Richtig ankern
Segeltechnik leicht gemacht
Segler-Lexikon
Yachtunfälle
Yacht-Wörterbuch

Die Deutsche Bibliothek – CIP-Einheitsaufnahme

Schult, Joachim:
Langzeitsegeln : Tipps und Erfahrungen / Joachim Schult. –
1. Aufl. – Bielefeld : Delius Klasing, 2000
    (Yacht-Bücherei ; Bd. 127)
    ISBN 3-87412-168-2

1. Auflage
ISBN 3-87412-168-2
© by Delius Klasing Verlag GmbH, Bielefeld

Titelfoto und Zeichnungen: Joachim Schult
Umschlaggestaltung: Ekkehard Schonart
Druck und Bindung: Ludwig Auer GmbH, Donauwörth
Printed in Germany 2000

Delius Klasing Verlag, Siekerwall 21, D-33602 Bielefeld
Tel.: 0521/559-0, Fax 0521/559-113
e-mail: info@delius-klasing.de
http://www.delius-klasing.de

Inhalt

Wochenlang an Bord

1. Langzeitsegeln ist eine Lebensform

Langzeitsegler sind Frauen und Männer, die allein, zu zweit, als Ehepaare oder Familien mit Kindern »lange Zeit« mit ihrer eigenen seetüchtigen Segelyacht unterwegs sind, die während dieses Zeitraums ihr Lebensmittelpunkt geworden ist. »Lange Zeit« mag dabei »monatelang« bedeuten oder über mehrere Jahre reichen und jährlich beliebig lange unterbrochen werden.

a) Langzeitreviere liegen nah und fern

Langzeitsegeln ist eine mobile Lebensform, bei der – je nach den Fahrtenzielen – Küstensegeln, Hochseesegeln und Transozeansegeln gleichermaßen, allein oder abwechselnd betrieben werden und eine unbegrenzte Zwischenzeit zum Langzeitliegen, dem längerfristigen Leben an Bord an einem beliebigen Wasserplatz, bestehen bleibt.

Langzeitsegeln ist an kein Revier und kein Lebensalter gebunden. Wer die notwendige finanzielle Basis besitzt, kann mit dem Langzeitsegeln in jungen Jahren beginnen und mit dem eigenen Boot bis ins Rentenalter alle sieben Meere besegeln. Wer erst nach einem erfolgreichen Berufsleben ein Langzeitsegler werden kann, wird so lange an Bord bleiben wollen, wie es seine Kräfte erlauben. Meine Tipps und Erfahrungen gelten für beide Gruppen – und alle, die zwischen ihnen liegen.

Die (vorwiegend) amerikanischen Langzeitsegler haben sich in einer kleinen internationalen und sehr familiären Gesellschaft zusammengeschlossen, die sie »Seven Seas Cruising Association« nennen. Neues Mitglied (nach einer Art

Probezeit) kann nur werden, wer ganzjährig an Bord lebt, mit seinem Boot unter Segeln unterwegs ist und von zwei Mitgliedern als Bürgen empfohlen wurde. Die SSCA gibt monatlich ein Mitteilungsblatt heraus, in dem spezielle Erfahrungsberichte ihrer Mitglieder abgedruckt werden; auch Nichtmitglieder können es abonnieren.

In Deutschland ist der Verein »Trans-Ocean« Sammelbecken und Betreuer der Langzeitsegler gleichermaßen. Er hat derzeit etwa 5000 Mitglieder, darunter auch Österreicher, Schweizer und Segler anderer Länder. Der vor 30 Jahren gegründete »Verein zur Förderung des Hochseesegelns« gibt vierteljährlich ein Mitteilungsblatt heraus, in dem deutsche Langzeitsegler von ihren Reisen in die oft entlegensten Gebiete unserer Erde berichten. Weltweit hat er ein Netz von Stützpunkten aufgebaut, um die Mitglieder auch im Ausland zu betreuen. Für besondere hochseeseglerische Leistungen vergibt der Verein bei seinen jährlichen Treffen den »Trans-Ocean-Preis« (TOP) und mehrere »Trans-Ocean-Medaillen« (TOM).

»Blauwasser« ist kein nautischer Begriff

Wenn man in Deutschland in diesem Zusammenhang das Wort »Blauwasser« benutzt, dann ist dies mehr ein poetischer denn nautischer Begriff. In die internationale Hochseeseglerszene wurde er wohl erstmalig 1923 eingeführt, als der »Cruising Club of America« die »Blue Water Medal« stiftete, um jährlich die beste internationale Leistung im Hochseesegeln auf den sieben Meeren zu würdigen.

In den USA wird diese Wortverbindung hauptsächlich im Sinne eines Eigenschaftswortes benutzt: »Blaues Wasser« kann die Tiefsee jenseits der Schelfgürtel bezeichnen, die »hohe See« fernab der nächsten Küste, das »freie Meer« außerhalb der Seegrenzen eines Staates. Blau ist im Wasser und in der Luft die Farbe der Unendlichkeit und Reinheit – im Gegensatz zu der hellbraunen Wasserfarbe in unseren flachen Küstengewässern, in die Flüsse ihre Sedimente einleiten und die ewig wechselnden Tidenströme den Schlick des Grundes immer von neuem aufwirbeln.

Man vergisst bei dieser Benennung jedoch oft, dass zum Beispiel an der türkischen Küste, an der auch viele deutsche Yachten ihren Liegeplatz haben, die Wassertiefe von über 1000 Metern und somit »blaues Wasser« bereits eine

Seemeile hinter der Hafeneinfahrt beginnt – mit einem ozeanähnlichen Seegang – und das ebenso tiefe »Blauwasserrevier« der Ägäis alle Dutzend Meilen mit Felseninseln gespickt ist. Man segelt hier also bei über 1000 m Wassertiefe keineswegs »fernab einer Küste«, sondern unter den Bedingungen
üblicher Küstennavigation und sorgfältiger Seemannschaft.
Andererseits gibt es in den Ozeanen ausgedehnte Flachwassergebiete mit
Wassertiefen unter 10 m und einem Gewirr zahlloser Inseln, für die man die
vorgenannten Definitionen als Blauwasserrevier nicht ohne weiteres anwenden
könnte und wo somit andere Bedingungen für die Seemannschaft gegeben sind
als auf »hoher See«.
Auch wenn die erste »Blue Water Medal« dem Franzosen Alain Gerbault für
seine Einhand-Weltumseglung verliehen wurde, vergab man sie in den Folgejahren hauptsächlich für Atlantikreisen oder andere weltweite Fahrten, aber an
keine Weltumseglung auf der so genannten »Barfußroute« im Passatgürtel mehr.
Sie ist nur ein, aber nicht das einzige Revier zum »Blauwassersegeln«.
Wenn man heutzutage in Deutschland hört, »Blauwassersegeln sei eine der
letzten großen Freiheiten unserer Zeit«, dann müsste man diese Feststellung
wohl ganz allgemein mit einem Revier verbinden, auf dem Hochseesegeln über
der blauen Tiefsee möglich ist – also auch im Mittelmeer. In Büchern, Semi-
naren, ja selbst in Versandkatalogen wird jedoch deutlich, dass man diesen
Begriff weitgehend mit dem einer Weltumseglung, zumindest mit ausgedehnten Transozeanreisen und hauptsächlich durch die Südsee verbindet. Dabei
bleibt jedoch oft unerwähnt:

- Das eigentliche »Segeln«, das heißt die Tage auf See, um von Kontinent zu
  Kontinent, von einem Hafen zu einem Ankerplatz oder von einer Küste zur
  anderen zu gelangen, nimmt nur einen Bruchteil dieses »Blauwassersegelns«
  ein.
- Demgegenüber verbringt der »Blauwassersegler« zum Beispiel bei einer
  Weltumseglung, für die man sich meistens vier Jahre Zeit nimmt, nur etwa
  350 Tage auf See, aber über 1000 Tage oder die dreifache Zeit im Hafen
  oder am Ankerplatz.

b) Blauwassersegler sind Langzeitsegler

Insoweit ist auch ein so genannter »Blauwassersegler« ein »Langzeitsegler«. Aber wer »Langzeitsegeln« betreiben will, muss seine Fahrtenziele nicht unbedingt nur auf der Passatroute der Ozeane suchen – er kann auch »auf Blauwasserfahrt« im Mittelmeer gehen oder an fremden, überseeischen Ozeanküsten nordwärts bis in die Arktis oder südwärts bis in hohe Breiten segeln.

Ich habe diese moderne und mobile Lebensform, die uns Seglern erst in unserer Generation durch viele glückliche Umstände und Entwicklungen ermöglicht wurde, daher »Langzeitsegeln« genannt und sie zwischen »Fahrtensegeln« und »Aussteigen« eingeordnet.

Ein Fahrtensegler kann lange Reisen nur in den zeitlich begrenzten Urlaubszeiten seines Berufslebens machen. Nur in dieser Zeit lebt er an Bord.

Ein Aussteiger kehrt mit seinem Boot der Heimat den Rücken und hat (oft) alle Verbindungen hinter sich abgebrochen.

Ein »Langzeitsegler« hat sich demgegenüber praktisch einen schwimmenden Zweitwohnsitz geschaffen – auch wenn der Erstwohnsitz zu Hause während der Zeit der Abwesenheit vielleicht nur in einem Speicher mit seinen eingelagerten Möbeln liegt.

»Langzeitsegeln« schließt ganz selbstverständlich das »Langzeitliegen« ein, das Wohnen an Bord, im Hafen und vor Anker, das mehr als die tatsächliche Segelzeit in Anspruch nimmt.

Langzeitsegeln ist Hochseesegeln und Küstensegeln gleichermaßen, wobei ein mehrtägiger oder mehrwöchiger Trip über den Atlantik in einer seetüchtigen Yacht erfahrungsgemäß leichter zu bewältigen ist als das in gleicher Zeit erforderliche Ansteuern fremder Küsten oder das oftmalige Einlaufen in mehrere unbekannte Häfen und Ankerplätze.

Langzeitsegeln muss nicht nur das Erlebnis der See, die Freude des Segelns, den Umgang mit dem Boot und den Kontakt zu Gleichgesinnten zum Ziel haben, sondern auch das Bedürfnis erfüllen können, historische Sehenswürdigkeiten in fremden Ländern zu besuchen, an kulturellen Ereignissen im Ausland teilzunehmen oder einfach nur Wunschziele wie z.B. den Polarkreis in Norwegen, das Amazonas-Delta in Brasilien oder den Kanal von Korinth im Mittelmeer zu erreichen.

Langzeitsegeln muss nicht ausschließlich Seniorensegeln und Ehepaarsegeln sein, auch wenn viele von uns erst am Ende eines Berufslebens die Möglichkeit erhalten, auf einer gesunden finanziellen Basis die eigene Yacht zum Lebensmittelpunkt zu machen. Oft wird er im Ausland liegen, aber meistens wird der heimische Wohnsitz (wenn auch verkleinert) beibehalten und die Yacht nicht ganzjährig benutzt und bewohnt werden.

Langzeitsegeln kann auch bedeuten, ein befristetes Jahr z.B. als »verlängerte Hochzeitsreise« im Mittelmeer unterwegs zu sein, nach einigen Berufsjahren ein »Sabbatjahr« einzulegen, eine zeitlich begrenzte »Auszeit« zu nehmen, nach der ein Wiedereintritt in die alte Position vom Arbeitgeber garantiert wird, oder als junge Familie mit zwei oder drei noch nicht schulpflichtigen Kindern im europäischen Nahbereich unterwegs zu sein, bis der Ernst des Lebens die Großen wie die Kleinen einholt.

2. Langzeitsegeln mitten im Leben

Als ich noch ein ganz junger Segler war, habe ich das Buch *Hochzeitsreise – aber wie!* von Erling Tambs verschlungen und immer wieder gelesen: einen Bericht über die Langreise des Lotsenkutters TEDDY durch zwei Weltmeere, die im Jahre 1928 in Norwegen beginnt. Am Anfang sind es nur Sie und Er. Auf den Kanaren wird im Jahr darauf Sohn Antonio geboren, und im Pazifik macht Töchterchen Klein-Tui die Bordfamilie komplett. Die Südsee wird durchstreift – und dann findet die Reise in Kawau vor Auckland ein jähes, unerwartetes Ende: Die TEDDY strandet, bedingt durch Sturm, Nacht und Gezeitenstrom, und die glückliche Familie verliert mit ihr das Heim und alles Hab und Gut.

a) Wenn Kleinkinder an Bord aufwachsen

Solcherart Langzeitsegeln, das mit einem Paar beginnt und im Familienverbund mit Kindern glücklicher als bei Erling Tambs endet, ist in Deutschland erst nach dem Beginn des Wirtschaftswunders und einer harten, weltweit konvertierbaren D-Mark möglich geworden. Zweifellos ist es die idealste Form des Fahrtensegelns, bei der die Kinder nicht nur unterwegs ganz von alleine einsteigen können, sondern sich auch (bis zum schulischen Ernst des Lebens) in der kleinen Welt des Bootes ganz selbstverständlich zu Hause fühlen. Aber in so jungen Jahren fehlt bei den meisten noch die finanzielle Basis für einen Langzeittörn mit einer adäquaten Langzeityacht.

Unsere TO-Freunde Carola und Harry gehören zu den Glücklichen, die mit ihrem 15-m-Alu-Seekreuzer etwa 1984 zu einer Weltumseglung aufbrachen und es wie Julie und Erling Tambs machen konnten: Der erste Sohn wurde ein Kind des Atlantiks, der zweite ein Kind des Pazifiks – geboren nur wenige Stunden, nachdem die LAROCA Tahiti erreicht hatte. Das Langzeitsegeln endete einige Jahre später in einem Mittelmeerhafen und zu einer Zeit, als die Schulpflicht die Kinder auf den festen Boden unserer Gesellschaft und in die Ordnung einer Wohnung an Land holte.

b) Langzeitsegeln als junge Familie

Natürlich ist es auch der Wunsch eines Seglerpaares, zuerst die Familie zu gründen und erst dann mit Kind und Kegel einige Jahre an Bord zu leben und gleichzeitig die Kurse zu ausgesuchten Traumzielen mit der ganzen jungen Familie zu steuern. Diese Ziele müssen nicht in der Südsee liegen, wie man angehenden »Blauwasserseglern« gern einredet, und es müssen auch nicht jene Etappenziele sein, die heute fast jeder Weltumsegler im Kielwasser seines Vorgängers auf der Passatroute anläuft – von den Kanaren zum Panamakanal und über Tahiti und Nordaustralien durch das Rote Meer ins Mittelmeer zurück.

Das Budget hat – zum Beispiel bei einer vierköpfigen Familie – einen entscheidenden Einfluss auf die Törnplanung, und die Rücksicht auf das physische und psychische Wohlergehen der Kleinkinder schließt mehrere Transozeantörns, auf denen sie lange Wochen auf engstem Bordraum bewegungsarm eingesperrt sind, ohnehin aus.

Kinder an Bord brauchen ihre eigene Welt

Das Problem mit Kindern an Bord ist bekanntlich: Kleinkinder lieben Bewegung. Später brauchen sie gleichaltrige Freunde. Jedes Kind benötigt eine dem jeweiligen Lebensalter angemessene Umwelt, für die das Boot zu klein wird und das Meer zu groß bleibt. Es muss die Möglichkeit erhalten, auf kindlichen Erkundungszügen zu Wasser und zu Lande durch die nähere Umgebung zu streifen und die Welt auf seine eigene, ganz persönliche Art kennen zu lernen. Mädchen und Jungen müssen kindliche Spiele mit ihresgleichen spielen dürfen. Sie brauchen täglich viel Abwechslung.

Kinder leiden unter dem (notgedrungen) ständigen Ortswechsel, mit dem jeder größere Lebensbereich eines Hafens oder eines Ankerplatzes, in dem sie gerade heimisch geworden sind, abrupt verlassen wird. Eltern sind natürlich die wichtigsten Bezugspersonen. Aber sie sind an Bord die einzigen. Kinder an Land, die Lehrer und Nachbarn, Freunde und Großeltern, Tanten und Neffen um sich herum haben (können, wenn sie wollen), sind reicher (ohne es zu wissen). In besonders guter Erinnerung habe ich noch das Bordleben einer jungen Seglerfamilie, die wir im frühen Frühjahr 1999 auf Korfu trafen. Sie hatte bereits ein knappes Jahr Langzeitsegeln erprobt.

Kinder an Bord: Mit fünf Jahren brauchen sie Auslauf an Land und täglich neue Anregungen für ihre Fantasie – durch gemalte Gesichtsmasken beispielsweise, um in die Rolle von Katzen, Pantern und anderer Tiere schlüpfen zu können, über deren Lebensgewohnheiten vorgelesen wurde.

Die Eltern Bärbel und Jörg, beide etwa dreißig Jahre jung, und die Kinder Julian, gerade fünf, und Hanna-Nele, eineinhalb, waren mit der 10,80 m langen TRUE LOVE vom Typ Shogun, die sie gebraucht gekauft hatten, im August 1998 in Monfalcone an der nördlichen Adria gestartet, hatten in der Gouvia-Marina überwintert und schickten sich nun an, über die Ionischen Inseln ins westliche Mittelmeer zu segeln.

Jörg hatte seinen Beruf als Außenhandelskaufmann aufgegeben, und aus dem guten Verkaufserlös eines eigenhändig restaurierten Hauses, das ihnen vor Jahr und Tag die Eltern geschenkt hatten, konnte ein Budget für vier Jahre Langzeitsegeln erstellt werden, das sich wohl einhalten ließ. Später? »Mit den Erfahrungen dieser Jahre wird sich nach unserer Rückkehr in unsere westfälische Heimat eine neue Existenz aufbauen lassen«, zeigt sich Jörg optimistisch.

Segler-Eltern müssen sehr kinderlieb sein

Besonders auffällig, wie ausgeglichen die Eltern sind, wie liebevoll sie mit den Kindern umgehen, wie oft und lange sie sich täglich den Kindern widmen und wie lebensfroh die Kleinen selbst ihre Hafentage verbringen.

Die Eltern und Julian haben Fahrräder an Bord, mit denen sie fast täglich kurze Ausflüge machen. Bewegungstherapie. Hanna fährt dabei in einem (für Backskistengröße) zusammenlegbaren Hänger mit, in den gegebenenfalls auch Julian zusteigen kann, und natürlich wird mit diesem leichten Gefährt auch der Haushaltsbedarf aus den entfernteren Supermärkten an Bord gekarrt – und Pampers-Windeln.

Das Überwintern im Mittelmeer beschert viele kalte Tage und Nächte, aber es ist in einer Marina (für einen fairen Halbjahrespreis) komfortabler zu meistern als in einem kleinen Fischerhafen oder gar nur am Ankerplatz, wo der Daueraufenthalt mit Kindern ohnehin ausscheidet.

Die Kinder haben viel Spielzeug an Bord. Die Kajüte ist voll davon. Sie ist ihr Reich. Julian reitet mit dem Steckenpferd durch den Hafen. Er wird jeden Morgen von seiner Mutter in der Maske eines anderes Tieres geschminkt, als das er über den Steg rennt oder hüpft. Heute als Tiger, gestern als Affe, morgen als Känguru – entsprechend der Geschichte, die am Tage vorgelesen wird. Solche unbekannten Tiere malt er auch, wenn er mit Buntstiften umgehen darf. Hanna genießt ihren Bewegungstrieb. Sie trägt ihre bunte Schwimmweste mit

Ein (zusammenleg-
barer) Fahrradanhänger
übernimmt die Stelle
einer Kleinkinderkarre.
Er kann auch als Zwei-
sitzer dienen und für
den Transport des
täglichen Bordbedarfs
eingesetzt werden.

Einjährige, die an Bord laufen gelernt haben, vervollkommnen im zweiten Lebensjahr
die Sicherheit ihrer Bewegungen, wenn sie täglich mehrmals auf schwankenden
Gangborden an und von Bord gehen dürfen.

Stolz, ist erstaunlich sicher, wenn sie über die Gangway an Bord des eigenen Bootes geht und auch die Nachbarschiffe besucht. Barfuß und mit Schuhen probiert sie Holzplanken und Stahlbelege aus und balanciert, oft allerdings ein wenig schwankend, mutig über den zwei Meter breiten Wassergraben zwischen Steg und Bordwand.

Auf See sitzt sie in einem Autositz in der Plicht, sicher gezurrt. Ihr genügen (noch) Zugucken und Arbeit für die Hände, während der ältere Bruder sich trotz seines Sicherheitsgeschirrs mit langer Leine an Deck viel mehr angebunden fühlt. Die Eltern halten nichts davon, größere Distanzen nachts zu segeln, wenn die Kinder sicher in den Kojen schlafen. Die Kleinen sollen die See und das Segeln miterleben – aber dann müssen die Törns kurz sein, Tagesetappen also, mit einem sicheren Ankerplatz in Reichweite.

Die weitere Zeit- und Routenplanung bleibt für die Familie jetzt noch unbestimmt: Zuerst ist (150 sm entfernt) ein Treffen mit einem anderen Boot vorgesehen, zu dem die True Love aufbricht: Auch dort sind zwei gleichaltrige Kinder an Bord, sodass man »mackern« kann.

Ohne Kleinkinder über den Atlantik

Realistisch der weitere Plan: Der Intracoastal-Waterway in den USA ist das ferne Wunschziel, das man über Gibraltar – Madeira – Kanaren – Karibik erreichen will. Jörg meint, er wird den Transozeantörn wohl ohne Frau und Kinder segeln müssen. Alle drei sollen mit dem Flugzeug nach Barbados nachkommen. Er will den Kleinen die (mehr als) dreiwöchige Gefangenschaft an Bord auf der Passatroute ersparen. Lassen sich zwei Kojen nicht verchartern, werden Freunde als Crew mitsegeln.

Und dann? »Julian kann, wenn er sieben Jahre alt wird, gegebenenfalls später eingeschult werden, oder wir können ihn (mit pädagogischer Fernbetreuung) auch an Bord unterrichten«, sagt Jörg. »Wenn auch Hanna schulpflichtig wird, muss unser Langzeitsegeln zu Ende sein. Dann ist auch das gesparte Geld alle, und wir müssen ohnehin wieder in das Berufsleben einsteigen. Aber«, fügt er selbstsicher hinzu, »dieses Langzeitsegeln wird uns als Erlebnis geformt haben, uns und die Kinder, so hoffen wir, auch für den Alltag der Folgezeit.« Julian und Hanna hatten insofern einige glückliche Wintermonate hinter sich, als sich das Eignerpaar eines Nachbarbootes, wann immer es möglich war, mit ihnen als »Tante« und »Onkel« beschäftigten und sie auf dessen Boot wie auf ihrem eigenen zu Hause waren.

Der Kontakt zu den Einheimischen ist auch beim wochenlangen Liegen im Hafen erfahrungsgemäß (und nicht nur wegen der unvermeidbaren Sprachbarriere) kaum herzustellen. »Vielleicht über den Sandkasten am Spielplatz«, ist Bärbels Erfahrung. In vielen Häfen bemüht sich die anglikanische Kirche um Kontakte unter ihren ausländischen Angehörigen. So veranstaltet sie z.B. hier und dort für Mütter englischer Herkunft, die mit Inländern verheiratet sind, regelmäßige Kaffeenachmittage mit Kinderspielen, zu denen sich auch deutsche Seglerinnen mit ihrem Anhang einladen lassen können.

c) Grundschulkinder können seekrank werden

Marian war acht und Bruder Hannes elf Jahre alt, als die Eltern Brigitte und Jens im Sommer 1995 mit einer Westerly 39 für einen zweijährigen Langzeittörn von der Elbe aus in die Karibik starteten. Brigitte hatte ihren Beruf als Lehrerin an einer Gesamtschule für zwei Jahre unterbrechen können und damit gleichzeitig die problemlos erteilte Genehmigung erhalten, ihre Kinder während dieser Zeit an Bord unterrichten zu dürfen. Jens hatte als Architekt eine Freistellung von seinem Arbeitgeber erhalten (dennoch wurde er nach seiner Rückkehr nicht wieder eingestellt).

Seefähig nur mit Tabletten und Zäpfchen?

Die gewählte berufliche Auszeit der Eltern war bewusst in die Jahre vor Beginn der Pubertät ihrer Kinder gelegt worden. Das Problem des Langzeittörns blieb die Seekrankheit der Kinder und deren Ablehnung von Tabletten dagegen, wann immer die Leinen losgeworfen wurden. Bereits auf dem Weg von Portugal über Madeira zu den Kanaren konnten sich die Jungen nicht an die Bewegungen des Bootes im Seegang gewöhnen. Sie litten in ihren Kojen, aßen nicht, erbrachen sich und sehnten nur das feste Land herbei, auf dem sie wieder stehen konnten.

Die Mutter musste schließlich zu Zäpfchen greifen, die alle zwölf Stunden eingeführt wurden, um die Kinder von Seekrankheit (und wohl auch Angst) zu befreien. Die gleiche Dosis mussten beide Jungen dann auch während der Atlantiküberquerung im Rahmen der ARC erhalten – 20 Tage lang. Eine wohl unumgängliche, aber über einen so langen Zeitraum auch vertretbare Behandlung mit Tranquilizern? Die auf ein bis zwei Tage begrenzten Seetörns während der zweijährigen Karibikzeit überstanden die Kinder, indem sie einfach nichts aßen. Da sich die Seekrankheit auch nach Monaten des Langzeitsegelns nicht legte, kehrten die inzwischen zehn und dreizehn Jahre alt gewordenen Brüder daher 1997 mit dem Flugzeug zurück, während die Eltern allein über den Atlantik in die Heimat segelten.

Bücherlesen statt Fernsehen

»Das Wichtigste, das die Kinder an Bord gelernt haben, ist das Lesen von Büchern«, sagt Brigitte. »Am Anfang galt ihr Interesse nur dem Fernsehen, dem Sport und anderen Aktivitäten. Später war ihr Lesehunger kaum zu stillen. Sie konnten nie genug Bücher bekommen.« Die Hauptaufgabe des Deutschunterrichts bestand in der Tagebuchführung. Je länger die Reise dauerte, desto sorgfältiger und ausführlicher haben die Jungen ihre täglichen Erlebnisse, die Beobachtungen der Tier- und Pflanzenwelt sowie wichtige Ereignisse auf See und an Land festgehalten. »Unsere mehrwöchigen Ausflüge in die Hurrikan-

Hunde bleiben an Bord problematisch, selbst wenn ihre Einreise erlaubt ist. Sie haben zwar beim Langzeitliegen genug Auslauf auf dem Steg, doch laufen sie schon bei Ausflügen im Hafengebiet Gefahr, von den Tierfängern der staatlichen Gesundheitsbehörden eingefangen zu werden. Anstelle eines Halsbandes kann ein Bordhund durch ein Halstuch mit maritimem Muster gekennzeichnet werden.

zeit bis nach Brasilien nehmen darin natürlich den größten Teil ein«, sagt die Lehrerin.

Diktate in Deutsch und Englisch, Lesen und Konversation in Englisch, erlebnisbezogener Kurzunterricht in den Naturwissenschaften sowie natürlich Schwimmen, Tauchen und anderer Sport haben die beiden Jungen befähigt, nach ihrer zweijährigen Auszeit in den alten Klassenverband zurückzukehren. Und natürlich segeln sie auch noch in den Sommerferien 1999 in der Ostsee, jetzt 15 bzw. 12 Jahre alt – ohne Seekrankheit.»In der Zeit der Pubertät ist längeres Segeln eine Strafe für die Kinder«, so die Meinung der erfahrenen Pädagogin Brigitte.»Unser Langzeitsegeln haben wir dementsprechend zeitgerecht beendet.«

d) Segeln in der Pubertät der Kinder?

Gerd und Gisela, die wir vor Zypern trafen, hatten ihre 13- und 15-jährigen Söhne für ein Jahr aus der Schule heraus- und mit auf ihre Langfahrt in der Mitte des Lebens genommen. Zuerst hatten sie einen Jahresurlaub genutzt, um ihren 12-m-Alu-Kreuzer ins Mittelmeer zu überführen, und ihn in Antalya eingewintert. Im Jahr darauf starteten sie mit Kurs Süd, segelten durch das Rote Meer an Afrikas Küste entlang und rund Madagaskar, liefen nordwärts Richtung Indien und in den Persischen Golf und kehrten auf Gegenkurs ins Mittelmeer zurück.

Wenn ich recht erinnere, waren beide Eltern Lehrer, sodass die Kinder regelmäßig an Bord unterrichtet werden konnten. Aber am Verhalten der beiden Jungen, das wir einige Zeit miterleben konnten, wurde doch deutlich: Wenn beim Langzeitsegeln die Weiterbildung der Kinder nur auf die Vermittlung von Lernstoff reduziert wird, muss die Entwicklung des sozialen Verhaltens in diesen Kinderjahren, das Unterordnen oder Einordnen in eine Gruppe, das Abstecken der persönlichen Grenzen und das Entwickeln anderer, eigener Aktivitäten zwangsläufig verkümmern.

Lernstoffvermittlung ist nicht alles

Beide Jungen wirkten auf uns unsicher. Sie schienen an Bord und in der kleinen Gruppe der Bootsfamilie zufrieden zu sein, aber ihre Verhaltensweise entsprach nicht der von Kindern im gleichen Alter, die sich – wie sie – in der Pubertät befinden: Sie konnten sich nicht auf sich selbst zurückziehen. Das enge Boot konnte ihnen keinen Freiraum bieten. Sie konnten sich nicht (auf Zeit) von den Erwachsenen abkehren. Sie konnten nichts unternehmen, bei dem die Eltern nicht ebenfalls beteiligt waren (z.b. eine Disko besuchen oder nur ziellos umherstreunen).

Mit der Pubertät tritt die Sexualität ins Leben. Es entwickeln sich andere Beziehungen zwischen den Geschlechtern. Es beginnen Unterhaltungen über Sex, welcher Art auch immer sie unter den Jugendlichen sein mögen. Auch die besten Eltern können diese Gespräche mit Gleichaltrigen nicht ersetzen. In diesem Lebensabschnitt sollten Kinder daher nicht am Langzeitsegeln teilnehmen (müssen). Man sollte sie zu Hause, in ihrer vertrauten Umwelt und im Zusammenhalt des Freundeskreises, ihren Großeltern oder Verwandten anvertrauen und sie nur zu einem kurzen Ferienaufenthalt an Bord bitten. Oder man sollte sie erst nach Abschluss ihrer Ausbildung, wenn sie volljährig sind, zum Langzeitsegeln einladen.

Unser 14-jähriger Enkelsohn, der in allen Jahren seines jungen Lebens jeweils drei Wochen an Bord war, ein begeisterter Segler wurde und gut 5000 Seemeilen auf vielen Hochseetörns erlebte, brachte es auf den Punkt: »Segeln länger als vier Stunden ist langweilig. Ich brauche mehr Aktivitäten an Land!« Enttäuschend für mich? Keineswegs – es ist der Lauf der Zeit. Auch seine Mutter urteilte nicht anders, als sie im gleichen Alter war. Und segelte trotzdem mit – inzwischen seit über 40 Jahren.

e) Familiensegeln – die Kinder sind flügge

Auch für unsere eigene Familie gab es während der Schulzeit der Kinder nur Langfahrten in den Sommerferien. Aber ein Traumziel blieb: Wenn Jochen sein Studium beendet und Susanne nach dem Abitur den Studienplatz in der Tasche hätte, sollte es eine große »Familien-Auszeit« unter Segeln geben. Hierzu bauten wir uns von 1974–1975 ein eigenes 9-m-Kunststoffboot, den »kleinen« Cormoran (mit Vater und Sohn als Eigner) und segelten nach seiner Erprobung in Ost- und Nordsee von 1978 bis 1980 ca. 25000 Seemeilen diesseits und jenseits des Atlantiks, wo wir etwa 150 Häfen in mehr als 20 Ländern besuchten. Es war ein großartiges Lebenserlebnis, auch wenn berufliche oder familiäre Verpflichtungen den einen oder anderen von uns gelegentlich und für kurze Zeit die Langfahrt unterbrechen und nach Hause fliegen lassen mussten. Anregung für diese Familien-Langfahrt gaben uns unsere damals 56 und 54 Jahre alten Trans-Ocean-Freunde Dorothea und Peter Bufe, die von 1974 bis 1976 in der 12,95 m langen Hikueru III um die Welt segelten und während dieser Zeit nacheinander ihre zwischen 25 und 30 Jahre alten vier Kinder mit deren Angehörigen auf einzelnen Etappen mitnahmen. Peter hatte im Krieg einen Teil seines rechten Unterarmes verloren und beherrschte dennoch die Seemannschaft besser als manch Beidhänder, und Dorothea, bereits Großmutter, war im Bootsmannsstuhl unter dem Masttopp genauso zu Hause wie am Herd in der Pantry.

f) Langzeitsegeln mit beruflicher Auszeit

Ein so genanntes »Sabbatjahr« leisteten sich Sabine und Jörg, die im Sommer 1998 mit ihrer Leisure 28, einem noch im alten Konstruktionsstil gebauten, 20 Jahre alten 8,55-m-GFK-Seekreuzer von Köln aus durch die französischen Kanäle ins Mittelmeer gingen, nach ausgedehnten See- und Küstenfahrten in Fetiye an der türkischen Südwestküste überwinterten und im Frühjahr 1999 über die Inseln des westlichen Mittelmeers auf dem Binnenwasserweg wieder zurückkehrten. Ein Beispiel von vielen: Sie (28) Erzieherin, die sich für ein Jahr freistellen ließ, er (31) Kraftfahrzeugmeister, der seinen Job quittierte – in der Erwartung, als Fachmann schnell wieder eine andere zusagende Arbeitsstelle zu finden.

Sabbatjahre für Beamte ohne Risiko
Wir trafen viele solcher »Auszeitnehmer«, die heutzutage ganz legal und (z.B. als Beamte oder Angestellte im öffentlichen Dienst) ohne berufliches Risiko schon in der Mitte des Lebens einen Langzeit-Segelurlaub nehmen können, zu

dem die meisten Fahrtensegler bis zum Ruhestand warten müssen. Sie kehren dann wieder in ihr Berufsleben zurück und können mit den gesammelten Erfahrungen ihren künftigen Lebensabschnitt »Langzeitsegeln im Rentenalter« besser planen.

Da war beispielsweise Manfred, der als Rundfunkkorrespondent monatelang in einer Krisenregion festgehalten worden war. Er hatte als Entschädigung einen entsprechenden Urlaub erhalten, den er zu einem (fast voll bezahlten) »Sabbatjahr« erweitern durfte. Neben seinen Törns im Blauwassergebiet des Mittelmeeres mit seiner Frau Monika widmete er sich dem Fertigbau seines als Kasko erworbenen Seekreuzers. Nach jeder Segeletappe war Basteln seine Lieblingsbeschäftigung.

Bemerkenswert auch, wie das junge Schweizer Paar Karin und Nick, die wir im März 1999 in Brindisi trafen, ihr Aussteigerjahr gestalteten: Sie hatten sich (vorher ohne Boot) nahe Grado einen älteren kleinen Seekreuzer preiswert gekauft, wollten mit ihm nach Herzenslust durch das Mittelmeer streifen und das Boot am Ende ihrer (noch nicht befristeten) Auszeit irgendwo wieder zu Geld machen.

Betrachten wir die Berufe der »Aussteiger auf Zeit« insgesamt, so fällt auf: Beamte, insbesondere Lehrer, sind besonders häufig vertreten. In unserer schnelllebigen technischen Zeit wird ihnen nicht nur der Arbeitsplatz garantiert, sie müssen auch nicht befürchten, den Anschluss an die Entwicklung der Arbeits- und Informatikgeräte zu verlieren. Der Pythagoras bleibt auch nach Jahr und Tag noch unverändert gültig, und in ein neues Computerprogramm wird ein Wiedereinsteiger von Amts wegen eingearbeitet. Aus dem normalen Berufsleben kann man sich wohl ebenso leicht lösen – aber der Wiedereinstieg wird zunehmend schwieriger sein.

3. Langzeitsegler sind auch Langzeitlieger

Im Englischen werden Langzeitsegler »live-aboarders« genannt, wenn oder weil sie ständig oder fast immer an Bord leben. In Deutschland und im Sinne dieses Buches sollen auch solche Personen und Familien als glückliche Langzeitsegler gelten, die ihre Wohnung daheim nicht aufgeben müssen, ihr Boot in den kalten Monaten des Mittelmeers oder in der Hurrikanzeit der Karibik auf einer ausländischen Werft oder in der Obhut einer Marina auflegen können und nur den größten (und besten) Teil des Jahres an Bord verbringen.

a) Mit Langzeityachten wohnlich segeln

Langzeitsegler sind gleichzeitig Langzeitlieger, das heißt: Auch wenn sie jährlich vielleicht 100 Tage auf See unterwegs sind, werden sie mindestens die gleiche Zeit am Kai kleiner Häfen oder in geschützten Buchten vor Anker liegen. Insoweit leben sie nicht anders (oder noch sportlicher) als zum Beispiel Jimmy Cornell, der die so genannten »Blauwasserseminare« veranstaltete und durch die Vermarktung von Transozean-Rallys (z.B. ARC) reich wurde.

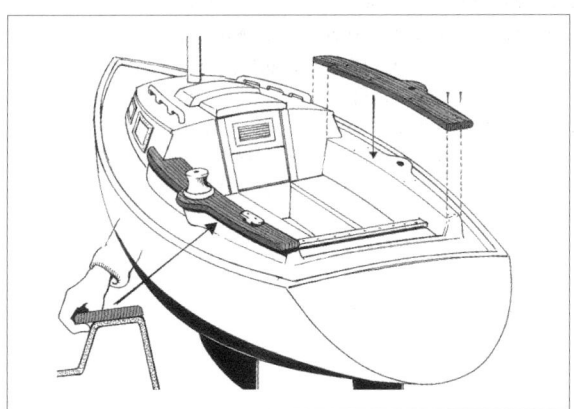

Für Sicherheit und Bequemlichkeit nachträglich anbringen: eine Holzplanke mit 50 mm Überbreite auf der oberen Süllfläche, an der man sich in der Plicht mit der Hand festhalten kann.

Mit seiner Frau Gwenda und den beiden fünf- und siebenjährigen Kindern segelte der gebürtige Siebenbürger auf der AVENTURA in sieben Jahren um die
Welt und verbrachte dabei zwar etwa 500 Tage auf See, aber auch gut 2000
Tage in Häfen und an Ankerplätzen. Bei einer vierjährigen Weltumseglung mag
das Verhältnis Seetage zu Hafen- und Ankertage 400 zu 1000 betragen.
Langzeitlieger sind somit viele Monate lang Bewohner ihres Bootes, das dann
quasi zum »Hausboot« wird. Diesem Umstand muss man bereits bei der Auswahl seines Bootes Rechnung tragen, beispielsweise bei der ausreichenden Stehhöhe, der Bewegungsfreiheit in allen Räumen, der Belüftung der Kajüte, der Größe der Stauräume und anderer, weiter unten genannter Kriterien. Insbesondere die
täglichen Aufgaben in Haushalt und Lebensführung sollten nicht unter beengten,
mobilen Verhältnissen erledigt werden müssen.

Revierwechsel wie bei den Zugvögeln

Die Masse der amerikanischen Live-aboarders an der Atlantikküste verbindet
das »Langzeitliegen« auf eine glückliche Art und Weise mit der Periode des
aktiven »Fahrtensegelns«: Alljährlich im November zieht eine endlos lange Flotte
von Seekreuzern aus den nördlichen Segelrevieren der Staaten über den (geschützten) Intracoastal Waterway nach Süden in die Inselwelt der Bahamas,
wo sie sich weit verstreut und fast jedes Boot bei Bedarf seinen eigenen abgelegenen Ankerplatz findet.
Ende April, wenn die Hurrikanzeit vor der Tür steht und die Tage im Norden
nicht nur wärmer, sondern auch heller werden, versammelt sich das riesige
Geschwader wieder in Florida und zieht bis zu 2000 Seemeilen nordwärts an
die Maine-Küste, in deren Schärengärten die Langzeitsegler einen Sommer wie
in Skandinavien verbringen. Wir sind mit unserem CORMORAN dieser jährlichen
Wanderung gefolgt – sie war faszinierend wie der Weg der Zugvögel.

b) Vom Fahrtensegeln zum Langzeitsegeln

Normales Fahrtensegeln besteht im Allgemeinen wohl aus zehn (verlängerten)
Wochenenden im Jahr, in denen man vom Heimathafen aus startet, und einem
jährlichen Urlaubs-Langtörn von gut 30 Tagen, mit dem man (auf eigenem Kiel)

rund um die Ostsee segeln, Island besuchen oder andere, ähnlich weit entfernte Ziele von einem Mittelmeerhafen aus ansteuern könnte, wenn man es wollte.

Jeder Fahrtensegler wünscht sich jedoch, irgendwann zu einem Langzeitsegler zu werden – möglichst früh, natürlich. Wie man sich das Langzeitsegeln schon in jungen Jahren leisten kann, habe ich weiter oben beschrieben. Wann man es im reiferen Alter beginnen und wie lange man es im Leben durchhalten kann, hängt neben der sicheren finanziellen Basis des Bordlebens, die auch Voraussetzung für die Bootsgröße und die nicht zu unterschätzenden Nebenkosten wie Liegegeld, Kraftstoff, Bootsversicherung, Reparaturen und andere Ausgaben ist, von der körperlichen Leistungsfähigkeit der Crew an Bord ab.

Man trifft sie oft, aber man kann sie selten so festhalten: springende Delfine.

4. Langzeitsegeln in der reiferen Jugend

Wer sich in mittleren Lebensjahren dazu entschließt, mindestens das nächste Lebensjahrzehnt unter Bordbedingungen zu verleben, und gleichzeitig seine Kurse frohgemut in die weite Welt absetzt, muss dabei bedenken, dass seine körperliche Leistungsfähigkeit (oder die des Partners) irgendwann einmal eingeschränkt wird oder abnimmt:

a) Die Handicaps des Alterns beachten

Mit der Lesebrille wird die Kartenarbeit schwieriger; wenn die Fernbrille nass wird, kann man schlechter Ausguck halten; Schallsignale werden von tauben Ohren nicht mehr wahrgenommen; hohe Pfeiftöne sind unhörbar geworden; mit abgenutzten Kniegelenken kann man zum Festmachen nicht mehr leichtfüßig auf den Kai springen; die Bandscheiben schmerzen, wenn man mit dem schweren Anker hantieren muss; die Muskelkraft beim Drehen der Schotwinschen schwindet oder ist zu schonen; bei Überlastung besteht die Gefahr eines Leistenbruchs; die Hell-Dunkel-Adaption der Augen bei Nachtfahrten nimmt ab; der (naturgemäß höher gewordene) Blutdruck muss regelmäßig mit Tabletten behandelt werden; Herzrhythmusstörungen bedürfen ärztlicher Überwachung – kein Horrorgemälde, aber eine Aufforderung zur Vorsicht.

Auch ein älterer Schipper muss fit sein

Es ist also nicht so, wie ein damals kaum 50-jähriger Autor zur möglichen Eignung von 70-jährigen Seglern als »Blauwassersegler« schreibt: »Körperliche Behändigkeit ist genauso unwichtig, wie es praktisch keine Altersgrenze gibt«. Im 76. Lebensjahr (und rückblickend auf die eigene zurückliegende, aber glücklicherweise noch nicht beendete Zeit des eigenen Langzeitsegelns) muss ich demgegenüber feststellen, dass gute, altersgerechte körperliche Leistungsfähigkeit die Voraussetzung für sicheres Langzeitsegeln ist und ein Langzeitsegler die altersbedingten Grenzen seiner (abnehmenden) Leistungsfähigkeit erkennen lernen muss, wenn er sein Seglerleben an Bord glücklich beenden will.

Ausgehend von der Leistungsfähigkeit und den Gesundheitsverhältnissen von Ruth und mir habe ich daher die Phasen des Langzeitsegelns, wie wir sie über zwei Jahrzehnte durchlebten, weiter unten mit großen zeitlichen Toleranzen festgehalten und sie mit den abenteuerlichen, sportlichen oder zunehmend ruhigeren Törns verbunden, die wir in diesen 20 Jahren segelten.

b) Wer gibt Senioren Segelratschläge?

Ältere (z.b. sechzigjährige) Segler sollten vor ihren Entscheidungen für mögliche Ziele ihrer Langzeittörns nicht jüngere, wenn auch erfahrene (vierzigjährige) Segler fragen, ob sie eine geplante Reise schaffen werden. Denn ein Jüngerer kann sich (noch) nicht vorstellen, mit welchen (ungenannten) Gesundheitsproblemen ein älterer Segler möglicherweise zu kämpfen hat. Segelsenioren sollten sich besser bei jenen (vielleicht siebzigjährigen) Schippern Rat holen, die über persönliche Erfahrungen in diesem Lebensabschnitt verfügen. Und sie sollten sich mehr an (guten wie schlechten) Beispielen orientieren, zum Beispiel diesen:

Der langjährige Weltenbummler (mit drei Einhand-Weltumseglungen auf der FRAUKEN) Utz Müller-Treu war durch den Tod bekannter Hochseesegler, die über Bord fielen (zuletzt Éric Tabarly) ins Grübeln gekommen, wie lange er in seinem Alter noch allein segeln könne. »Im letzten Sturm, Herbst 1998 im Ärmelkanal, habe ich es mit der Angst bekommen und gedacht, was wohl passieren würde, wenn ich jetzt mit einer Verletzung ausfalle«, gesteht er freimütig und resümiert: »Man muss wissen, wann es Zeit zum Aufhören ist.«

Im Frühjahr 1999, in seinem 66. Lebensjahr, war es dann für ihn so weit: Die 12,3 x 4,20 große FRAUKEN wurde zum Verkauf angeboten. Von ihrem Erlös wollte Utz künftig nur noch an Land leben.

Statt aufzuhören Leistungsgrenzen erkennen

Zu diesem Aufhören entschloss sich der 71-jährige Sir Francis Chichester, der erste geadelte englische Einhandsegler, einige Wochen zu spät: Krebskrank startete er mit seiner GIPSY MOTH im Juni 1972 noch einmal bei der Transatlantik-Regatta und erlitt nach wenigen Tagen einen physischen wie psychischen

Zusammenbruch, der zu einer großen Rettungsaktion führte. In deren Verlauf überfuhr ein französisches Wetterschiff eine (völlig unbeteiligte) amerikanische Yacht und schickte sieben Segler in den Tod. Chichester zerbrach an einer sich selbst zugeschriebenen Mitschuld und verstarb wenig später, am 27.8.1972. Andererseits sollte man auch die Informationen jüngerer Dritter nicht hinnehmen, wenn sie (als Beweis, wie wenige körperliche Voraussetzungen das Transozeansegeln erfordert) zum Beispiel raten, man könne auch nach einer schweren Herzoperation mit mehreren Bypässen noch mit 70 Jahren in einer 15-m-Yacht ohne Selbststeueranlage über den Pazifik segeln, weil es ja auch Esther und Steve Dickinson getan haben. Autoren, die solche Informationen verbreiten, übernehmen eine hohe Verantwortung, insbesondere für Leser, deren Fähigkeit zu kritischer Selbsteinschätzung ohnehin schwach entwickelt ist.

Oder wenn ein anderer jüngerer Ratgeber einer besorgten Ehefrau schreibt, ihr Mann könne auch noch mit 65 Jahren zu einer Einhand-Weltumseglung um die Antarktis und rund Kap Hoorn aufbrechen, ohne durch sein Alter gesundheitlich überfordert zu sein. Denn der Ratgeber hätte ja in jüngeren Jahren Kap Hoorn ebenfalls einhand umsegelt. Ein fataler Ratschlag, der älteren Menschen die Erkenntnis verwehrt, diesem Beispiel besser nicht zu folgen.

Wer haftet für fatale Ratschläge?
Wenn ein Autor auf Anfrage eine solche Unbedenklichkeitsbescheinigung ausstellt, hätte er auch einschränkend sagen sollen, dass z.B. der beim Auslaufen 67 Jahre alte und erfahrene deutsche Einhand-Weltumsegler Jörgen Meyer, der diese Leistung 1974/75 vollbringen wollte, seither im gleichen Seegebiet verschollen ist. Seine letzte Funkmeldung nach 183 Tagen auf See stammt vom 19.02.1975, an dem er die Datumslinie, den 180. Längengrad, auf 46° 30' Süd kreuzte.

Mutmaßungen über seinen Tod müssen nicht auf die (für einen Mann allein) recht große BUTERA beschränkt bleiben, die mit 16 m Länge, 3,80 m Breite und 15 t Verdrängung sowie 102 qm Segelfläche unterwegs manche Havarie erlitt, deren Beseitigung dem Altsegler viel Kraft gekostet hatte, wie er auf dem Funkwege mitteilte: »Rollklüver mit 71 qm Segelfläche und Rollfock vom Sturm zerfetzt. Muss dreimal den 15 m hohen Mast besteigen.« Oder: »Ein 10 qm großes Fischernetz hat sich um den Propeller gewickelt. Muss viermal mit Schnorchel und Brille tauchen, um die Leinen mit scharfem Messer abzuschneiden.« Und: »Da die Selbststeueranlage die Wucht der achterlich heranrollenden, 12–14 m hohen Wellenberge nicht verkraftet, muss ich oft selbst das Ruder übernehmen, um ein Querschlagen des Bootes zu verhindern. Das bedeutet stundenlange Wache an der Pinne.«

Man muss auch nicht unbedingt Eisberge für das Verschollensein verantwortlich machen, die die BUTERA (als der Einhandschipper schlief) gerammt haben könnte. Vielmehr können Verletzung, Krankheit oder einfach nur anhaltende, altersbedingte Erschöpfung die Ursache für den ungeklärten Tod des zwar auf der Hochsee bewährten, aber doch wohl (für diesen Langzeittörn) jenseits des Leistungsalters segelnden, unterwegs 68 Jahre alt gewordenen Jörgen Meyer gewesen sein.

Zugegeben, in den letzten beiden Jahrzehnten ist der segelnde Mensch zum Übermenschen geworden: GPS erleichtert die Standortbestimmung und (für die Augen) die Kartenarbeit; ein Generator kann alle gewünschte Energie liefern (anstelle von Muskelkraft für die Schotwinschen); Rollreffsegel ersparen die gefährliche Arbeit auf dem Vorschiff (kein Risiko mehr); Radargeräte ersetzen den Ausguck.

Aber dennoch bleibt: ein handwerklicher Einsatz bei Ausfall der Technik; körperliche Schwerstarbeit bei Havarien; Seegangsbewegungen und Wachdienst rund um die Uhr; Leistungsbereitschaft auch bei Nacht; Alarmschlaf und Schlafmangel in unklaren Situationen; unbegrenzt andauernder Stress, der die physische wie psychische Kondition belastet. Was ein jüngerer Segler locker übersteht, kann für einen Segelsenioren zu einer lebensgefährlichen Belastung werden.

c) Der Alterungsprozess trifft jedermann

Als ältere Segler müssen wir der Tatsache Rechnung tragen, dass jedes Organ und alles Gewebe unseres Körpers, auch das des Gehirns, einem Alterungsprozess unterworfen ist, den wir vielleicht hinauszögern, aber nicht verhindern können. Einige Teile werden hiervon früher betroffen, andere später, auch wenn wir manche Insuffizienzgefühle, die uns die unzureichende Leistungsfähigkeit eines Organs anzeigen, zuerst zu verdrängen suchen. Aber wir merken ja: Die Regeneration des Körpers dauert länger. Wir brauchen mehr Schlaf und schlafen tiefer. Wir brauchen mehr Luft, wenn wir körperlich arbeiten; denn die Elastizität des Lungengewebes nimmt ab. Die Muskelkraft in den Armen lässt nach. Kurz und gut: Die typischen Altersentwicklungen bleiben beherrschbar, wenn man sich auch beim Segeln darauf einstellt und entsprechend vorsorgt: In einem kleineren Revier segeln; mit einem handigeren Boot umgehen; einen Mitsegler gewinnen und von jedwedem Rekordstreben deutlich abrücken.

Wenn man Alterungszeichen nicht erkennt

William Willis ist ein Beispiel für einen Segler, der diese Alterungszeichen nicht erkennen wollte und daher mehrmals die Hilfe der Rettungsdienste auf dem Atlantik benötigte: Am 22. Juni 1966 versuchte der damals 72-jährige, mit seinem kleinen Seekreuzer LITTLE ONE von New York aus den Atlantik zu übersegeln. Im August fand ihn ein Frachter 850 sm entfernt mit einem eingeklemmten Leistenbruch, doch Willis wollte sein Boot nicht verlassen. Die Coast Guard schickte ihren Kutter INGHAM, holte ihn mit Gewalt von Bord und brachte ihn nach Neufundland. Bei der Operation stellte man fest, dass er sich einen doppelten Leistenbruch zugezogen hatte.

Am 1. Juli 1967 wagte Willis den nächsten Versuch, brachte 90 Tage auf See zu und hatte schon 3.000 Meilen hinter sich, als er von einem polnischen Frachter aufgenommen werden musste. Im Jahr darauf fand man den 74-jährigen bei einer Suchaktion auf seinem dritten Einhandtörn mitten im Atlantik tot in seinem Boot.

Was im Alter noch gut und möglich ist

Hans Zitzelberger aus Ingolstadt segelte in einer Phantom 30 von 1982 bis 1988 (56–58 Jahre alt) einhand um die Welt und wiederholte diese Weltumsegelung auf der Passatroute von 1991 bis 1996, vom 65. bis 70. Lebensjahr, noch einmal. Er erhielt für diese sportliche Leistung den »Trans-Ocean-Preis 1996«. Am 12.9.1998 starb er, 72-jährig, »nach längerer Krankheit«. Auch eine Folge der Langzeitfahrt?

Berend Bruhns aus Seevetal segelte mit der 10,50 m langen Anna im Alter von 63–67 Jahren von 1992 bis 1996 um die Welt. Auf den meisten Strecken begleiteten ihn seine Frau, seine Tochter und Freunde. Er erhielt für diese Reise die »Trans-Ocean-Medaille«. Es ist wohl eine nachahmenswerte Seniorenreise auf der Passatroute mit Abstechern in benachbarte Reviere.

Wer unbedingt auch im Alter von z.B. 77 Jahren noch mit einer »bemerkenswerten Höchstleistung im Segeln« in die Presse kommen will, der mag es machen wie ein Segler aus Bayern: Er jettet nach Feuerland und lässt sich vom 24.12.1997 bis zum 6.1.1998 mit Kojencharter auf dem dort stationierten, 14 m langen Seekreuzer Santa Maria (2 x 50-PS-Dieselmotor), der von einem Profi-Schipper mit Bootsmann geführt wird, und in Gesellschaft seines Sohnes von Ushuaia aus an den Kap-Hoorn-Felsen entlang und in die Darwin-Kordilleren zurück segeln und motoren.

Für diese Reise bekommt er eine Seemeilenbestätigung (»408 sm bei Windstärken bis Bft 8«) mit Stempel der Yacht (»Segeln extrem«) und natürlich ein »Anwesenheitsdiplom« einer nicht genannten Institution »por haber crusado el CABO DE HORNOS el 28.12.1997«. Damit hat er zwar, wie man es seemännisch-nautisch versteht, Kap Hoorn nicht »umrundet«, doch mit dieser Charterreise zumindest einen solchen Anschein erweckt – den der Charterschipper ja auch nicht gerade billig verkauft.

Wenn diese Tatsache nur respektable Aufmerksamkeit im Freundeskreis des »Cap Horniers« gefunden hätte, müsste man sie hier nicht erwähnen. Da sie aber als Bestätigung eines fatalen Experten-Ratschlages benutzt wurde, dass man »auch im Rentenalter noch unbedenklich einen riskanten Einhandtörn um Kap Hoorn und rund um die Antarktis unternehmen kann«, und dementsprechend als Leserbrief der Ehefrau in der Yachtpresse veröffentlicht wurde, musste sie hier etwas zurechtgerückt und entsprechend kommentiert werden.

5. Langzeitsegeln im Alter in Zweisamkeit

Kurz und gut: Langzeitsegler sind keine Hasardeure, sondern (im Alter vorwiegend) Seglerpaare in einer durch Liebe bestimmten Partnerschaft, die die ihnen durch das (langsame) Altern gesetzten Grenzen selbstkritisch erkannt haben.

a) Die Hälfte aller Kreuzersegler ist 60

Wenn ich auf die jüngste statistische Erhebung der Kreuzer-Abteilung des DSV Bezug nehmen darf, in der das Durchschnittsalter der Mitglieder mit 60 (!) Jahren angegeben wird und dieses Lebensalter gleichzeitig gut 40% aller Mitglieder hatten, dann zeigen uns diese Daten wohl zweierlei:

* Viele Fahrtensegler bereiten sich schon vor Beginn ihres Rentenalters intensiv auf das anschließende Langzeitsegeln nach ihrem Berufsleben vor (wobei ihnen diese Tipps und Erfahrungen helfen können), und
* sie werden sich bei ihren späteren Langfahrtplänen an den von uns durchlebten Zeitphasen, die ich weiter unten beschreibe, orientieren können.

In der Lebensmitte wie im späteren Leben ist Langzeitsegeln meistens Ehepaarsegeln, und der Übergang vom Fahrtensegeln zum Langzeitsegeln lässt sich zeitlich nicht bestimmen. Er kann sowohl langsam wie abrupt und schon in mittleren Lebensjahren wie in späterer Zeit erfolgen. Ein Seglerpaar muss das Langzeitsegeln somit nicht erst im ausklingenden Berufsleben und im Rentenalter bis zum Ende eines aktiven Seglerlebens richtig genießen können. Es kann sich frühzeitig darauf vorbereiten und dementsprechende Entscheidungen nicht nur zum Boot, seiner Ausrüstung und dem gewählten Langzeitrevier treffen.

So genannte »Blauwassersegler« werden oft keine typischen Langzeitsegler (auch wenn sie lange Zeit segeln). Denn viele von ihnen machen ihre weltweiten Reisen in einer jüngeren, aktiven Zeit ihres Seglerlebens, und manche hängen nach einem Transozeantörn die Seglerjacke wieder ganz an den Nagel und verfolgen dann andere Interessen. Nicht wenige von ihnen werden jedoch ganz zwangsläufig auch zu Langzeitseglern (z.B. im Mittelmeer), wenn sie des Herumvagabundierens unter den keineswegs so paradiesischen Bedingungen auf den Weltmeeren, die sie vorher erwartet hatten, einfach überdrüssig sind oder Alter und Gesundheit (wie bei allen anderen Seglern) auch bei ihnen ihren Tribut fordern.

Die meisten Langzeitsegler werden jedoch auch zu Blauwasserseglern, weil sie ihre Kurse ebenfalls in Tiefwasserrevieren (z.B. des Mittelmeeres) segeln. Durch deren Küstennähe können ihre Fahrten jedoch gefährlicher sein als auf der unbegrenzten freien See und mehr seemännische Fertigkeiten sowie nautische Kenntnisse erfordern als das Überwinden großer Ozeandistanzen.

b) Seglerpaare als Einhandsegler mit Crew

Ruth und ich haben das Ehepaarsegeln nicht erst im Großelternalter als »Einhandsegeln mit Crew« verstanden, das heißt: Jeder von uns war immer in der Lage, unsere eigenen Seekreuzer auf seiner Wache allein zu segeln und alle anfallenden seemännischen Tätigkeiten ohne Hilfe auszuführen. Wenn es hart

Der in zwanzig Jahren Langzeitsegeln bewährte CORMORAN passiert im 50. Jahr unserer Zweisamkeit an Bord das Fernseh-Traumschiff EUROPA: »Ich tausche keinen Tag unseres Bordlebens mit dem der dortigen Passagiere«, meint Ruth.

auf hart kam, konnten wir jedoch jederzeit auf eine zweite helfende Hand zurückgreifen. Unsere Boote segelten niemals »unterbesetzt« und ohne Ausguck oder die Möglichkeit einer sofortigen Kursänderung im Gefahrenfalle. Der Freiwächter konnte immer entspannt schlafen, weil er auf die Zuverlässigkeit seines Partners in der Plicht blind vertrauen durfte.

c) Die Zeitphasen dieses Langzeitsegelns

Wenn ich diese Vorbereitungsphase etwa vom 50. bis zum 55. Lebensjahr ansetze, dann ergeben sich – rückblickend auf meine eigene Zeit als Langzeitsegler – vier weitere bisher gelebte zeitliche Phasen meines Lebens, die auch allgemein für Segler gelten könnten, die in herkömmlichen Arbeitsverhältnissen ihren Lebensunterhalt verdienten bzw. verdienen:

a) die *abenteuerliche Phase*, die ich vom 55. bis zum 65. Lebensjahr ansetzen möchte.

Wir segelten in diesem Lebensabschnitt z.B. mit unserem aus GFK selbst gebauten 9 m langen CORMORAN II über den Atlantik nach Süd- und Nordamerika, kreuzten nordwärts bis nach Labrador und segelten auf der Wikingerroute von Neufundland über Grönland, Island und Norwegen nach Deutschland zurück.

Abenteuerliches Langzeitsegeln: Hütten am Amazonas-Strom, für dessen Erkundung ein ganzes Jahr nicht ausreicht.

Nahezu ein ganzes Jahr waren wir (mit wenigen kurzen, berufsbedingten Unterbrechungen) unterwegs. Und das Ziel einer anderen Langfahrt war im Jahr darauf das Nordkap. Für Pensionäre bestimmter Berufsgruppen (wie Offiziere, Piloten u. ä.) sowie Unternehmer und Freiberufler, die nicht an strenge Dienstzeiten gebunden sind, kann diese Phase eines Seglerlebens bereits im 45. oder 50. Lebensjahr beginnen. Nach den Blauwasser-Erfahrungen mit dem kleinen Salzbuckel CORMORAN II ließen wir uns nach eigenen Plänen auf der Motiva-Werft in Dänemark einen größeren Stahl-Seekreuzer bauen. Schon zwei Jahre später brachten wir unseren 12 m langen CORMORAN III rund England und über den Atlantik ins Mittelmeer – ebenfalls mit kleiner Familiencrew. Es folgte dann

Joachim Schult, 75. »Ich bin als Langzeitsegler alt geworden, doch fühle ich mich nach fast 65 Jahren Segeln immer noch jung genug für die Aufgaben eines Schippers und Eigners einer Langzeityacht mit Ehepaarcrew.«

b) die *sportliche Phase*, die etwa vom 60. bis zum 70. Lebensjahr reichen könnte.

Zu ihrem Beginn besuchten wir alle jene Küsten des Mittelmeeres, die wir vorher noch nicht besucht hatten, und blieben – ungewollt – in seinem östlichen Teil hängen. Den Plan weiterer weltweiter Fahrt gaben wir auf, weil wir hier alles fanden, was ein (älteres) Seglerherz erfreut:

* Winde aller Richtungen und Stärken, z.B. in der Adria und in der Ägäis,
* eine Inselvielfalt mit einer so großen Anzahl von Ankerplätzen und mit so günstigen Distanzen zwischen ihnen, wie sie sonst nirgends auf der Welt (auch nicht in der Karibik!) gegeben sind,

- die Herausforderung eines oft härteren Hochseesegelns, als sie das übliche Blauwassersegeln entlang der Passatroute bieten kann,
- und nicht zuletzt ein Segeln in dem größten und dazu riesigen tidenfreien Meeresgebiet der Welt mit einem täglichen Bad in warmem Wasser.

Letztere Tatsache musste mir übrigens gerade ein australischer Segler bewusst machen, den wir 1982 im griechischen Einklarierungshafen Pylos trafen und der uns unsere Flausen von der Südsee nachhaltig mit dem Argument austrieb, er selbst zöge schon jahrelang das (tidenfreie) Mittelmeer dem dortigen (heimatnahen) Blauwasser-Tidenrevier vor. Den Übergang in

Erlebnis auf sportlicher Langfahrt zum Nordkap: Irgendwann steht ein charakteristisches Seezeichen am Weg und markiert das Übersegeln des Polarkreises.

c) die *ruhige Phase*, die ca. vom 65. bis zum 75. Lebensjahr reichen könnte, bemerkten wir eigentlich nur durch die Abnahme der jährlichen Distanzen, die wir segelten. Waren es zuerst ganz selbstverständlich jährlich weit über 3000 Seemeilen, die wir in der sportlichen Phase und fast ausschließlich unter Segeln unterwegs waren, nahm deren Anzahl nicht nur langsam ab, es wurden auch die Motordistanzen größer, wenn man harte Strecken nicht mehr nur aufkreuzen wollte. »Motorsegeln« hieß dann die Devise, und diese zuerst ungewohnte Art hatte bald nichts mehr mit Bequemlichkeit zu tun, sondern war einfach aus Altersgründen, zur Schonung der Muskeln und Gelenke und einer doch unverkennbar nachlassenden Kondition gegeben.

d) Irgendwann werden wir in die *abklingende Phase* eintreten.
Sie wird ganz allgemein vom 70. bis zum 80. Lebensjahr reichen, aber individuell bis zum Lebensende hin nicht begrenzt sein. Doch der Erhalt der Gesund-

heit, die erforderliche Nähe ärztlicher Versorgung und vor allem die notwendige Begrenzung des Stresses, der mit schnellen Entscheidungen in riskanten nautischen Situationen und dem körperlichen Einsatz bei seemännischen Arbeiten, insbesondere im Havariefall, verbunden ist, müssen nicht das Ende eines Seglerlebens bestimmen.

Diese altersbedingten Beschränkungen bedingen allerdings, dass spätestens jetzt eine zusätzliche Hand an Bord leben müsste, damit sich der Schipper im Notfall auf seine Rolle als denkender und leitender Erfahrungspraktiker zurückziehen kann, der miterlebt, aber nicht oder nur bedingt körperlich mitarbeiten muss.

Nachtfahrten in Seegang und Nässe, nächtliche Ankerwachen unter Fallböen, das Klarieren verklemmter Anker, das Ansteuern fremder Küsten bei unsichtigem Wetter, die Suche nach einem Liegeplatz in einem überfüllten Hafen und das sichere Festmachen bei ungünstigen Wind- und Strombedingungen gehören dann nicht mehr zu seinen Aufgaben. Wenn hierzu erfahrene Mitsegler nicht zur Verfügung stehen oder eine fremde Hand gegen Koje nicht gefunden wird, muss ein bezahlter Bootsmann angeheuert werden, der an Bord wohnen kann.

Diese Einteilung in Zeitphasen, die ich oben vorgenommen habe, kommt nicht von ungefähr. Sie basiert auf der Durchsicht aller Seekarten, die mich in den letzten 23 Jahren meines Langzeitseglerlebens begleiteten, den Erinnerungen aus meinen Logbüchern und einer nicht nur zeitlich-nautischen, sondern auch persönlich-emotionellen Auswertung.

Sie fiel mir leicht; denn ich habe über alle Etappen unserer Langzeitreisen genau Logbuch geführt, alle seemännischen Ereignisse niedergeschrieben, die Barographenkurven von 20 Jahren Langzeitsegeln gesammelt, alle Häfen, Marinas, Buchten, Ankerplätze vermerkt, alle negativen Ereignisse notiert und alle Erlebnisse mit Menschen an Bord und an Land festgehalten. Es ist eine faszinierende Lektüre für die Schmuddelwetter-Wintertage an der Elbe, wenn wir den jährlichen Törn für einige Wochen unterbrochen haben, und sicher nicht minder eine Rückschau im Lehnstuhl, die nach dem Ende des eigenen Langzeitsegelns freudige Genugtuung vermittelt.

Und vielleicht sind diese Logbücher auch Zeitdokumente für die Kinder und Enkelkinder, die viele Törns in jüngeren Jahren mitgesegelt haben. Darum:

Schreiben auch Sie während des Langzeitsegelns gewissenhaft Logbuch! Und bewahren Sie Erinnerungsstücke wie Transitlogs (der Behörden), Ansichtspostkarten (der angelaufenen Häfen), Quittungen über Hafengelder und viele andere Souvenirs gut auf.

Daneben aber legen Sie sich auch ein Gästebuch zu, in das sich Freunde und Bekannte, die Sie unterwegs treffen, mit denen Sie gemeinsame Erlebnisse auf See verbinden oder die Sie an Bord besucht haben, (wenn auch gelegentlich etwas unwillig) eintragen dürfen. Ruth hält mit einer Sofortbildkamera ihre Gesichter fest, damit diese Erinnerungsfotos sofort eingeklebt werden können. Animieren Sie künstlerisch begabte Freunde auch, sich mit einer Maling im Gästebuch zu verewigen.

d) Der schwächere Partner bestimmt die Zeitphasen

Langzeitsegeln ist Segeln in Zweisamkeit, und es ist meistens beendet, wenn einer der beiden Partner körperlich nicht mehr mithalten kann.

Da sind die Bootsbewegungen, denen man sich auf See und bei allen Bordarbeiten (auch in der Pantry) bewusster anpassen muss, und das An- und Von-Bord-Gehen (nicht nur beim Anlegen), das mit zunehmendem Alter problematisch werden kann. Knie- und Hüftgelenke werden dabei be- und überlastet.

Da gibt es die Behinderung durch Arthrose, wenn die Hände mit Leinen hantieren, Fender bewegen oder den Körper einfach nur fest halten müssen. Manche leiden an Bandscheibenschäden, Ischias, Rheuma und anderen Erkrankungen.

Die Sehfähigkeit nimmt ab. Man muss die Kartenarbeit mit der Lesebrille erledigen, im Gegensatz dazu aber auf Wache in der Plicht bei Nacht eine Fernbrille tragen, die im Regen beschlägt, und beide Brillen zur Instrumentenkontrolle oft wechseln. Das Auge stellt sich sehr viel träger auf den Übergang von der Tagessehfähigkeit (bei Nacht am Kartentisch) auf die Nachtsehfähigkeit (als Ausguck in der Plicht) ein. Das Farbunterscheidungsvermögen (bei der Suche nach farbigen Lichtern auf See) nimmt ab.

Viele müssen im Alter zunehmend Tabletten nehmen: Zur Regulierung des Blutdrucks, um die Gefahr von Herzinfarkt und Schlaganfall zu bannen, durch Zugabe von Magnesium und Kalzium zur Vorbeugung gegen Krämpfe in den Beinen und Muskelschwund und andere persönliche Therapien müssen eventuell an Bord eingehalten werden.

Leider ist es ein offenes Geheimnis, dass Fahrtensegler, die bei ihrer Ehefrau nicht das gewünschte Verständnis für ihre Langzeitseglerpläne finden, diese nur nach einer Ehescheidung und dann mit einer (meistens beträchtlich jüngeren) Partnerin verwirklichen. Eine solche Trennung ist umso mehr zu bedauern, wenn die Ehefrau selbst viele Jahre lang (sogar mit den gemeinsamen Kindern) alle Urlaubsreisen mitgesegelt ist und sie sich bei ihrer Verweigerung letztlich nicht gegen das Langzeitsegeln, sondern für ihre häusliche Rolle als Mutter und Großmutter entschieden hat. Sicher lässt sich einvernehmlich ein Kompromiss im »Langzeitsegeln mit Heimweh« finden, den man weiter unten nachlesen kann.

6. Langzeitsegler sind keine Aussteiger

In mehreren Veröffentlichungen fand ich die obige Dreiteilung von Seglern, denen Autoren an Liegeplätzen (z.B. in der Karibik) begegneten und die sie solcherart klassifizierten. Da es keine entsprechende Definition gibt, will ich sie hier versuchen.

Aussteiger sind Segler, die die deutsche Heimat (meist im Zorn) verlassen haben und irgendwo in der Welt ein neues Glück suchen – oft in der Erwartung, bei den erfolgreichen Geschäftsleuten in Übersee, die ja auch oft Segler sind, und in deren Yachtklubs hilfreiche Existenzförderer zu finden. Sie haben ihr Eigentum in ihr Schiff gesteckt und alle Brücken hinter sich abgebrochen.

Beispiel für solche Aussteiger sind wohl die Personen auf der deutschen Yacht TAGEDIEB, einer Ketsch vom Typ Vilm:

Wir fanden ihre Eintragung in das Gästebuch des renommierten Club de Vela Atlantico Leixoes in Portugal vom 15.7.1977 (wenige Tage vor unserer dortigen Ankunft) und lasen mit den Unterschriften von Pat, Cornelia, Uschi, Helmut und Hugo aus Hannover: »Route: Germany – Lisboa – Canary – Caribbean – Pacific – New Zealand. Leaving Germany for looking for a new possibility of living and wishing never come back again to Germany. West Germany = Faschismus, Amerikanismus, zu viel Disziplin und Ordnung.«

Zahlreiche befreundete Paare, die mit uns über den Atlantik in die Karibik segelten, aber dann nicht nach Europa zurückkehrten, sondern entweder dort blieben oder sich in Amerika, Australien oder in Neuseeland eine neue Heimat suchten, gehören als »Auswanderer« wohl ebenfalls zu den Aussteigern. Aber sie besaßen das Kapital zur Gründung einer neuen Existenz, sie haben ihr Boot als Lebensbasis behalten und sie haben zumindest den persönlichen Kontakt nach Deutschland nie abgebrochen.

Wenn ein Segler die Nabelschnur zur Heimat nicht gekappt hat oder kappen muss, wird er mit seiner Yacht zum Langzeitsegler: Ich kenne beneidenswerte Frührentner, früh pensionierte Beamte, ehemalige Lufthansa- oder Luftwaffenpiloten, mit Aktien oder hohen Geldbeträgen abgefundene Manager großer Industriebetriebe, Inhaber von Firmen, die diese verpachtet oder verkauft haben, und Personen in ähnlichen finanziell gesicherten Positionen, die das Fahrtensegeln seitdem zum Lebensinhalt erkoren haben. Sie sind – ganz, wie es sich ergibt – einige Monate im Jahr oder sogar jahrelang (mit kurzen Unterbrechungen) unterwegs und segeln ihre Kurse in der verbrieften Gewissheit, dass zu jedem Monatsersten an jedem gewünschten Platz der Welt die fällige Überweisung für ihren Lebensunterhalt eintreffen wird.

Langzeitsegler unterscheiden sich insoweit nur voneinander durch die Größe ihres Bootes und damit den Aufwand, den sie zum Segeln regelmäßig aufbringen dürfen, sowie das abenteuerlich-ferne oder heimatlich-nahe Segelrevier, in dem sie sich aufhalten wollen.

Verkrachte Existenzen findet man auch am Ankerplatz oder im Auslandshafen. Dies können sowohl (nicht nur deutsche) Langzeitsegler als auch Aussteiger sein, die ihre Bordkasse auf fragwürdige Art aufbessern müssen. Oft erkennt man sie daran, dass sie Yachtzubehör billig anbieten wollen – von dem man befürchten muss, dass sie es auf anderen Yachten im vorherigen Hafen entwendet haben.

Unser Boot wird eine Langzeityacht

1. Ein seetüchtiges Schiff zum Wohnen

Wir hatten festgestellt, dass Langzeitsegler auch Langzeitlieger sind und jüngere Segler mit Kind und Kegel wie ältere Paare allein unter den gleichen Bedingungen auf Transozeanfahrten, auf Hochseetörns oder entlang fremder Küsten unterwegs sind: sicher, aber nicht unbedingt schnell segeln. Und sie verfügen über einen ausreichenden Lebensraum auf einem seefähigen Boot, der auf See wie am Ankerplatz gleichermaßen zweckmäßig genutzt werden kann.

Um nicht alle bekannten Selbstverständlichkeiten zu wiederholen, hier nur einige persönliche Anmerkungen:

- Denken Sie daran, dass Sie Ihr Boot auch unter Motor manövrieren müssen: in engen Häfen, an einem in Länge und Breite begrenzten Liegeplatz, in Vierkantvertäuung mit Bug oder Heck zum Kai, mit gleichzeitiger Benutzung von Bug- oder Heckanker beim Anlegen, unter Verwendung von Muringleinen in Marinas, mit Ihrer Frau oder Partnerin allein, erschwerend bei Seitenwind oder bei Schiebewind von achtern.
- Denken Sie daran, dass die Größe der Yacht auch Größe und Gewicht der Fender bedingt, mit denen Sie hantieren müssen, sowie die Stärke der Festmacher (wie deren Gewicht beim Werfen oder Belegen). Je mehr Masse Boot Sie an einen Liegeplatz bringen müssen, desto mehr Muskelkraft ist zum Absetzen erforderlich. Und diese körperliche Decksarbeit muss meistens die Bordfrau leisten.
- Kaufen Sie sich an Bord genügend Platz ein – aber nicht mehr an Schiffsgröße, als Sie beherrschen können.

- Wählen Sie eine einfache, unkomplizierte und robuste Takelage mit Topptakelung und zwei festen Vorstagen. Nicht drei oder gar mehr Salinge. Kein 7/8- oder 3/4-Rigg. Keine Backstagen. Mit Groß- und Vorsegelflächen, die Sie auch in späteren Jahren noch mit zwei Personen für beherrschbar halten. Also z. B. max. 30 qm für das Großsegel und max. 40 qm für die Genua.

- Rüsten Sie sich mit simplen und robusten Segeln aus. Sandwichtuche und lange Latten beispielsweise können Ihnen Minuten schenken, aber stundenlang den Nerv rauben, wenn Einzelteile (wie Rutscher) versagen und Ersatz nicht zu beschaffen ist.

- Überdenken Sie die Vor- und Nachteile der Kielformen, die unter dem Rumpf Ihrer Yacht hängen: Ein Scheel-Kiel (der mit dem Elefantenfuß) kann den Tiefgang vermindern, ohne bei gegebener Stabilität die Abdrift zu vergrößern, sagt man. Ein Flügelkiel soll den Gewichtsschwerpunkt in eine tiefere Lage bringen, aber es können beim Stampfen und Schlingern erhebliche Nachteile auftreten. Ein Flossenkiel (mit einer Ballastbombe an seiner Unterkante) sorgt zwar für große Gewichtsstabilität. Aber wehe dem Boot, das mit diesem Anhang in Fahrt auf eine Untiefe brummt! So bleibt bei einem gewachsenen Kiel die Alternative zwischen viel Tiefgang auf hoher See und wenig Tiefgang in Küstenrevieren, die nur durch einen Kompromiss zu entscheiden ist.

a) Welche Bootsgröße bleibt beherrschbar?

Das Langzeitsegeln bedingt somit eine bestimmte Bootsauswahl, bei der jüngere Besatzungen das gewählte Revier und den Lebensraum für ihre Kinder berücksichtigen müssen und ältere Paare nicht nur an das Hier und Heute im 50. Lebensjahr (also vor Beginn der »abenteuerlichen Phase«) denken dürfen, sondern z. B. auch an die »ruhige Phase«, wenn man das eigene Boot nicht wechseln will.

Fast alle Serienyachten sind heutzutage für möglichst hohe Geschwindigkeiten unter Segeln ausgelegt und für Besatzungen von sechs bis zehn Personen vorgesehen. Sie haben extreme Mastlängen, ein relativ geringes Gewicht

Die allseitig geschützte, tief gelegene und von einem hohen Süll umgebene Mittel-plicht ist für uns der beliebteste Platz auf See wie im Hafen.

und damit oft nervöse Segeleigenschaften, die eine ständige Hand am Ruder bedingen.

Langzeitsegler sollten nicht mehr das Bedürfnis haben, schnell zu segeln – schneller als die anderen. Sie werden zunehmend zu Wanderern über die See werden, die die Zeit des sicheren Aufenthaltes auf See bei allen Wind- und Wetterverhältnissen einfach nur genießen wollen. Was bedeutet für sie ein Knoten weniger Fahrt und eine Stunde länger dort draußen in der gesunden Natur? Ist sie nicht ein Geschenk, wenn man eine ohnehin nicht zu weit ge-wählte Tagesdistanz bewältigen will, für die man immer genügend zeitliche Lose einplanen kann?

Aus dieser Mentalität nicht nur älterer Segler, die sich ganz zwangsläufig ein-stellen wird, ergeben sich Forderungen an die Art und Größe eines Bootes und vor allem Absagen an unruhige und zickige Yachten. Eine Langzeityacht muss gutmütig sein und in Situationen, in denen die Kondition ihrer Crew (aus welchen Gründen auch immer) geschwächt ist, gegebenenfalls eine unbegrenzte Zeit für sich selbst sorgen können.

Durch pflegeleichte Werkstoffe, kräftige Winschen für Segel und Anker sowie Rollreffanlagen für alle Hauptsegel, die nicht nur von Hand bedient, sondern auch elektrisch oder hydraulisch bewegt werden, können Boote zum Langzeitsegeln heutzutage erheblich größer, aber dennoch handig und komfortabler gewählt werden als in früheren Zeiten. Ich möchte sie in vier Kategorien einteilen:

- spartanisch-sportlich von 9–11 m
- geräumig-bequem von 10–12 m
- gemütlich-sicher von 11–13 m und
- komfortabel-anspruchsvoll von 12–14 m

Es gilt also (nicht nur aus finanziellen Gesichtspunkten), einen Kompromiss zu finden zwischen den Tatsachen:

- je größer eine Yacht, desto mehr Lebensqualität wird sie bei einem mehrmonatigen Aufenthalt darin bieten,
- je kleiner eine Yacht, desto handiger wird man bei allen Manövern auf See und im Hafen mit ihr umgehen können.

Bei der Bootsauswahl muss man also selbstkritisch entscheiden:

- Wie viel Wohn- und Lebensqualität braucht man an Bord – auf See wie im Hafen oder an einem einsamen Ankerplatz, auch vielleicht über mehrere Wochen,
- wie viel Boot kann man – auf See und in Häfen – mit einer Partnercrew in allen nur denkbaren ungünstigen Situationen seemännisch sicher bewegen?

Der internationale Bootsmarkt bietet zwar Hunderte von Serienyachten in den genannten Größenbereichen an. Aber dennoch kann die Entscheidung für Bau oder Kauf zu einem schwierigen Puzzle- oder Dominospiel werden.

b) Die ideale Langzeityacht – kein Traum

Bauen wir unsere Langzeityacht von innen auf, dann sollte sie im Prinzip für jeden Kojenplatz einen Sitzplatz am Kajüttisch besitzen, sodass sich jede Person an Bord zu jeder Zeit in den eigenen kleinen Freiraum zurückziehen kann. Bei einer Crew von vier Personen, also beispielsweise dem Eignerpaar und zwei Freunden oder Gästen, die sie eine Zeit lang begleiten, sollten zwei getrennte Schlafräume mit zwei Toiletten (möglichst ein Intimbereich im Vorschiff, der andere im Achterschiff) vorhanden sein, mit dem Salon dazwischen. Für mindestens eine Toilette sollte ein Fäkalientank vorhanden sein, den man auch im Badewasser eines Ankerplatzes benutzen kann.

Der wichtigste Teil einer Langfahrtyacht für Langzeitsegler liegt unter der Wasserlinie: Spantform in Querschiffs- und Verdrängungsverteilung in Längsschiffsrichtung weisen auf die mögliche Seetüchtigkeit für alle Meere hin.

49

Für zwei weitere Personen an Bord (Kinder, Enkelkinder) sind Hunde- oder Seekojen ideal, die (bei uns neben dem Steuerhaus) im Zentrum des Bootes mit den geringsten Seegangsbewegungen liegen. Sie werden bei uns auch benutzt, wenn wir zu zweit allein unterwegs sind und der Freiwächter gleichsam in Handreichweite des Wächters in der Plicht schläft. Sechs Personen haben immer im Salon Platz.

Eine Yacht mit Mittelplicht kann diese genannten Bedingungen am besten erfüllen. Bei einem guten Entwurf ist auch ein Durchgang unter Deck von vorn

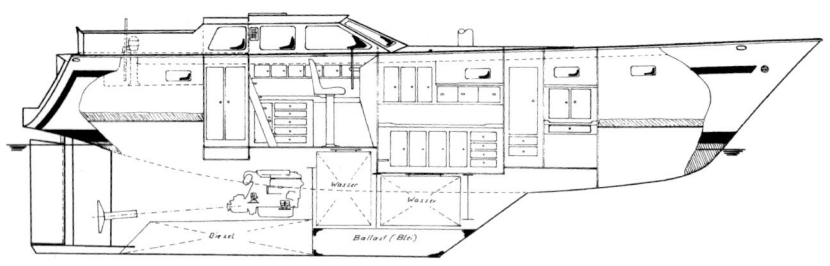

Scorpion 1200 von Feltz, Langkieler als Ausbauschale aus Stahl: Lüa 12,50 m, Tiefgang 1,70 m, Verdrängung ca. 12 t, Slup mit Topptakelung. Achterplicht. Einrichtungsplan (frei zu gestalten): getrennte Schlafräume mit Toiletten (eine Koje nur Sitzhöhe), Innensteuerstand mit Deckssalon, Essecke an der Pantry.

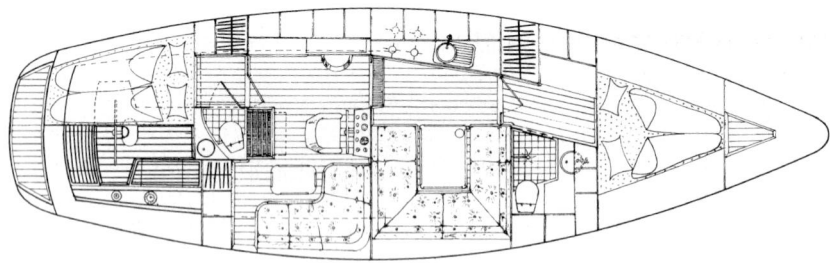

bis nach achtern möglich, ohne dass hierzu die Plicht zu hoch über das Hauptdeck gelegt oder das gesamte Freibord über Gebühr angehoben werden muss.

Stehhöhe und Kopffreiheit überall

Im gesamten Boot sollte eine Stehhöhe von 1,80 bis 1,85 m gewährleistet sein. Dadurch erhält nicht nur (fast) jedermann Kopffreiheit. Das Volumen des Innenraums wird auch (nicht nur für die Luftzirkulation) günstig vergrößert. Die ausreichende Stehhöhe sollte nicht durch entsprechende Erhöhung des Freibords erreicht werden. Sie kann zwar der Seefähigkeit nützen, aber sie vergrößert auch den ungünstigen Windwiderstand des Rumpfes beim Manövrieren im Hafen oder beim Schwojen am Ankerplatz. Man muss sie also durch eine entsprechend größere Rumpftiefe erreichen.

Diese Raumtiefe ist nur bei Yachten gegeben, die nicht aus einem flachen Rumpf mit einer schmalen, tiefen Flosse bestehen und ein frei schwebendes Spatenruder unter dem Heck hängen haben – so genannte (extreme) Kurzkieler. Das (gegen Fremdkörperkollisionen und beim Aufbrummen) gefährdete frei hängende Ruder (ohne Skeg) und eine ungenügende Kursstabilität, die beim Segeln mit (achterlichem) Seegang ständige Ruderwache erfordert, machen ebenfalls Kurzkieler zum Langzeitsegeln ungeeignet.

Während Langkieler (auch Colin-Archer-Typen aus GFK) in einer, von der Zeit überholten Konstruktionsform, relativ schwergewichtig sind, schwerfällig segeln und (im Hafen) schlecht zu manövrieren sind, eignen sich alle Typen von gemäßigten Kurzkielern aus allen Werkstoffen, die von zahlreichen Werften in Serie gefertigt werden, unter bestimmten Bedingungen gut als Langzeityachten.

Gemäßigte Kurzkieler mit tiefer Bilge

Sie sollten für die oben genannte Stehhöhe eine von vorn bis achtern durchlaufende Tiefe des Rumpfes, unter dem Fußboden ausreichend Stauraum für Dosen, Flaschen und Wassertanks sowie einen »gewachsenen« Kiel haben, der auch den Dieseltank beherbergt. Das Ruder sollte, als Festruder oder teilbalanciert, hinter einem schützenden Skeg arbeiten. Die Yacht sollte über eine sichere Stabilität verfügen (die man Testberichten entnehmen kann). Durch die Langzeitzuladung vergrößert sich der so genannte »Ballastanteil« jedoch

CORMORAN *ist ein gemä-
ßigter Kurzkieler, der im
Seegang große Rich-
tungsstabilität garantiert
und im Hafen auf kleins-
tem Raum manövrieren
kann. Die 3 m lange und
1 m tiefe Flosse (mit 4 t
Bleiballast) hängt unter
einem durchlaufend 1 m
tiefem Rumpf, sodass
sich (je nach Beladung)
ein Tiefgang von 1,90–
2,00 m ergibt.*

ohnehin erheblich. Gegebenenfalls sollte man bei Neuanschaffung einer Seri-
enyacht ein verkürztes Rigg ordern.

Solche gemäßigten Kurzkieler, die z.b. serienmäßig von Hallberg-Rassy in GFK
und von Motiva in Stahl gebaut werden, sind durch ihren tiefen Vorfuß und
den zum Skeg durchlaufenden »Eselsrücken« (engl. »bustle«) unter dem Achterschiff sowie ihren Balance- oder Festrudern am Heck sowohl kursstabil als
auch auf kleinstem Raum drehfähig.

Alle Arbeitssegel sollten einfach und robust gefertigt sein, weil man sie vielleicht einmal allein nachnähen oder ausbessern muss. Das heißt: die Bahnen
in bewährtem Schnitt, dreifach genäht; kräftiges einlagiges Tuch; Kopf und
Schothorn verstärkt; auf alle kostenträchtigen Empfehlungen (z.B. Lattense-
gel mit Spezialrutschern) verzichtet. Rollsegel mit den entsprechenden Einrichtungen an Mast und Stagen sollten vorher geordert und installiert, aber nicht
(aus finanziellen wie technischen Gründen) am Mastprofil nachgerüstet werden.

Man kann heutzutage davon ausgehen (und alle Seglerberichte von weltweiten Fahrten beweisen es), dass sich GFK- wie Stahlboote mit einer selbst-
lenzenden Plicht auch in schwerstem Wetter wie verkorkte Flaschen verhalten,
wenn die vorhandenen Luken wasserdicht verschlossen sind, und der Besatzung selbst im Falle von Seenot oder bei einer Havarie lange Zeit als sicherer Aufenthaltsort dienen können.

Das Halbbalanceruder, das über Kettenantriebe von zwei Steuerständen aus direkt bewegt wird, endet 30 cm über der Sohle der Kielflosse, sodass es bei einem möglichen Aufbrummen des Bootes nicht behelligt wird. Opferanoden sind hier beidseits am Ruder, am Skeg und am Eselsrücken unter dem Achterschiff sowie an der Welle hinter dem Propeller befestigt.

Die laufende Unterhaltung beachten

Insoweit ist es letztlich eine Frage des finanziellen Aufwandes, für welche Langzeityacht man sich entscheidet: Nach der Anschaffung entstehen die meisten Kosten durch den Liegeplatz, das Winterlager, die Farben für die Bootsüberholung, den Dieselkraftstoff während der Fahrten, die Hafengebühren und natürlich für Reparaturen der (technischen) Anlagen. Je größer die Yacht, desto stärker muss die Ankerkette, desto schwerer der Anker, desto größer müssen die Fender und viele Teile mehr sein. Diese laufenden Kosten (und Ersatzkosten) sollte man sich nicht über den Kopf wachsen lassen.

c) Deckssalon oder glattes Kajütdach?

Zahlreiche Serienyachten werden seit langem mit Windschutzscheiben an Vorderkante Plicht und einer anschließenden hohen, nach vorn durchsichtigen Spritzkappe aus Segeltuch über dem Kajütschiebeluk gebaut. Zwar verursacht ein solches »Sprayhood« auf Amwindkursen viel Windwiderstand und wirkt auf raumen Kursen wie ein großer Windfang, doch bietet es auch zwei (weit vorn sitzenden) Personen Schutz gegen Regen und Spritzwasser. Den Rudergänger lässt es jedoch weitgehend ungeschützt. Wenn ein Innensteuerstand nicht zur Verfügung steht und keine Selbststeueranlage arbeitet, muss er hier unter allen (auch ungünstigen) Bedingungen arbeiten. Nach eigenen Plänen gebaute Yachten oder variable Serientypen (z. B. aus Stahl) können diese Nachteile vermeiden: Sie ersetzen die nur halb geschützte Plicht durch ein festes Deckshaus und müssen dabei nicht einmal auf Innen- oder Außenraum verzichten. Sie erhalten im Gegenteil einen höher gelegenen Sitz- und Wohnraum mit einem weiten Rundumblick und einem zweiten Innensteuerstand, neben dem auch der Kartentisch mit allen Navigationsgeräten liegt. Immer mehr Langzeitsegler geben solchen Deckshausyachten den Vorzug.

Ein kleines Steuerhaus hat Vorteile

Ein (kleines) Steuerhaus muss wie ein (größerer) Deckssalon gut zu den Linien einer Yacht passen. Darüber hinaus beeinflusst es auch die Gestaltung des Innenraumes, sodass es schon eines geschickten Konstrukteurs bzw. Designers bedarf, die Forderungen für das Äußere wie das Innere optimal zu erfüllen.

Eine schon 20 Jahre alte Solarzellenanlage auf unserer Lukengarage. Das Foto zeigt auch, wie der Baumniederholer zu beiden Bootsseiten geschoren ist. Die Taljen werden von der Plicht aus bedient, sodass der Großbaum auf allen Kursen zum Wind, unter Vollzeug und bei gerefftem Segel, immer optimal angestellt werden kann. Ein Blick auch in das Steuerhaus zum Platz des Navigators auf einem krängungsverstellbaren Ledersitz vor dem Kartentisch.

Sichere Navigation entlang ferner, unbewohnter Küsten: Im Steuerhaus ist das (im Kartentisch gehalterte und zum Dienst aufgeklappte) Radargerät neben der Seekarte im Einsatz.

Ich will dies am Beispiel einiger Motiva-Stahlyachten erläutern, die (gerade für den Langfahrtsegler) in unterschiedlichen, gut abgestuften Größen gefertigt werden.

Nach den vielen Stunden und Tagen, die wir auf dem Atlantik am Innensteuerstand unter der Plexiglaskuppel auf unserem 9 m langen CORMORAN II zugebracht hatten, konstruierten wir unseren 42-Fuß-Seekreuzer CORMORAN III mit einem kleinen Steuerhaus, das nicht nur einen großzügigeren Innensteuerstand, sondern auch einen großen Kartentisch mit mehreren Kartenfächern, allen Instrumenten und zwei höhen- und krängungsverstellbaren Ledersitzen für Rudergänger und Navigator enthält.

Gleichzeitig ist das kaum einen Meter über Deck reichende Steuerhaus mit dem Einstieg aus der Plicht die Nasszelle zum Ausziehen und Aufhängen von Regenzeug. Für Ruth und mich als Langzeitsegler-Ehepaar ist es auch der Ruheplatz vor Anker oder im Hafen, wo man lesen, Musik hören und seinen Abenddrink genießen kann. Und man sieht von hier aus alles, ohne selbst (deutlich) gesehen zu werden.

Nicht nur als Sonnenschutz dienen maßgerecht angepasste und anknöpfbare Blenden aus hellem, robusten Segeltuch.

Wird das Boot auch in der kalten Jahreszeit bewohnt und von innen beheizt, lohnt sich der Einbau von Thermoglas-Fensterscheiben, um das Beschlagen zu verhindern. Improvisiert kann man sich auch passgerechte Holzrahmen bauen, die man stramm mit einer dicken Plastikfolie bezieht und von innen vor die Fensterscheiben setzt, wenn man einen Ofen anstellt.

Wir haben den üblichen großen »Salon« mit seinen sechs Sitzplätzen unmittelbar an der Pantry im »Keller« belassen, weil wir uns in einem großfenstrigen Deckshaus nicht gern auf die Teller gucken lassen wollen und weil wir das Frühstück bei gutem Wetter auch an unserem (abnehmbaren) Tisch in der Plicht einnehmen können, wenn wir (am Ankerplatz) mehr Weitsicht wünschen.

Deckssalon mit und ohne Glattdeck

Die meisten Segler ziehen aber offenbar einen großen Deckssalon mit einem U-Sofa (für sechs Personen) auf der einen (Bb.-)Seite und einem Innensteuerstand an der anderen (Stb.-)Seite vor. Wählt man ihn, muss man bei kleineren Yachten auf den (unteren Keller-)Salon verzichten. Auf größeren Yachten kann man diesen unteren Kajütraum auch anderweitig (als Sitz- oder Schlafraum) nutzen.

In jedem Falle liegt ein solches Deckshaus immer günstig im Schwerpunktbereich des Schiffes, wo die Seegangsbewegungen am wenigsten stören. Und der Motor, der unter dem erhöhten Fußboden liegt, bleibt allseitig immer gut erreichbar. Ist das danebenliegende Seitendeck breit genug, liegt darunter (wie auf unserem Boot) auch noch Platz für zwei Seekojen, je nach Einstieg als Lot-

Musterbeispiel für Einzelanfertigung aus Stahl mit Mittelplicht und Deckshaus: Motiva 39, Lüa 11,99 m, Tiefgang 1,90 m, Verdrängung ca. 11 t. Sluptakelung mit zwei Rollreff-Vorstagen hintereinander.

Motiva 39, Einrichtungsplan: zwei separate Schlafräume mit eigenen Toilettenräumen, Innensteuerstand im Deckssalon, 2 Einzelkojen, Pantry. Gemäßigter Kurzkieler mit gewachsenem Kiel. Alle Abmessungen und Einrichtungen können nach Eignervorstellungen verändert werden.

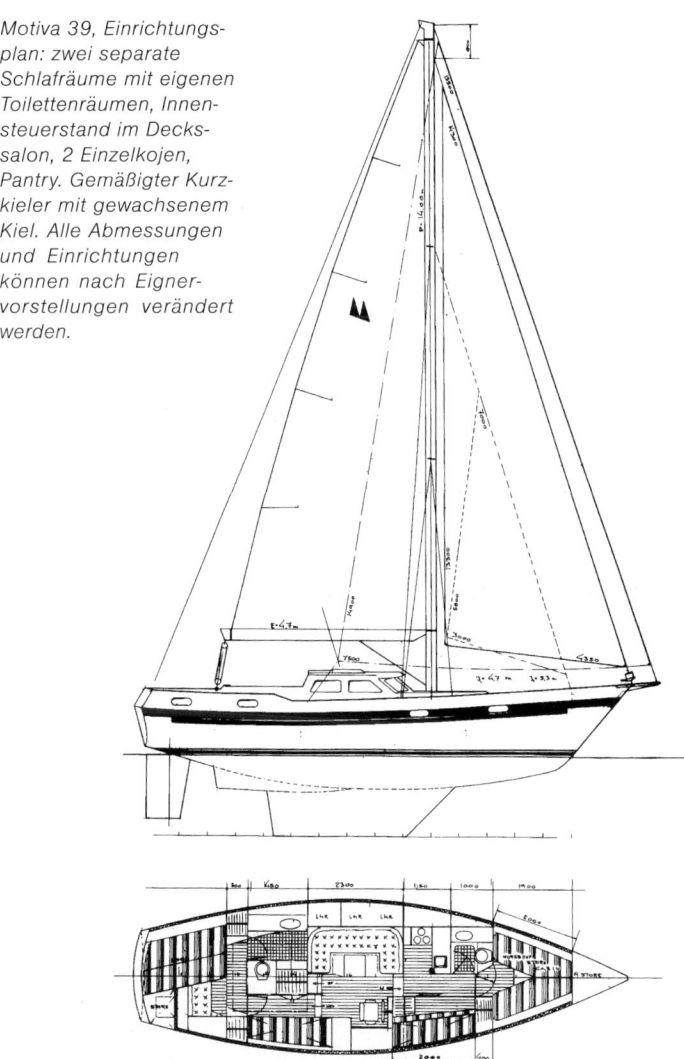

Sirius 32 DS. Lüa 9,60 m, Tiefgang 1,10 m, Verdrängung 7,35 t. Toppriggtakelung.

Musterbeispiel für seriengefertigtes Boot aus GFK mit Deckshaus und Achterplicht: Nauticat 39; Lüa 11,85 m, Tiefgang 1,90 m, Verdrängung ca. 10 t, Slup mit 7/8-Takelung, einzelnes Rollreff-Vorstag.

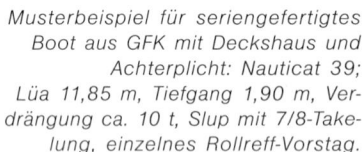

sen- oder Hundekoje gebaut. Glasprismen (250 x 100 mm) können hier gegebenenfalls Licht spenden.

Bei einer Bootslänge von 11,40 m (Motiva 37) mit Achterplicht gibt es ein
Deckshaus mit U-Sofa und Innensteuerstand, aber nur eine Bordtoilette und
keine weiteren Sitzmöglichkeiten für die Vier-Personen-Crew im Inneren.
Ein halber Meter Länge mehr (Motiva 39, 11,99 m Lüa) und ein etwas kürze-
res Deckshaus, ebenfalls mit U-Sofa und Innensteuerstand, erlauben bereits
im Innenraum die Unterbringung von sechs Kojen mit zwei getrennten Toilettenräumen – eine wichtige Forderung für Langzeitsegler, die auch einmal Gäste
mitnehmen wollen.

Bei einer weiteren Verlängerung des Bootes lässt sich ein hoher Deckshaus-
aufbau nicht nur besser in das schnittige Gesamtbild einer Yacht integrieren,
man erhält auch zwei getrennte und zunehmend ebenbürtige Sitzbereiche oben
und unten. So haben sowohl die 42-Fuß-Version (12,55 m Lüa) als auch der
Typ 43 (13,18 m) ihren großzügigen Deckssalon vorlich einer Mittelplicht, hinter der (unter Oberdeck) der Eignerschlafraum liegt, und sie werden neben
zwei Toilettenräumen (im Vor- und Achterschiff) sowie zwei weit voneinander
entfernten Schlafbereichen auch mit einer Dinette an der Kombüse gebaut.

Keine hohen Salons für kurze Yachten

Bei kürzeren Deckssalonyachten wie der z. B. aus GFK gebauten Sirius 32
von 9,60 m Länge muss der überhöhte Aufbau mit seinen großen Fenstern
und der hohen Abstufung zur Plicht wie nachträglich auf das Kajütdach auf-
gesetzt wirken. Auch die »Unterflurkajüte« darunter mit einer Doppelkoje ist
sicher nicht eine erstrebenswerte »Eignerkammer« für Langzeitsegler.

Trotz der eleganten Ausstattung dieser »Veranda« und den zwei Kojen, in die
man Tisch und U-Sofa im Deckshaus verwandeln kann, ist die Sirius 32 als
Langzeityacht (und vor allem für langes Wohnen an Bord) wohl zu klein. Und
insbesondere ihre Tankkapazität (mit 170 l Frischwasser und 100 l Kraftstoff)
wird den Langzeitsegler kaum befriedigen können.

Was demgegenüber ein knapper Meter Bootslänge mehr ausmachen kann,
zeigt die derzeit zweitkleinste Deckshausyacht aus der bewährten Nauticat-
Reihe, die ketschgetakelte 331 mit 10,40 m Lüa aus GFK: Sie hat Sitzecken
oben und unten, zwei Doppel-Schlafplätze mit separaten Toiletten vorn und

achtern und einen Innensteuerstand neben dem (nur gebückt zu bedienenden) Steuerrad auf dem süllumrandeten Achterdeck.

Sie ist ein typischer Motorsegler, bei dem Segelantrieb (60 m²) und Maschinenantrieb (Dieselmotor 88 PS) einander ebenbürtig sind. Außerdem ist der Frischwassertank mit 400 Litern groß genug, und der Dieseltank mit 500 Litern Inhalt erlaubt einen Fahrbereich von ca. 600 Seemeilen, der für einen Langzeitsegler unverzichtbar ist.

Mit den Typen Nauticat 39 (Lüa 11,85 m) und 42 (Lüa 13,00 m), die beide slupgetakelt sind, bieten sich weitere seriengefertigte Langzeityachten mit Deckssalon und modernem Stufenheck an, die formschön aussehen, seetüchtig konzipiert und praktisch eingerichtet – aber leider auch nicht billig sind. Mit ihrem modernen hohen Rigg wirken sie nicht mehr wie (eher behäbig anmutende) Motorsegler.

Konsequent als Glattdecker mit Deckshaus ist die 1998 in Dienst gestellte Langzeityacht CORMORAN unserer Kinder Ingrid und Jochen, die nach eigenen Plänen entwickelt und mit einer Lüa von 11,84 m von der Motiva-Werft in Stahl und als Schwenkkieler (Ballastschwert 1.200 kg mit hydraulischer Aufholvorrichtung) gebaut wurde. In dem relativ bewusst klein gehaltenen Steuerhaus mit Rad an Stb.-Seite und gutem Rundumblick ist an Bb.-Seite eine großzügige Dinette für vier Personen gebaut, deren Tischplatte auch als Kartentisch dient und in deren Umfeld alle Navigationsgeräte angeordnet sind.

Dieser neue CORMORAN ist slupgetakelt und mit der üblichen Achterplicht ge-

Der blaue CORMORAN ist ein slupgetakelter Glattdecker mit einem kleinen, formschnittigen Deckshaus vor der konventionellen Achterplicht.

baut. Durch die geschickt auf unter 12 m begrenzte Länge kann man auf die Ausrüstung (nach den KVR) mit einer BSH-geprüften Sirene und eine Schiffsglocke mit 200-mm-Glockenmund verzichten.

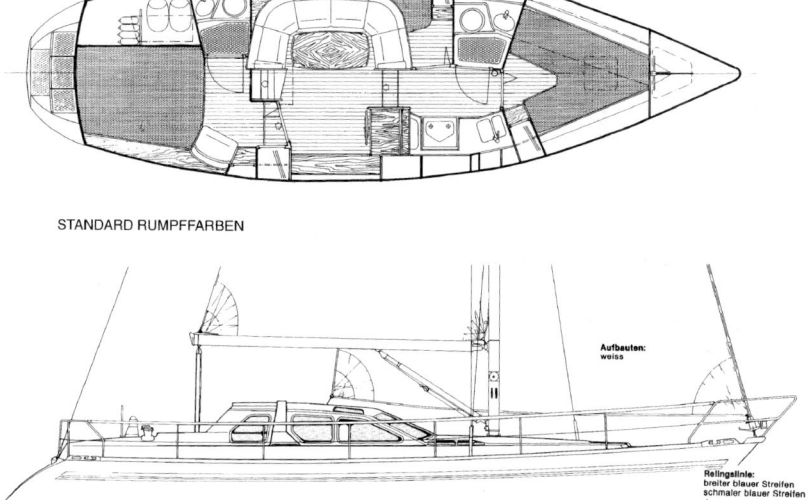

Nauticat 39, Einrichtungsplan: zwei separate Schlafräume (einer unter der Plicht nur mit Sitzhöhe), 2 Toiletten, Innensteuerstand mit Deckssalon, Pantry. Gemäßigter Kurzkieler mit gewachsenem Kiel. Gesonderte Eignerwünsche können (üblicherweise) nicht erfüllt werden.

2. Viele Materialien sind gut geeignet

Während heutzutage fast 90% aller Segelyachten nach den unterschiedlichsten Arbeitsverfahren aus faserverstärkten Kunststoffen gefertigt sind, halten unter den Langzeityachten, die viele Jahre lang durchgehend benutzt werden und auch entlegene Seegebiete aufsuchen, Boote aus Stahl einen Anteil von ca. 40% und aus Aluminium mit ca. 5%. Dies mag viele Gründe haben, z.b. diese: Größere Yachten sind oft Einzelbauten und keine Serienschiffe. Es sind auch viele Yachten darunter, deren Rumpf in einer Werft gefertigt und dann selbst ausgebaut wurde. Metallwandungen eines Rumpfes können bei Kollisionen (mit Fremdkörpern auf See) nicht lebensgefährlich beschädigt werden. Größere Reparaturen nach Havarien, Aufbrummen oder gar Strandungen lassen sich mit Metallarbeitern überall ausführen. Die benötigten Materialien lassen sich auch in entlegenen Gebieten beschaffen.

Ich will mich daher mit Stahl als Baustoff ausführlicher beschäftigen, weil er bei Langzeityachten in den genannten Größengruppen häufiger benutzt wird.

a) Stahl ist noch besser als sein Ruf

Stahlboote werden als Einzelbauten hergestellt, und ab einer Bootslänge von etwa 13 m oder 42 bis 43 Fuß müssen sie nicht schwerer sein als qualitativ vergleichbare, in Serie gebaute Kunststoffboote. Im Gegensatz zu GFK, KFK und FVK, den Bootsbaumaterialien, die erst durch die Verbindung von Fasern unterschiedlichster Festigkeit und Struktur mit Kunstharzen verschiedener Arten bei der Formung eines Bootsrumpfes zu Verbundwerkstoffen werden, ist Stahl ein homogener Plattenwerkstoff mit einer sehr viel größeren Oberflächenhärte bei gleichzeitig hoher Dehnbarkeit.

Auch wir haben uns vor 20 Jahren für den Bau unseres CORMORAN III aus Stahl entschieden, weil wir uns bei möglichen Kollisionen mit den Legionen von schweren Treibgütern, die wir auf unseren Ozeanreisen sichteten, in der Zukunft besser geschützt wissen wollten.

Die Qualität eines Stahlbootes hängt von den verwendeten Stahlsorten, den

Fertigkeiten der Schweißer beim Zusammenbau der (verformten) Stahlplatten, dem Schutz gegen Korrosion und einer richtigen Isolierung sowohl gegen Wärme wie gegen Kälte ab. Im Gegensatz zu Kunststoffbooten kann man sich ein Stahlboot nach eigenen Plänen bauen lassen. Für einen vorgelegten Bauplan wird man von den (wenigen) Stahlwerften jedoch preislich weit voneinander abweichende Angebote erhalten.

Flammspritzverzinkung der Außenhaut

Der erste Tipp: Entscheiden Sie sich für eine Flammspritzverzinkung der Außenhaut über der Wasserlinie einschließlich Deck und Aufbauten. Mögliche Korrosionsprobleme gerade in diesem anfälligen Bereich einer oft wechselnden gefährlichen Nachbarschaft mit anderen Booten (am Liegeplatz) können dann von Beginn an nicht entstehen.

Das Unterwasserschiff kann nur durch einen gut haftenden Dickschicht-Anstrich geschützt werden, über dem jährlich die jeweilige Antifouling aufgerollt wird. Unser Boot hat jetzt (bis auf die wenigen Tage, an denen an Land das Unterwasserschiff gereinigt und ein neuer bewuchshemmender Anstrich aufgebracht wurde) 20 Jahre lang im (salzhaltigsten Atlantik- bzw. Mittelmeer-) Wasser gelegen, ohne dass galvanische Korrosionserscheinungen zu erkennen wären. Das Sandstrahlen, zu dem wir uns vor 10 Jahren raten ließen, hatte nur die Aufgabe, die vielen übereinandergestrichenen Farbschichten zu entfernen und ein glattes Unterwasserschiff wiederherzustellen.

Da es beim Bau von CORMORAN III diese Art der Spritzverzinkung nicht gab, haben wir schadhafte Stellen an Deck mit ZN 95, einem streichfertigen Zink vorbehandelt und dieses Mittel als einen besseren Korrosionsschutz als Mennige oder ähnliche Schutzanstriche schätzen gelernt.

Gute Isolierung gegen Hitze und Kälte

Der zweite Tipp: Haben Sie keine Angst vor der hohen Wärmeleitfähigkeit des Stahls, vor der sich manche Segler besonders beim Befahren tropischer oder subtropischer Seegebiete fürchten. Wir haben den Stahlrumpf auch von innen mit einem Dickschicht-Anstrich geschützt und das Boot, mit dem wir ursprünglich noch einmal arktische Reviere aufsuchen wollten, dann im Innenraum entlang der gesamten Außenhaut von der Decke bis zum Fußboden und auf den durch Längs- und Querspanten gebildeten Flächen passgerecht mit einer mit Aluminium kaschierten 50 mm dicken Rockwool-Steinwolle-Schicht bekleben lassen. Hierauf wurde als Kondenswassersperre eine von vorn nach achtern durchgehende, fast berührende Innenschale aus 6 mm wasserfest verleimtem Marine-Sperrholz in Teak aufgebracht. Befestigt ist sie auf Blindhölzern in 10 mm Abstand zu den Spanten zur Vermeidung einer Kältebrücke.

In ähnlicher Weise sind die Decken mit 50 mm dicken, einseitig vlieskaschierten Schaumstoffplatten isoliert, die nach innen durch die eigentliche, in Profilleisten abgehängte Decke aus kunststoffbekleideten Sperrholzplatten ebenfalls nahezu berührend abgedeckt sind. Was wir hier für die Kälte in Auftrag gaben (und heute auf der Werft Standard ist), bewährte sich in gleicher Weise bis zur mittaglichen Hitze in den Tropen.

Der dritte Tipp: Die oben beschriebene luftfreie Isolierung von Außenhaut und Deck ist natürlich qualitativ wesentlich besser, aber auch teurer als die früher zur Verhinderung von Korrosion im Innenraum in deutlichem Abstand von der Stahlschale eingebaute Wegerung, hinter der die Luft bewusst zirkulieren sollte. Inwieweit das hier entstehende Schwitzwasser tatsächlich auftrocknet oder sich durch Niederschlag vielleicht Rost bildet, ist später leider nicht erkennbar.

Ein Teakdeck auf Stahl ist überflüssig

Auch das Deck von außen und zur Isolation gegen die Wärmeleitfähigkeit eines (nicht von unten isolierten) Stahldecks mit einem Holzbelag zu versehen ist anachronistisch: Auf Yachten wird hierzu fast ausschließlich ein Stabdeck aufgebracht, dessen (echte) Teakholz-Stäbe oder (auf Sperrholzplatten geklebte) Stabdeck-Imitationen mit Schrauben auf dem Stahldeck befestigt sind.

Der überragende Vorteil, mit einem Metallboot auch ein garantiert wasserdichtes Deck zu besitzen, wird durch die Zerstörung eben dieses Garantiedecks durch viele hundert (meistens sogar über eintausend) durchgebohrte Schraubenlöcher zum Befestigen des gut aussehenden Decksbelags wieder zunichte gemacht. (Die Tatsache, dass ein solches Stabdeck spätestens nach zehn Jahren unter tropischer Sonneneinwirkung und dem Einfluss übergekommenen und aufgetrockneten Salzwassers verrottet bzw. undicht geworden und für viel Geld zu erneuern ist, wird beim Neukauf meistens verdrängt.)

Rutschfeste, fußfreundliche Decksbeläge

Stattdessen entscheide man sich besser für einen Belag aus rutschfesten Materialien, die aus einer Gummi-Kork-Mischung mit unterschiedlich profilierter Oberfläche hergestellt sind. Sorgfältig geklebt halten z. B. die auch fußfreundlichen Treadmaster-Platten auf unserem CORMORAN III jetzt schon 20 Jahre lang, auf unserem kleineren CORMORAN II bereits 25 Jahre lang. Sie sind zwar etwas ausgeblichen, aber

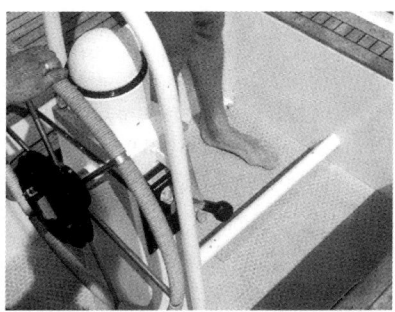

Barfußsegeln mit rutschfesten, sohlenfreundlichen Kork-Gummi-Belägen nicht nur an Deck, sondern auch in der Plicht.

haben dennoch ihren ursprünglichen Farbton auch in der Mittelmeersonne behalten. Und vor allem: Sie sind noch so sauber und sicher verklebt wie am Anfang.

Es ist sogar fast unmöglich, sie zu beseitigen, wenn es an kleinen Stellen aus irgendwelchen Gründen nötig ist. Wir lernten unterwegs den Trick, mit einem Föhn seitlich unter den Rand des Belags zu blasen, den Kleber zu erwärmen und mit einem Spachtel zu entfernen, um dann anschließend den gewünschten Plattenteil abzuheben.

b) Farben und Anstriche nach Nutzen

Wir hatten uns für die Anstrichmittel eines Herstellers entschieden und wollten alle Ersatz- und Neuanstriche mit den gleichen Produkten vornehmen. Leider fanden wir sie im Ausland hier und dort nicht vor. Unser Problem: Bei Flügen zu unserem jeweiligen Winterhafen nahmen uns die Kontrolleure des BGZ alle mitgeführten Farbdosen und sogar simple Pflegemittel regelmäßig aus dem Gepäck. Glücklicherweise hatten wir einen großen Farbfundus noch in Deutschland an Bord eingepackt. Aber nach zehn Jahren war auch dieser nahezu aufgebraucht. Sorgen Sie daher in ähnlicher Weise vor, wenn Sie die Farbqualitäten nicht wechseln wollen.

Es ist auch ratsam, das Boot schlicht weiß zu streichen und nicht dunkelfarbig: Salzrückstände des getrockneten Seewassers sind dann nicht zu erkennen. Ein weißer Rumpf (auch mit seinem charakteristischen roten Streifen) heizt sich bei langer, starker Sonneneinstrahlung nicht so auf, und notwendige kleine Reparaturen des Farbkleides, die schon bei Bootshakenstichen der Nachbarn und Scheuern ihrer schmutzigen Fender entstehen können, lassen sich Weiß auf Weiß besser ausführen.

Für GFK-Boote gilt: Kunststoff bleibt ein bruchgefährdeter, elastischer, nachgebender und verletzlicher Werkstoff, sowohl bei Einwirkungen von außen (Scheuern und Anstoßen am Betonkai, Ramming, Grundberührung u. ä.) als auch von innen (Osmose). Manche Schädigungen (bei Booten aus zweiter Hand) werden erst nach zehnjähriger Benutzung sichtbar. Beugen Sie vor, indem Sie der ramponierten Gelcoat-Schicht beizeiten einen schützenden Neuanstrich gönnen und diesen gelegentlich wiederholen.

3. Segel und Takelage einer Langzeityacht

Da die meisten Segler es als ganz selbstverständlich ansehen, mit einem slupgetakelten Einmaster zu segeln, dazu mit Masten, die über 150% der Bootslänge hoch sind, deren Großsegel heutzutage oft doppelt so groß wie das Vorsegeldreieck sind und deren Köpfe noch eine Viertelmastlänge über den Genuakopf hinausragen (von Backstagen und mehrfach umgelenkter Fallenführung in die Plicht gar nicht zu sprechen), möchte ich hier bewusst nur dem praktischen Umgang mit einem Zweimaster das Wort reden, den ich angehenden Langzeitseglern mit kleiner Crew empfehle.

a) Eine Ketsch mit vier Rollsegeln

Das Segeln eines Zweimasters erfolgt auf unserem CORMORAN von 12,65 m Rumpflänge (mit Bugkorb und Davits ca. 14 m lang) seit Konstruktion und Bau

CORMORAN unter der doppellagigen großen Genua am vorderen Vorstag auf einem Amwindkurs.

des Bootes sowie seiner Indienststellung im Jahre 1981 auf den bisherigen (»Blauwasser«-)Langfahrten mit etwa 60 000 gesegelten Seemeilen (das ist jährlich im Durchschnitt dreimal die Strecke Kiel–Helsinki und zurück) bewährt und unverändert wie folgt:

- Der Großmast, mit einer Saling, ist 13 m lang und mit einer Großsegel-Rollreffanlage ausgestattet, die achterlich vom Mast, von ihm getrennt und somit immer deutlich sichtbar angeordnet ist. Die Baumlänge beträgt 4,70 m. Das Rollgroßsegel von ca. 350 g/m² (ca. 12,10 x 4,70 m) hat somit eine Fläche von 30 m², die maximale Fläche, die ich einer (auch älteren) Ehepaarcrew zumute.
- Der Besanmast, ebenfalls mit einer Saling, ist 9 m lang und mit der gleichen Rollreffanlage ausgerüstet: Varioturn von Nasgowitz, mit selbsttragenden, tropfenförmigen Alu-Profilen, die mit einer inwändigen Spannschrau-

Auf einem raum-achterlichen Kurs oder Vorwindkurs wird die doppellagige Genua (auch »Allrounder« genannt) auseinander geklappt und stufenlos auf jede gewünschte Segelfläche (hier: ca. 30 %) eingerollt.

67

be getrimmt werden. Bei einer Baumlänge von 2,30 m (bewusst nur bis zum Heckgeländer) erhält man ein Besansegel von ca. 10 m².

- Das größte Vorsegel am Vorstag ist der »Allrounder«, der bei unserer Topptakelung (als Genua) eine Fläche von ca. 45 m² hat. Auch dies ist die maximal zumutbare Fläche einer Ehepaarcrew (bei leichtem Wetter). Unser Allrounder ist jedoch ein doppellagiges Vorsegel aus 2 x 175 g/m² Polyant-Tuch, das (beide Tuchlagen aufeinander gelegt) als Genua (siehe oben) und (auseinander gefaltet und somit auf ca. 90 m²-Fläche verdoppelt) als Vorwindsegel (»Passatsegel«) dient. Auch dieses Segel wird an einem Profilstag (mit nur einer Nut!) gefahren und ist auf allen Kursen stufenlos reffbar. Entsprechend geformte Dopplungen, die entlang des Vorlieks aufgenäht sind, sorgen dafür, dass der Bauch des Segels bei der stufenlosen Verkleinerung mit eingedreht und das Segel somit für zunehmende Windstärken nach und nach abgeflacht wird.
- Mit einem Parallelabstand von ca. 0,80 m hinter dem Vorstag und einem entsprechenden Mastbeschlag unter dem Toppbeschlag ist ein zweites Profil-Vorstag befestigt, an dem eine normale Rollreff-Genua von ca. 350 g/m²-Gewicht und 35 m² Fläche arbeitet. Diese Takelungsart, die wir 1981 wohl einführten, wird heutzutage von allen mehrmastigen Seekreuzern benutzt, die wir treffen, und einer Vielzahl von Einmastern, wobei jedoch das größere Vorsegel (fast immer noch) eine einlagige Genua ist, weil das Prinzip der Doppelnutzung eines Allrounders erst nach und nach bekannt wird.

b) Segeln auf allen Kursen ohne Reffen

Alle vier Hauptsegel lassen sich aus der Plicht und nur eine Armlänge vom Rudergänger entfernt mit Winschen oder von Hand schoten und gegebenenfalls auch reffen, aber die Segelfläche lässt sich auch ohne Reffen verkleinern, indem man einfach ein Segel ganz einrollt und den Trimmzustand der verbleibenden Segel dabei unverändert lässt.

Üblicherweise werden auf den entsprechenden Kursen zum Wind folgende Segel gefahren:

- Auf Amwindkurs, leichtes Wetter: Allrounder, einschichtig als Genua (45 m²), Großsegel (30 rn²) und Besan (10 m²), zus. 85 m².
- Amwindkurs, ab Bft 5: Großsegel und hintere kleine Genua (35 m²), zusammen 65 m².
- Amwindkurs, viel Wind: Genua und Besan, zus. 45 m² (oder natürlich entsprechend stufenlos gereffte Genua und Großsegel).
- Raume Kurse, je nach Windstärke: Segelführung wie oben, abgestimmt auf 85, 65 oder 45 m².
- Raume Kurse, ab Bft 7 oder 8: Genua allein, 35 m², gegebenenfalls stufenlos gerefft auf 30 m², 25 m² usw.
- Vorwind- und raum-achterliche Kurse: Allrounder, als Passatsegel ausgeklappt, 90 m², gegebenenfalls bei zunehmender Windstärke auf 60 m², 40 m² oder anders stufenlos eingerollt.

Als einziges Zusatzsegel fahren wir für die entsprechenden raumen Kurse bei leichtem Wetter einen Blister von ebenfalls ca. 90 m² Fläche, der natürlich im Bergeschlauch gesetzt und wieder geborgen wird.

Die beste Ergänzung unserer Besegelung ist der Blister, der dann meistens ohne Großsegel gefahren wird und sich in seinem Bergeschlauch bei einem kurzen Vorschiffsaufenthalt sicher setzen und bergen lässt.

Der Umgang mit der gleichen Segelfläche auf einer Slup

Bei einer alternativen Sluptakelung mit ca. 85 m² Amwind-Segelfläche müsste der Mast statt 13 m ca. 14,50 m und der Großbaum statt 4,70 ca. 5,70 m lang sein, damit man die gleiche Fläche von 40 m² hinter dem Großmast (wie oben) bei unverändertem Vorsegeldreieck erhält.

Das bedeutet: mehr Toppgewicht ganz oben, gefährlichere Baumlänge (raumschots und im Seegang; mehr Risiko beim Halsen und Gefahr einer Patenthalse; Zwang zum früheren Reffen des Großsegels usw.).

Natürlich werden Serienyachten mit einer Sluptakelung geliefert, weil diese (im Konkurrenzkampf der Werften) billiger ist als eine Ketschtakelung. Und man mag diese Wahl auch mit einer größeren Effizienz pro Quadratmeter Segelfläche motivieren. Wer sich jedoch (auch in der Bootsauswahl) zum Langzeitsegeln entschließt, sollte auch andere Überlegungen in seine Planungen einbeziehen, zum Beispiel diese: Wie kann man mit den größeren Flächen in den Einzelsegeln umgehen und welche Körperkräfte braucht man dazu, beispielsweise beim Reffen auf nassem Vordeck.

c) Zweimaster als Langzeityachten ungeeignet?

»Wie viele Masten braucht eine Langfahrtyacht?«, fragte im Juli 1998 ein Ratgeber in der Yachtpresse und beantwortete sie so:»Nur einen Mast – für Neubauten ist die Zeit der Mehrmaster wie Ketsch oder Schoner vorbei!«

Ich teile diese Meinung nicht und habe mich danach in den Häfen und auf den Ankerplätzen, die wir im Herbst desselben Jahres an der Mittelmeerküste aufsuchten, noch einmal umgesehen: Ich zählte 67 ketsch- und schonergetakelte Seekreuzer aus aller Herren Länder und ermittelte einen Prozentsatz von gut 40% Mehrmaster unter den gezählten Eigneryachten. Die anderen waren Charterboote, die natürlich die billigste Art der Takelung (als Slup) benutzten – mit genügend Arbeit für die mehrköpfigen, meist jungen und kräftigen Besatzungen.

Die Nachteile eines Zweimasters sind nach der Meinung des oben Zitierten folgende:

• Zwei Masten sind schwerer als ein Mast, und mit dem Besanmast vergrößert sich das Toppgewicht.

Rein rechnerisch mag dies stimmen; aber das Mehrgewicht über Deck wird bei der Konstruktion der Yacht dann auch durch ein entsprechendes Mehrgewicht im Ballastkiel ausgeglichen. Dazu tragen dann Besanmasten selbstverständlich auch Radargeräte, Radarreflektoren, Antennen aller Art (z.B. für GPS, Navtex, UKW, INMARSAT und andere Kommunikationsgeräte), für die sich Einmaster zusätzlich mit soliden und damit auch schweren Geräteträgern über dem Heck und kurzen Maststummeln an gleicher Stelle ausrüsten müssen. Sie verursachen vielleicht kein geringeres, aber (bei Serienyachten) vom Konstrukteur meistens nicht eingeplantes zusätzliches Toppgewicht.

• Ein zweiter Baum vergrößert angeblich die Unfallgefahr.

Dieses Argument ist unsinnig. Denn viele (und immer mehr) Langfahrtyachten werden mit einer Mittelplicht gebaut, und bei ihnen steht der Besanmast ganz zwangsläufig achterlich des Bereiches, in dem sich die Crew auf See aufhält und ihre seemännischen Arbeiten (nicht nur für die Segelführung) verrichtet. Im Gegenteil vermindert ein (kurzer, leichter) Besanbaum das Unfallrisiko, weil durch seine Existenz der (schwere) Großbaum einer Slup von z.B. 5,70 m auf 4,60 m (bei gleicher Gesamtsegelfläche, siehe unten) verkürzt werden kann.

• Großsegel und Genua lassen sich auch mit 100 m² Gesamtsegelfläche von einer Ehepaarcrew mit Rollsegeln und Winschen bestens beherrschen.

Auch dieser Ansicht stimme ich nicht zu. Denn mit einem Vorsegel von ca. 60 m² und einem Großsegel von ca. 40 m² Fläche sind bei der Schotbedienung, beim Wenden, Halsen, Reffen und Bergen, insbesondere bei Regen und Nässe und auch aus einer sicheren Plicht heraus immer Probleme verbunden – selbst für eine junge Crew, erst recht für eine Partnerschaft über 60 oder gar 70 Lebensjahre. Nach wie vor spricht daher die Wahl einer Ketschtakelung für die seemännisch sichere Verteilung der Segelfläche auf zwei Masten.

71

• Bei zunehmendem Wind und wachsender Fahrtgeschwindigkeit muss nicht (für den oben Zitierten vorteilhaft) das Großsegel gerefft, sondern (für ihn nachteilig) der Besan geborgen werden.

Auch diese Ansicht stellt die seemännische Logik auf den Kopf: Der Besan lässt sich auf unserem CORMORAN selbst mit den Körperkräften eines Kindes auf allen Kursen in fünf (!) Sekunden zum Mastliek einrollen und bergen, während gleichzeitig das optimal getrimmte Großsegel nicht angefasst werden muss. Die stattdessen notwendige Verkleinerung seiner Segelfläche würde mit mehr Handgriffen einhergehen und (trotz Rollsegel) erheblich länger dauern.

• Ein zweiter Mast verteuert die Anschaffungskosten einer Langfahrtyacht erheblich.

Sollte sich dieses Argument beim Bootskauf und der Wahl zwischen zwei verschiedenen, unterschiedlich getakelten Booten bewahrheiten, dann rate ich: Entscheiden Sie sich für den Zweimaster und sparen Sie die Preisdifferenz zwischen Slup und Ketsch (wenn es denn nötig ist) durch einen Fuß Bootslänge weniger oder den Verzicht auf nautischen Schnickschnack (der schon in einem Jahr überholt sein kann) ein. Besser noch: Gönnen Sie sich den Besanmast!

d) Rollreffsegel sind selbstverständlich

Über die Ausstattung einer Langzeityacht mit Refftrommeln für die Vorsegel gibt es heutzutage keine Diskussion mehr: Sie ist einfach selbstverständlich. Wählen kann und muss man nur unter den unterschiedlichen Systemen mit ihren eigenen Profilen. Das selbsttragende tragflügelähnliche Alu-Profil mit einer Nut, mit dem unser CORMORAN seit 20 Jahren für vier Segel ausgerüstet ist und mit dem wir über 1000 Reffmanöver problemlos ausführten, wird (nach Firmenverkauf) leider nicht mehr hergestellt. Es kann somit auch nicht mehr empfohlen werden. Alle übrigen Rollsegelsysteme arbeiten nur noch mit Steckprofilen über den Vorstagen und Ein- oder Zweinutsystemen sowie Refftrommeln unterschiedlicher Bauart, die teilweise auch das mechanische Abflachen der Segel beim stufenlosen Reffen erlauben.

Von Doppelnuten zu Doppelstagen

Ich persönlich würde robusten Profilen mit einer einzigen Nut den Vorzug geben, weil ich mir für einen Seniorenschipper allein die Arbeiten des Einziehens eines zweiten Segels über dem ersten und das Bergen des ersten Segels nach dem Setzen des zweiten in Wind und Wetter auf dem glitschigen Vorschiff nicht vorstellen will. Das Gefahrenrisiko für den Decksmann und die Verantwortung für die Bordfrau am Ruder ist mir zu groß. Ist ein solcher Segelwechsel zwingend notwendig, lässt er sich auch am Ankerplatz vornehmen.

Ein Überschlagsegel (Cover Sail), das mit seinem Vorliek in einer Art Tasche über das eingerollte Vorsegel geschlagen, nach und nach zugeknöpft und dann als Sturmfock bis auf etwa halbe Takelungshöhe gesetzt wird, halte ich bei Sluptakelung mit einer großen

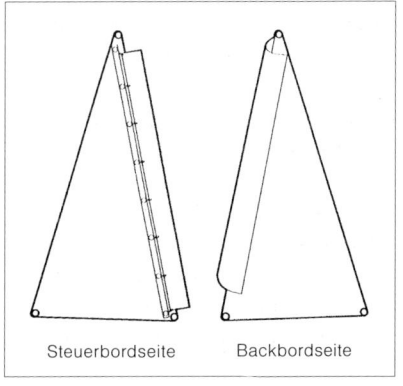

Steuerbordseite   Backbordseite

Cover Sail, eine Art Sturmfock für Rollvorsegel.

leichtgewichtigen Rollgenua, die ab Bft 7 überfordert sein kann, für eine gute Segelergänzung. Für ein zusätzliches Fall und eine eigene Schot muss vorgesorgt werden. Die damit verbundene und rechtzeitige Kurzzeitarbeit auf dem Vorschiff kann man in Kauf nehmen.

Kuttergetakelte Seekreuzer mit zwei Rollreffeinrichtungen im Vorsegeldreieck fahren die große Leichtwettergenua am äußeren und die kleine Allwetterfock am inneren Stag. Letztere wird nur ab Starkwindstärken benutzt, ist flacher geschnitten und robuster gefertigt, sodass sie auch stufenlos weitergerefft werden kann, wenn es ganz dick kommt.

Dieses Kutterrigg bedingt jedoch in den meisten Fällen den Einsatz von Backstagen, die man gern vermeidet.

Anstelle dieser konservativen Kuttertakelung haben wir 1980 das innere Vorstag nicht in Höhe einer Saling, sondern etwa 5% der Mastlänge unterhalb des Toppbeschlages befestigt. Eine zusätzliche Abstagung nach achtern ist hier noch nicht erforderlich. Das innere Vorstag steht parallel zum äußeren in etwa 800 mm Abstand dahinter, und das innere Vorsegeldreieck erhält dadurch etwa 85% der gesamten vermessenen Vorsegelfläche.

Diese lineale Doppelverstagung (in Kielrichtung) haben in den letzten Jahren fast alle Langzeityachten übernommen, denen wir begegneten, und immer mehr fuhren wie wir am Vorstag eine leichtgewichtige, große und zweilagige Genua, die man auch als Passatsegel ausklappen konnte, und die robuste kleinere Allzweck-Rollgenua am hinteren Vorstag.

Großsegel innen oder außen rollen?

Die Entscheidung für ein Rollgroßsegel sollte man vor dem Bootskauf beziehungsweise dem Bauauftrag an eine Werft treffen. Das so genannte »In-Mast-Furling«, das Hineinrollen des Segels in den Mast, ist zu empfehlen, wenn man nach praktischen Erprobungen des georderten Systems überzeugt sein kann, dass tatsächlich das gesamte Tuch, auch salzverkrustet und faltig aufgerollt, sogar bei anderen als Amwind-Kursen zuverlässig in seiner Hohlkammer verschwindet.

Ich bin vielfach unfreiwilliger Zeuge geworden, wenn Yachten bei Schwerwetter einen großflächigen Rest nicht mehr bergen konnten (und damit in Gefahr gerieten) oder die Besatzungen anderer Boote im Hafen stundenlang arbeiteten, um das verklemmte Segel wenn nicht ein-, so wenigstens (zum Abschlagen) wieder auszurollen.

Letztere Risiken sind von mir vor allem bei jenen Systemen beobachtet worden, bei denen zuerst ein (oft über 15 m langes) Alu-Rohr mit nur etwa 50 mm Innendurchmesser außen auf den Mast genietet werden musste, um nachträglich eine solche Hohlkammer zum Aufrollen eines ca. 50-qm-Großsegels herzustellen. Oft passte das vorhandene Tuch nicht einmal bei der sorgfältig inszenierten Abnahme des Reffrohres im Hafen in dieses ganz hinein. Wie sollte ein Reffmanöver in der rauen Praxis auf See klappen, wenn dazu noch ein bestimmter Kurs gesteuert werden sollte, um den seitenversetzten Schlitz optimal für den Segeleingang zu öffnen?

Dann sollte man lieber (für weniger als den halben Preis) das Rollreffprofil freitragend etwa 100 mm hinter dem Mast fixieren, wo man den Reffvorgang ständig im Auge behalten kann – mit dem Vorteil, das ursprüngliche (kürzere) Mastprofil zu erhalten und gleichzeitig den strömungsgünstigen Effekt eines Schlitzsegels an dieser aerodynamisch sensiblen Position herzustellen.

Ist der Rollbaum eine Alternative?

Ein Rollbaum ist eine jüngere (und preisgünstigere) Alternative zum Mastroll-System, die nach einer anderen Technologie arbeitet: Der eigentliche Groß-baum lagert mit einer speziellen Aufhängung in einem voluminösen Kasten, an dessen Baumnock die aus der Plicht betätigte Reffleine für ein gleichmä-ßiges Aufrollen des Großsegels sorgt. Durchgehende Segellatten können nicht nur mit eingerollt werden. Sie sollen auch bewirken, dass das Tuch gleichmä-ßig und faltenfrei in den Kasten rutscht.

Da ich seit über 20 Jahren nur mit vertikalen Rollreffanlagen (an allen Segeln) problemlos gearbeitet habe, kann ich die Überlegenheit von Rollbäumen ge-genüber den üblichen Einleinen-, Zweileinen- oder anderen Smeerreff-Syste-men nicht beurteilen. Für einen älteren Langzeitsegler, der Abschied von sol-chen herkömmlichen Reffeinrichtungen nehmen und nur an seinem Mast nachrüsten will, erscheint mir der 4–5 m lange Rollbaum günstiger zu sein als die 13–18 m lange, auf den Mast genietete Einrollröhre: Funktionsstörun-gen sind an einem kurzen Unterliek und in Handreichweite einfacher zu be-seitigen als an einem Mastliek mit (auf See) unvermeidlichem Einsatz des Bootsmannsstuhls.

Sind Raffinessen Verbesserungen?

Gegenüber unseren Rollreffsegeln, die nur mit geschickt geschnittenen (be-währten) Dopplungen im Vorliekbereich ausgestattet sind, damit man den Bauch des Segels beim stufenlosen Reffen gleichzeitig mit abflachen kann, bieten moderne Segel viele Extras, um die Fläche zu vergrößern, den Stand zu verbessern oder mit anderen Mitteln schneller ans Ziel zu kommen.

Da gibt es z.B. bei der biradialen Segelform einer Genua Streifen aus Schaum-stoff entlang des Vorlieks, die eine Faltenbildung verhindern und das Profil stabilisieren sollen. Oder es werden kurze Latten im oberen Achterliekbereich geliefert, die hier das Hinunterrutschen des Lieks stoppen sollen. Nützlich sollen auch tuchverstärkte Ösen am Unterliek sein, um die nötige Vorliekspannung beim gerefften Segel zu erhalten.

Ein Langzeitsegler wird solchem vermeintlichen Fortschritt nur bedingt nachlaufen wollen; denn seine Devise sollte auch für die Segel heißen: So einfach und so robust wie möglich. (Darf ich verraten, dass unsere 1980 gefertigten Rollreffsegel aus 350-g-Dacron nach etwa 60 000 gesegelten Meilen immer noch im Dienst sind?)

Elektrische und hydraulische Hilfen

An Rollreffmasten von mehr als 20 m Länge sind Elektro- oder Hydraulikmotoren, die die Refftrommeln drehen und mit Knopfdruck aus der Plicht fernbedient werden, ganz selbstverständliche und vielfach bewährte Ausrüstungsteile. An Masten um 15 m Länge werden sie noch selten benutzt, aber sie lassen sich hier ohne unerwünschte bauliche Veränderungen an Rumpf oder Deck nachrüsten. Durch diese Möglichkeit, zu gegebener Zeit auf Muskelkraft für Rollsegel verzichten zu können, empfiehlt sich auch das Vertikalsystem (im oder hinter dem Mast) gegenüber dem Horizontalsystem (in den Baumkasten hinein), für das mir ähnliche kleine Kraftmaschinen nicht bekannt sind.

Für Elektromotoren an den Refftrommeln sollte man sich entscheiden, wenn schon ein Ankerspill (oder sogar zwei Spills) und Schotwinden elektrisch zu drehen sind. Der Aufwand für eine hydraulische Anlage (mit einem zusätzlichen Motor) lohnt sich nur, wenn man demgegenüber auch Spills und Schotwinden bereits hydraulisch betreibt. Im Ausland wird die entsprechende Entscheidung auch davon abhängen, ob und wo eine zuverlässige Vertragswerkstatt die Installation vornehmen und gegebenenfalls einen Garantieservice übernehmen kann.

e) Das Rigg bleibt stehen

Für Fahrtensegler in Nord- und Ostsee ist es selbstverständlich: Im Herbst werden die Masten gelegt, und die Boote werden an Land eingewintert. Langzeitsegler haben es da besser: Das Rigg ihrer Yachten bleibt stehen, und die

Boote behalten ihren Liegeplatz im Wasser. (Diese Art der Überwinterung, die in südlichen Revieren selbstverständlich ist, wird jetzt glücklicherweise auch im Norden angeboten: Man vertäut die Boole (oft mehrere gemeinsam) in ihren Boxen und hält eine begrenzte Fläche mit sprudelndem Wasser frostfrei.) Boote aus Stahl und Holz bleiben im Mittelmeer grundsätzlich im Wasser, weil sie bei einem längeren Landaufenthalt (durch Korrosion bzw. Austrocknung) Schaden erleiden können.

Kunststoffboote werden nur vereinzelt aufgeslippt, wenn die Eigner gegen mögliche Osmoseschäden vorbeugen oder einfach nur die wochenlange Belastung der Festmacher bzw. der Bootsbeschläge in Wind und Kabbelwasser (im Hafen) vermeiden wollen. Aber auch alle Yachten, die im Wasser überwinterten, werden jährlich einmal aus dem Wasser gehoben, um einen neuen Antifoulinganstrich zu erhalten.

Fast ausnahmslos benutzt man hierzu Travellifts mit einer Tragfähigkeit von 30 bis 100 t, die jede Yacht heben und transportieren können. Auch große Einmaster müssen hierzu kein Stag entfernen, und selbst Zweimaster können das Rigg unverändert stehen lassen, wenn sie mit dem Heck in das Hebebecken einlaufen, die Traverse des Travelliftes dabei bis dicht an den Besanmast rücken und die Hebegurte unter das Achterschiff genommen werden können. Nur beim Anheben mit dem Vorschiff zur Traverse müssen Vorstagen abgeschlagen werden.

Der Vorteil, das Rigg stehen lassen zu können, wird besonders bei Rollreffanlagen deutlich: Ohnehin hat ein Mast, der gelegt werden muss, mit dem Anhang ihrer Profile ein größeres Gewicht als ein »nackter« Mast, und auch sein Umgang beim Kranen ist schwieriger. Dieser Nachteil entfällt also. Darüber hinaus bleibt nicht nur der bewährte Trimmzustand des Riggs erhalten. Es können auch die Rollreffprofile mit Refftrommeln und Reffleinen unverändert an Mast und Stagen hängen bleiben. Auch die (aufgerollten) Segel muss man nicht abschlagen, wenn man sie mit schützenden Strümpfen überzieht, doch sollte man sie bei einer längeren Einwinterung tunlichst doch abnehmen und trocken verstauen.

Wenn man mit stehendem Rigg überwintert (auf unserem CORMORAN wurden die Masten jetzt fast 20 Jahre lang nicht gelegt), muss man jedoch die regelmäßige Inspektion auf andere Art vornehmen: mithilfe von Maststufen.

f) *Maststufen sind nützlich und notwendig*

Wir benutzen an Bord keine einzelnen Maststufen, sondern eine Mastleiter. Ich habe für sie schon in den Siebzigerjahren Gebrauchsmusterschutz erhalten, und da sie sich auf Cormoran II bewährte, haben wir sie auch auf dem größeren Nachfolger an beiden, 13 und 9 m hohen Masten installiert.

Bei ihr sind die einzelnen Edelstahl-Trittstufen, die beidseits im Abstand von 0,35 m am Mast befestigt sind, noch einmal außen durch je einen sie ebenfalls tragenden, mit Stoppern versehenen Drahtstander miteinander verbunden. Die 4-mm-Drähte verlaufen an beiden Mastseiten vom Mastfuß bis zum Topp, werden durch die Saling hindurchgeführt, wo man sie auch trennen kann, und mit Hilfe von je zwei Spannschrauben (oben bzw. unten und an der Saling) straff durchgesetzt. Die äußeren Drahtstander dienen dabei gleichzeitig als Handläufe. Sie verhindern auch, dass sich Fallen oder andere Leinen hinter den Stufen verhaken können. Und letztlich geben sie dem Mast auch eine zusätzliche seitliche Stabilität, die besonders sehr schwach dimensionierten Mastprofilen zugute kommen kann.

Einzelstufen können natürlich denselben Zweck erfüllen, doch wähle man als Höchstabstand voneinander nur die übliche Trittleiterdistanz. Beim Mastklettern unter den Bedingungen eines krängenden oder im Seegang stampfenden Bootes kann dieser Abstand schon zu groß sein, und es ist falsche Sparsamkeit, eine Tritthöhe von 40 oder gar 45 cm zu wählen, um für die Bestückung eines Mastes vielleicht auf zwei Stufen verzichten zu können.

Wir schwören auf unsere Mastleiter mit ihrem sicheren Handlauf, die wir jährlich aus vielerlei Gründen benutzen.

Die Edelstahlstufe ist außen mit dem Draht-Handlauf verbunden, sodass sie auf beiden Seiten trittfeste Unterlagen hat.

Ganz oben werden immer zwei Stufen auf gleicher Höhe angeordnet, damit man bei längerer Handwerksarbeit am Topp sicher stehen kann. Dafür können auch die Salingen als Trittstufen dienen, wenn man sie beim Anbringen der Stufen als Mittelmaß nimmt und von ihnen aus nach oben und unten misst.

Klappstufen können beim Aufsteigen erst nach und nach ausgeklappt (und müssen beim Absteigen wieder beigeklappt) werden. Ob man sich dieser Mehrarbeit (zum Beispiel im Falle einer Havarie) unterziehen will, muss die Crew entscheiden. Klappstufen kosten auch das Doppelte einer starren Stufe, und sie empfehlen sich wohl nur als Ergänzung bis zur Kopfhöhe über Deck, wenn man dort Verletzungen mit starren Stufen befürchtet.

Ohne Maststufen hätten wir unsere Masten wohl nicht ca. 20 Jahre stehen lassen können. Denn sie sind zur Inspektion des Riggs, die man sonst nur bei gelegten Masten vornimmt, unverzichtbar. Maststufen sind auch hilfreich, wenn man Reparaturen z.B. am Topplicht, an den Salingleuchten, am Windmesser oder an Antennen vornehmen muss, wenn verklemmte Rutscher oder Wirbel zu klarieren sind, und sie dienen auch der »Augapfelnavigation«, wenn ein Ausguck auf Salinghöhe Wassertiefen schätzen, durch Riffeinfahrten lotsen oder nur vor Korallenköpfen unter der Wasseroberfläche warnen soll. Segelt ein Boot ohne Maststufen, muss in solchen Fällen eine Person mit dem Bootsmannsstuhl in den Mast gehievt werden. Meistens ist es der Schipper, der dann darin sitzt, und die Bordfrau muss ihn mit einer Fallwinsch hochwinden. Für diese körperliche Schwerstarbeit reichen die Kräfte einer (älteren) Frau nicht aus, und es ist meines Erachtens unverantwortlich, ihr diese Arbeit (selbst im Falle einer Havarie) auf einem glatten, schrägen Deck und im Seegang aufzubürden.

Mithilfe unserer festen Mastleiter (und analog mit Einzelstufen) kann der Schipper alleine klettern. Er trägt dabei nur zusätzlich seinen Sicherheitsgurt, der an das stärkste Fall gesteckt ist, und die Bordfrau muss von Stufe zu Stufe nur die jeweilige Lose durchholen. Sie führt das unbelastete Fall über eine Fallwinsch, damit sie sofort zum Abstoppen bereit ist, sollte der Schipper auf der Mastleiter den Halt verlieren oder seinen Arbeitsplatz für längere Zeit behalten müssen.

Viele Langzeitsegler benutzen an Stelle von Maststufen auf beiden Bootsseiten zwischen den Unterwanten geriggte Webleinen zum Aufentern, wie sie auch auf Großseglern üblich sind. Sie mögen (wie Tausendbeine an anderer Stelle) sehr seemännisch aussehen und billiger als Metallstufen sein. Ein Nachteil bleibt in jedem Falle: Sie reichen auf Yachten nur bis zur Saling, sodass man gegebenenfalls auf andere Art zum Toppbereich des Mastes weiterklettern muss.

Fliegende Mastleitern aus Tauwerk mit festen Trittstufen aus Holz oder Kunststoff in Form einer Jakobsleiter sind uns selten begegnet. Um halbwegs sicher begehbar zu sein, müssen sie beim Einsatz mit mehreren Mastrutschern fixiert und in der Mastnut befestigt werden. Dergestalt kann man sie nur im Hafen benutzen. Ist das Segel gesetzt, kann man sie nicht einsetzen. Aber das Klarieren von verklemmten oder das Niederholen von zerrissenen Segeln soll ja gerade die Hauptaufgabe einer Mastleiter auf See sein.

g) Passatbäume, Spinnakerbäume und Großbaum

Aluminium erweist sich immer noch als das geeignetere Material für Bäume auf Langfahrten: Erhalten hieraus gefertigte Passat- oder Spinnakerbäume einen (unvermeidlichen) seitlichen Schlag oder stoßen sie selbst heftig z. B. gegen Wanten oder Reling, dann bekommen sie nur eine Beule, die ihren weiteren Einsatz nicht behelligt. Sind sie hingegen aus Carbon gefertigt, brachen sie (unter vergleichbaren Bedingungen) an der betreffenden Stelle und wurden unbrauchbar.

Da sie zum Ausbaumen von Genua, Gennaker, Blister oder Spinnaker und (paarweise) von Passatsegeln unverzichtbar sind, sollte man sie unabhängig von den betreffenden Schoten riggen: mit Toppnant, Niederholer und Vorholer, die getrennt gesetzt und zu bedienen sind.

Nach Möglichkeit sollte man auch den Vorholer (mit seiner holenden Part) starr riggen, damit das betreffende Segel immer über einen gleich bleibenden Fixpunkt an der Baumnock geführt wird. Die Änderung der Schotführung und die Stellungsänderung des Vorsegelbaumes erfolgt dann (aus Sicherheitsgründen) in zwei getrennten Arbeitsgängen.

Auf den meisten, nicht an Regatten teilnehmenden Langzeitachten werden jetzt die praktischen Teleskopbäume eingesetzt. Mit einer eingeschobenen Länge von beispielsweise 3,00 m sind sie kürzer als die (vermessenen) Spinnakerbäume, sodass man auch beim Einpicken in das Schothorn eines Vorsegels leichter mit ihnen umgehen oder sie in dieser Länge auch für ein ge-

Mastseite Klemme Feststell-Leine Segelseite

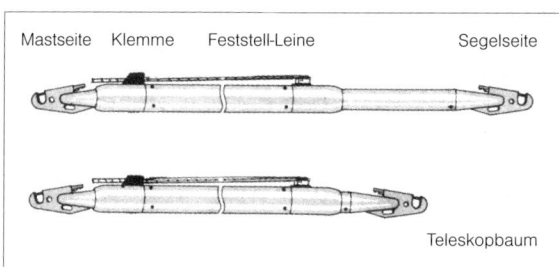

Teleskopbaum

Teleskopbäume erleichtern das Ausbaumen von Vorsegeln. Eingeschoben sind sie kürzer, ausgezogen länger als die üblichen Spinnakerbäume.

refftes Segel einsetzen kann. Voll ausgezogen kann ein solcher Teleskopbaum bei einer verbleibenden Überlappung von 0,50 m in den Rohren eine Nutzlänge von 5,50 m erreichen. Der mit zwei ausgebaumten »Passatbäumen« gesetzte Allrounder erreicht damit vor dem Wind eine Spannweite von ca. 11 m am Unterliek.

Der Vorteil solcher Teleskopbäume einiger Hersteller: Man kann sie über eine inwendig geriggte, aber von außen zu bedienende Ausholerleine in sicherer Mastnähe auf ihre volle Länge strecken, nachdem das Segel gesetzt und geschotet ist, und beim Einholen des Segels oder im Gefahrenfalle durch Lösen der Feststelleine aus ihrer Baumklemme den Baum sekundenschnell wieder zu seiner Kurzlänge zusammenziehen. Andere Hersteller benutzen eine Dreharrettierung, die ähnlich wirkt.

Mit seinen Bewegungsmöglichkeiten in (kombinierten) horizontalen und vertikalen Bewegungen bleibt der Großbaum nach wie vor das gefährlichste Teil des Riggs: Er kann Schaden anrichten und selbst Schaden erleiden. Je länger er ist, desto größer sind die Risiken, die er verursacht. Ist er mit einem Kasten für die Aufnahme einer Rollreffeinrichtung kombiniert, wird er schwerer, und der vertikale Gefahrenbereich wird größer. Wählt man für einen langen Baum zur Gewichtsersparnis ein dünneres und leichteres Profil, erhöht sich seine Bruchgefahr. Schleift er mit krängendem Boot und gerefftem Groß durch eine aufgesteilte See, verursacht er Albträume.

Die Wahl eines Ketschriggs gegenüber einer Sluptakelung vermindert diese Risiken, weil der Großbaum immer relativ kürzer bleiben kann – um mindestens 25 %.

Das Riggen eines üblichen Baumniederholers vermindert die Risiken eines Großbaumbruchs und die Gefahren einer (tödlichen) Kopfverletzung für die Crew bei einer Patenthalse nicht. Eine Bullentalje schränkt die Manövrierfähigkeit des Bootes, z.B. beim Ausweichen vor einem Hindernis oder der Kursänderung zu einem Notmanöver, erheblich ein.

Man muss daher andere Möglichkeiten ausnutzen, zum Beispiel diese: Baumniederholer und Bullentalje werden miteinander kombiniert, sodass der Baum bei jeder Segelführung (auch stufenlos gerefft) einerseits immer nach unten geholt und am Steigen gehindert, andererseits aber unverrückbar auch horizontal nach vorn gefesselt bleibt. Die holenden Parten der beiden seitlichen Taljen führen in die Plicht, sodass hier bei jedem Schrick in der Schot oder jedem geringfügig geänderten Anstellwinkel des Segels etwas mehr dichtgeholt oder gefiert werden kann.

4. Sicherheit bei Decksarbeiten

In die Plicht geführte Groß- und Vorsegelfallen, Ein- und Zweileinen-Reffsysteme, Lazy-Jacks an den Großbäumen sowie Rollreffsegel, die vom Achterschiff aus bedient werden, sind eingeführt worden, um unterwegs gefährliche Arbeiten an Deck und auf dem Vorschiff vermeiden zu helfen. Insbesondere ältere Segler sollten solche seemännischen Hilfen benutzen und es nicht noch bewusst darauf anlegen, bei Segelmanövern auf dem glitschigen Vorschiff mit ihrer Frau als Zuschauer in der Plicht »ihren Mann zu stehen«.

a) Das Vordeck ist kein Senioren-Turnplatz

Ich muss den einzigen deutschen Yachtbau-Professor wohl sehr fassungslos angesehen haben, als er mir kürzlich vom Bau seines 11-m-Seekreuzers erzählte, den er sich in seinem 65. Lebensjahr für das angestrebte Langzeitsegeln im Rentenalter bauen ließ. »Nein, keine Rollreffsegel«, sagte er, »auch nicht für Vorsegel. Ich liebe es, so richtig auf dem Vordeck herumzuturnen und mich mit den Segeln zu prügeln, wenn ich sie setzen, bergen oder reffen muss.« »Auch noch im Alter?«, warf ich ein, »und wenn Ihre Frau dabei allein am Ruder sitzt und Ihnen nicht helfen kann, wenn etwas passiert?« »Ich sehe da kein Risiko«, sagte er. Hat er Recht?

Auch ich bin dagegen, alle mechanischen, elektrischen und elektronischen Hilfsmittel, die immer neu entwickelt werden, an Bord einzubauen – aber auf Rollreffanlagen würde ich zuallerletzt verzichten. Sie sind es doch gerade, die es erlauben, auch größere Segel noch aus dem sicheren Arbeitsplatz der Plicht zu beherrschen, und nur mit ihrer Hilfe ist es auch älteren Seglerpaaren möglich, bei jedem Wetter auf See mit einem relativ großen Seekreuzer sicher manövrieren zu können.

»Mann über Bord« darf es nicht geben

Mann-über-Bord-Unfälle, bei denen der Schipper im Wasser treibt und die Bordfrau bei den Rettungsversuchen an Deck verzweifelt allein ist, ereignen

83

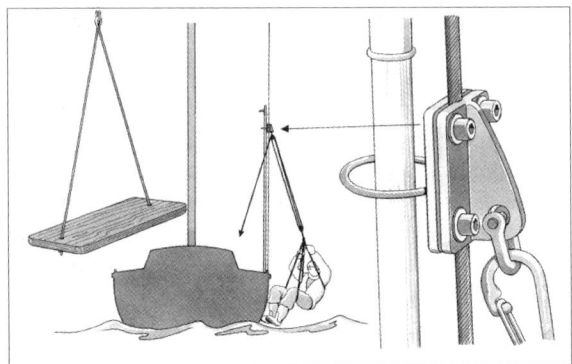

Unser »Safelift«-Beschlag an den Wanten des Großmastes, um die Sicherheitstalje einzupicken. Er hält gleichzeitig den Bootshaken griffbereit.

sich bedauerlicherweise jährlich von neuem. Und fast immer enden sie trotz aller Bemühungen mit dem Tod auf See – oder sogar an der Bordwand. Genauso häufig verursachen Vordecksarbeiten den lebensgefährlichen Sturz über Bord. Ein tragisches Beispiel in jüngster Zeit (in doppelter Hinsicht) sind die Ereignisse am 24. Juli 1995 auf dem 10,65 m langen Seekreuzer PERAIKE im Kattegat, etwa 20 Seemeilen von der schwedischen Küste entfernt:

Der 56-jährige Schipper geht (ordnungsgemäß mit Sicherheitsgurt) auf das Vorschiff, um den hochfliegenden Spinnaker zu bergen, stürzt dabei über die Seereling und bleibt an der mit ihr verbundenen (vorgeschrieben 1,80 m langen) Sicherheitsleine so unglücklich hängen, dass sein Kopf (mit Mund und Nase) mitten in der Bugwelle schwimmt. Unbeweglich ertrinkt er praktisch, weil er nicht mehr atmen kann.

Verständlicherweise schafft es die gleichaltrige Ehefrau nicht, ihn aus dieser tödlichen Situation zu befreien, aber immerhin ist es ihr noch unter diesem Schock möglich, in einer vierstündigen Alleinfahrt unter Motor – mit dem im Wasser hängenden toten Ehemann – einen schwedischen Küstenhafen zu erreichen.

Begnügten wir uns mit dem seemännischen Fazit, so müsste es lauten: Vordecksarbeiten sind immer gefährlich, und bei einer (nicht nur älteren) Ehepaarcrew sind sie zu vermeiden. Ruth und ich segeln daher nur mit einer Rollreffgenua und (anstelle des Spinnakers und auf Vorwindkursen) mit dem doppelschichtigen Allrounder. Beide Segel sind aus der Plicht zu setzen, zu schoten, zu reffen und zu bergen. Obwohl es uns oft juckt, auf solchen Allein-fahrten auch den 90-m^2-Blister in seinem Schlauch zu setzen, beschränken wir diese Freude nur auf leichtes Wetter und setzen ihn bei einer Vollzeugbri-se nur in jenen Stunden, in denen wir mit den Kindern oder Freunden und somit mehr helfenden Händen an Bord unterwegs sind.

Ein Ausrutschen des Ehemannes auf dem Vorschiff kann für die deshalb zur Witwe gewordenen Ehefrau noch ein ganz anderes, unerwartetes Nachspiel haben, das ihr Leben nicht weniger nachhaltig zerstört: Sie wird vor das See-amt zitiert und für dessen Unfalltod möglicherweise schuldig gesprochen.

Die Bordfrau muss kein »Offizier« sein

Obwohl die schwedischen Polizeibehörden nach Untersuchung des PERAIKE-Unfalles in ihrem Hafen rechtsverbindlich festgestellt hatten, dass »eine Straf-tat der überlebenden Seglerin nicht vorlag«, maßte sich ein deutsches See-amt eine nochmalige Untersuchung »im öffentlichen Interesse« an. Hierbei stufte es die überlebende Ehefrau, die ohne Führerschein juristisch als »Be-satzung« (»Crew«) mitsegelte, als »Beteiligte«, d.h. wie einen verantwortlichen Schiffsoffizier, ein und verwandelte sie vom »Opfer« dieses Unfalls praktisch zum »Täter«, wie es der (in ihrer Abwesenheit) gefällte Seeamtsspruch zeigt: »Der Unfall auf der PERAIKE am 24. Juli 1995 ist darauf zurückzuführen, dass der Schiffsführer die Sicherheitsleine an einer ungeeigneten Stelle, nämlich der Seereling, eingepickt hatte und durch die Fahrt des Schiffes unter Was-ser gezogen wurde. Die 56-jährige Ehefrau hat sich fehlerhaft verhalten, da sie (1) nicht sofort den Motor abstellte, (2) die Sicherheitsleine nicht gelöst hat und (3) ihren Mann nicht zur Badeleiter am Heck gezogen und (4) keine fremde Hilfe über UKW und (5) durch Notsignale herbeigerufen hat.« Wer seine Bordfrau (und andere Besatzungsmitglieder) gegen solche mögli-chen Anschuldigungen schützen will, sollte sie in der Crewliste des Logbu-ches, das ja das amtliche Schiffsdokument des Bootes und der Reise dar-stellt, ausdrücklich mit Aufgaben im Mannschaftsbereich aufführen, z.B. als Matrose, Bootsmann, Koch, Maschinist o.ä., aber niemals als »Wachführer«, der an Stelle des Schippers vielleicht zur Verantwortung gezogen werden könn-te. Die tatsächlichen Verhältnisse an Bord bleiben hiervon ja völlig unberührt.

Langzeitsegler sind gut beraten, solche seemännischen wie juristischen Risiken gleichermaßen zu vermeiden und hierzu alle derzeit vorhandenen Ausrüstungsteile, wenn sie sich deren Anschaffung finanziell leisten können und zu ihrem Betrieb in der Lage sind, angemessen einzusetzen. Ein nasses Vordeck ist kein Turnplatz, erst recht nicht im Seniorenalter.

b) Stiefkind trittsicherer Fußboden

Was oben über ein mit aufgeklebten Kork-Gummiplatten fußfreundlich und rutschsicher gemachtes Deck gesagt wurde, soll hier noch ergänzt werden: Bei der Charakterisierung des Generalkursus einer Weltumseglung spricht man treffend von der »Barfußroute«: Sie verläuft rund um den Globus durch hauptsächlich tropische Gebiete mit warmem Wasser, in denen man an Bord auf

jedes Schuhwerk verzichten kann. Dies gilt insbesondere für das Herumlaufen an Deck auf dem Ankerplatz, an dem auch Weltumsegler mindestens zwei Drittel ihrer Zeit verbringen.

Beim Langzeitsegeln auch ohne den (umstrittenen) Ehrgeiz, die Erde zu umrunden, ist es nicht anders: Bordschuhe sind – an Deck wie in der Kajüte – eher hinderlich als nützlich. Aber wenn man auf sie verzichten will, muss der »Fußboden« dementsprechend gestaltet sein.

Unter dem breiten Seitendeck neben dem ca. 1 m hohen Deckshaus liegen auf unserem CORMORAN beidseitig zwei Hundekojen im Schwerpunkt des Schiffes. Man beachte die Art der Verlegung der Treadmaster-Platten neben dem Wassergang am niedrigen Schanzkleid.

Ein Stabdeck ist glatt und rutschig

Auch wenn man überwiegend in trockenen Jahreszeiten lebt, bleibt als Kriterium immer eine nasse Bodenfläche: An Oberdeck stellt ein Stabdeck ebenso wie ein (nacktes) Stahl- oder Kunststoffdeck nur eine unbefriedigende Standfläche dar. Gestrichen und gesandet bzw. mit aufgerauten Flächen im Gelcoat wird die Fußfläche weniger effektiv, mehr optisch rutschsicherer. Wer barfuß segeln will, sollte daher unbedingt von Beginn an überall dort die Gummi-Kork-Matten aufkleben, wo er gehen und stehen will. Viele Yachten gewinnen ihre persönliche Note bereits durch die Art, wie die Standardplatten (von z.B. 900 x 900 mm) mit wenig Verschnitt ausgenutzt wurden, um gleichzeitig interessante Decksmuster zu schaffen.

Seefahrtgerechte Teppiche in der Kajüte

Man läuft aber nicht nur über Deck, sondern bewegt sich auch in der Kajüte. Und hier besteht der Fußboden (als Blickfang für den Bootskäufer in einer Messehalle) oft aus hochfest lackierten Flächen mit eingelegten vornehmen Intarsienmustern. Das Gehen und Stehen darauf ist (nicht nur bei Nässe) gefährlich, und wenn man nachvollzieht, wie oft man (in einem wochenlangen Bordalltag) täglich barfuß unter Deck von vorn nach achtern geht, wie lange man in der Pantry steht, wie viele Male man über den Niedergang hinein- oder hinausklettert, kann man den Gefahrengrad des Ausrutschens erst richtig ermessen.

Kurz und gut: Wir haben bei allen unseren CORMORAN-Neubauten einfache gestrichene Holzfußböden einlegen lassen, die in allen Räumen mit passgerecht geschnittenen und am Rande gekettelten Teppichböden ausgelegt wurden. Wir entschieden uns für Materialien, die von der Seeberufsgenossenschaft für einen solchen Bordeinsatz empfohlen und von einer Fachfirma für die Yachtinnenausstattung verarbeitet werden, und freuen uns darüber, dass sie nach 20 Jahren strapaziertesten Bordeinsatzes weder eingelaufen noch abgenutzt noch farblich verändert worden sind.

Wir wählten sie in ihren Farbtönen passend zu den Polsterfarben in den Räumen, sodass sich auch die Fußböden selbst farblich unterscheiden. Die aus England eingeführte Teppichware, die verrottungs- und rutschfest ist, hat daher keine gummierte Unterfläche und besteht jetzt nur noch aus Synthetik.

Das gelegentliche Ausschütteln (oder Ausklopfen) am Ankerplatz und das regelmäßige Saugen (mit dem kombinierten 12/220-V-Staubsauger) nicht nur im Hafen ist keine nennenswerte Mehrarbeit (gegenüber dem Ausfegen oder Aufwischen eines Lackbodens). Sie fällt gegenüber dem gewonnenen Wohnkomfort nicht ins Gewicht.

Kajütteppiche nicht selber schneidern

Selbst genähte Teppiche aus Resten heimischer Auslegeware sind weder wasser- noch rutschfest und daher auch nicht bordtauglich. Sie müssten außerdem umsäumt werden, damit die Ränder nicht ausfransen. Man sollte darauf verzichten und sich für das wochenlange Wohnen an Bord seefahrtgerechte Kajütteppiche in dezenten, passenden Farben leisten.

Unsere Sitzpolster aus festem Schaumstoff, die der Fachmann »Chaps« nennt, weil man sie sowohl hochklappen als auch ganz wegnehmen kann, liegen über den Klapphöffnungen der Backskisten, deren Inhalt dadurch gut erreichbar ist und (bei Verwendung einer Deckelsicherung) auch bei extremster Schräglage nicht verrutschen oder gar herausfallen kann. Auch für deren passgerechte Herstellung hatten wir eine Fachfirma herangezogen.

Ausrüstung:
autark, bequem und handig

1. Motor: kräftig, laufruhig, robust

Eine Langzeityacht ist kein Motorsegler. Aber der Motor muss ein zuverlässiger Alternativantrieb sein, weil er vorrangig dort eingesetzt wird, wo es auf sichere Fahrt ganz besonders ankommt: beim Ein- und Auslaufen von Häfen und Ankerplätzen, beim Ansteuern von Küsten mit Gegenwind und unreinem Grund, beim Passieren von Meerengen, im Fahrwasser mit Schiffsverkehr und beim Durchlaufen von Kanälen. Der Motor löst auch den Segelantrieb ab, wenn die Kräfte einer (älteren) Langzeitcrew erschöpft sind oder Havarien am Rigg eintreten. Er muss außerdem bei einem Über-Bord-Unfall (sofort) einsatzbereit sein. Die Motorenanlage wird daher ausführlicher behandelt.

a) Ein Hilfsmotor ist kein Flautenschieber

Als wir 1978 zu unserem mehrjährigen Transozean-Langtörn aufbrachen, segelten wir mit dem Cormoran II ein 9-m-Boot, das wir (noch »sportlich«) mit einem auf Fischerbooten bewährten 10-PS-Dieselmotor entsprechend der Faustformel »Drei PS pro Tonne« ausgerüstet hatten. Dabei hatten wir übersehen, dass sich die Motorleistung auf die entsprechende Verdrängung des seeklaren Bootes (und nicht auf sein Konstruktionsgewicht) beziehen sollte. Mit seiner Atlantikverdrängung brachte es Cormoran II voll ausgerüstet auf über 5 t (und nicht auf 3 t Konstruktionsverdrängung), d.h. nur etwa 2 PS/t, mit denen er schon kaum gegen eine starke Nordseetide gewinnen konnte.
Unser zweiter Fehler war, ein europäisches Produkt zu wählen, für das es auf dem amerikanischen Kontinent und in Übersee keine Ersatzteile gab. Offen-

bar durch seine unvermeidbare Höchstbelastung erlitten wir häufig Motor-havarien, und meistens waren sie für Boot und Crew gefährlich: Zum ersten Mal fiel der Diesel im Amazonas aus, blieb während des Kreuzens in den karibischen Riffen unklar und wurde im Eisgang der Arktis zum ständigen Ärgernis.

Eine ausreichende Leistungsreserve des Motors, der ja kein »Flautenschieber« ist, sondern neben den Segeln einen wichtigen alternativen Antrieb bedeutet, vermissten wir besonders schmerzlich beim Ansteuern der nordnorwegischen Küste: Ein Sturmtief hatte seine Bahn genau dwars zu unserer Kurslinie ein-geschlagen, und die gewarnten Fischerboote, die wir trafen, strebten unter Höchstfahrt ihrer starken Motoren eiligst dem Schutz des Schärengartens zu. Auch wir suchten unser Heil in der Flucht vor dem Orkan – aber mit zuerst nur drei Knoten und dann zunehmend weniger Fahrt gegen immer höhere See erreichten wir die Küste unter Motor nicht mehr. Beigedreht und nahezu auf Legerwall erlebten (besser: überlebten) wir ein zweites Mal ein Inferno, das wir vorher schon nahe Kap Farewell vor Grönland sich über und um uns aus-toben lassen mussten. Mit einem kräftigen Motor hätten wir die Angst vor Nor-wegen vermeiden können.

b) Drei kW/t und Ersatzteile überall

Das Fazit: Wir wollten unseren größeren CORMORAN III mit einem kräftigeren Motor und einem Leistungsgewicht von 5 PS/t bzw. 3 kW/t ausrüsten, und es sollte ein Fabrikat sein, für das man auf jedem Schrottplatz der Welt Ersatz-teile erhalten könnte.

Für das 12,65-m-Stahlboot wurde es dann ein 80-PS-(60-kW)-Ford-Diesel, der als Industriemotor wie als Bootsmotor (marinisiert) gleichermaßen weltweit eingesetzt ist. Wir wählten die 4-Zylinder-Version (mit 4 l Hubraum), weil uns ihre Leistung für das Konstruktionsgewicht von ca. 12 t bereits übergenug erschien. Tatsächlich gingen wir dann aber doch mit ca. 17 t Langzeitverdrän-gung, mehrjährig und autark ausgerüstet, auf Reisen und waren (nach unse-rer neuen Faustformel) kaum übermotorisiert.

Ein Langhuber als Langsamläufer

Der Langhuber ist mit max. 2400 1/min ein Langsamläufer, aus dessen Kraft wir höchstens 2000 1/min (kurzzeitig) eingesetzt haben. Schwesternschiffe wurden (wegen besserer Laufruhe) mit dem Sechszylinder der gleichen Baureihe ausgestattet, doch halten wir diesen Mehraufwand (an Preis und Gewicht) nicht für nötig. Mit »langsamer Fahrt« (1200 1/min) setzen wir ca. 30 kW oder 50 % der Nennleistung ein, laufen dabei mit unserem 12,65-m-Boot (LWL 11,50 m) 5,5 Knoten und verbrauchen ca. 4,2 l/h (entsprechend ca. 0,14 g/ kW/h). Die anderen Werte tabellarisch:

1/min	kW	PS	l/h	Fahrt kn	R-Wert
1200	30	40	4,2	5,5 »langsam«	R 3
1400	35	47	4,9	6,4 »mittel«	R 3,5
1600	40	54	5,6	7,4 »halbe«	R 4
1800	45	61	6,3	8,0 »große«	R 4,5
2000	50	68	7,0	8,0 »volle«	R 4,5

Das bedeutet:

• 1200 1/min ist die »Manövrierfahrt«, die langsamste mögliche Fahrtstufe und die Umdrehungszahl, die sicher über den kritischen Umdrehungen liegt. Es ist gleichzeitig die Ladedrehzahl, wenn der Motor im Leerlauf nur für die Lichtmaschine arbeitet. Ist beim Einlaufen in enge Häfen die erlaubte Fahrt auf 3 kn begrenzt, kann sie nur im Wechsel mit Leerlauf eingehalten werden.

• 1400 1/min ist die »mittlere Marschfahrt«, bei der der Motor mit optimalem Drehmoment und günstigem Verbrauch gut ausgelastet ist.

• 1600 1/min ist »halbe Fahrt« mit optimalem Fortkommen (7 Knoten) unter normalen Seebedingungen, guter Laufruhe und daher meistgefahrenen Einstellung unterwegs.

• 1800 1/min ist »große Fahrt«, die nur gelaufen wird, wenn gegen Wind und See eine Fahrt von ca. 7 kn notwendig ist. Theoretisch ist »Rumpffahrt« möglich.

• 2000 1/min bedeutet eine mögliche Leistungsreserve durch den Einsatz von max. 75 % der Motorleistung, z. B. bei starkem Gegenstrom, Gegenwind, Seegang und unter anderen zwingenden nautischen Gegebenheiten, z. B. mit einem Havaristen im Schlepp.

Betriebszeit zum Fahren und Laden

Unser Motor war in den 19 Jahren, in denen wir ca. 60000 Seemeilen zurücklegten, 2850 Stunden in Betrieb. Der eigentliche Antriebsteil wurde niemals repariert, hat keinmal versagt und liefert nachweislich noch die Kompression seines Ersteinsatzes. Er hatte eine jährliche Betriebszeit von 150 Stunden bei einem ca. achtmonatigen Einsatz des Bootes im Jahr. Etwa 20% der Betriebszeit dienten nur Ladezwecken. In den verbleibenden ca. 2280 Stunden legten wir ca. 15000 sm unter Motor zurück. Unter diesen jährlichen 120 Motorstunden sind natürlich auch die Zeiten des Manövrierens in Häfen und Ankerbuchten verzeichnet. Setzt man sie bei jährlich etwa 40 Ein- und Auslaufmanövern mit insgesamt 40 Stunden an, verbleiben 80 Motorstunden für die Bewältigung von Distanzen. In den windärmeren Gebieten und mit einer älter werdenden Ehepaarcrew sind dies etwa 20% der jährlichen Fahrstrecke – eine Mindestdistanz, mit der man rechnen muss.

Gesunder Motor, sorglose Crew, gute Fahrt

Serienboote sind fast immer mit leichtgewichtigen und schnell laufenden Motoren mit geringem Hubraum ausgestattet. Sie erbringen ihre Höchstleistung, die gleichzeitig als Dauerleistung genutzt wird, bei ca. 3.500–4.000 1/min. Sie sind dadurch preisgünstig in der Anschaffung, aber anfällig gegen Schädigungen aller Art und haben eine geringere Lebenserwartung als Motoren, die eine Yacht schon bei 50% ihrer maximalen Umdrehungen auf Rumpffahrt bringen können.

Langzeitsegler sollten sich im Zweifelsfalle immer für den größeren und stärkeren Motor entscheiden, wenn sie ihn nicht nach eigener Entscheidung wählen können. Je größer der Motor, desto geringer ist der Verschleiß, desto besser ist die Ausnutzung des Kraftstoffes und desto zuverlässiger die Leistungsreserve.

Auf vielen Serienyachten müssen die Motoren meistens (stiefmütterlich unter der Plicht) in zu kleinen Räumen arbeiten. Man gönne seinem Langzeitmotor einen großräumigen Arbeitsplatz, den er sich bei uns mit Brennstoff- und

Wassertanks, Batterien, Petroleumtank, Warmwasserheizung, Lenz- und Druck-wasserpumpen sowie seefestem Ersatzteillager und einem Freiraum zum Arbeiten teilen kann. Mit Schallschluckmatten haben wir schlechte Erfahrungen gemacht, aber Teppiche auf dem Fußboden dämpfen die Motorgeräusche erheblich.

Gute Luftzufuhr für den Motorraum
Bei der Installation achte man darauf, dass die Luftzufuhr ausreichend und die Betriebstemperatur richtig ist. Unsere Lüfterbleche befinden sich frei vom Seeschlag in der Steuersäule der Plicht, die dadurch auch wie ein Schornstein-Ablüfter arbeitet, wenn der Motor abgestellt ist und abkühlt. Selbst bei den vorherrschenden Wassertemperaturen von über 25 °C kam die Kühlwas-sertemperatur (entsprechend der Wärmetauscher-Kapazität) nie über die vorgeschriebene Betriebstemperatur von 70 °C hinaus. Vielleicht ist sie mitver-antwortlich für den geringen Verschleiß der Maschine.
Eine Verschmutzung des Luftfilters hat es (in reiner Seeluft) nicht gegeben. Unsaubere Verbrennung, die man an den Abgasen erkennen kann, war niemals erkennbar. Außer der Lichtmaschine (60 A) und dem Kühlschrank (7 A) waren beim Motorbetrieb auf Dauer keine anderen E-Verbraucher zugeschaltet. Den Kurzzeitbetrieb der 1500-W- und 500-W-Ankerwinschen hat der Motor auch bei Höchstbelastung der Winschen gut bewältigt. Den Propeller haben wir beim jährlichen Aufslippen (und wenn er nach längerer Hafenliegezeit bewachsen war) regelmäßig gesäubert. Die Batterien, die er laden musste, waren (durch unsere Solargeneratoren) niemals zu weit entleert.

Auf einen Tagestank kann man verzichten
Einen dem GL unerwünschten, weil feuergefährdeten Tagestank mit seinem komplizierten Leitungssystem hatten wir nicht installiert, obwohl wir den Platz hoch über dem Motor in der Konzeption unseres Bootes vorgesehen hatten. Die Brennstoffpumpe des Motors, bei dessen Ausfall der Tagestank eigentlich nur eingesetzt werden soll, ist auch in fast 20 Betriebsjahren niemals ausgefallen. Insoweit war er überflüssig.
Die zuverlässige Arbeit der Brennstoffpumpe mag darauf beruhen, dass sie immer nur aus dem Kieltank und mit einer konstanten Saughöhe von weniger

als einem Meter fördern musste und der Kraftstoff immer sauber war. Denn alle Unreinheiten, die unmittelbar vor ihr zwei Brennstofffilter aufhielten, waren unmittelbar hinter dem Entnahmetank schon durch einen Grobfilter mit Wasserabscheider separiert worden, aus dem man sichtbares Schwitzwasser auch ohne Filterwechsel entfernen konnte.

Im Falle eines Pumpenversagens hielten wir einen (mit Diesel gefüllten) Kanister bereit, der wie ein Falltank über dem Motor (anstelle des fest etablierten Tagestanks) aufgehängt werden konnte, um die Brennstoffleitung zu speisen.

c) Lehrreiche Betriebsschäden

Die Auflistung einiger Betriebsschäden, nicht nur aus den Bereichen Kraftstoff und Marinisierung, und die entsprechenden Reparaturen auf See können lehrreich sein:

- Der Motor bleibt auf See stehen, aber die Schwanzwelle lässt sich von Hand drehen – Ursache: Schmutz im Kraftstoff(tank).

Es passiert auf See, oft in einer kritischen Situation und zunächst ohne erkennbaren Grund. Nach Fehlersuche wurde festgestellt: Der Fehler liegt innen. Die Kraftstoffzuführung war unterbrochen.

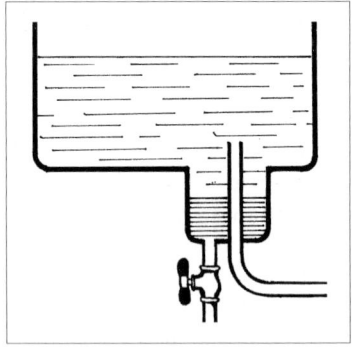

Glücklicherweise fahren wir vor den eigentlichen (doppelten) Brennstofffiltern einen Vorfilter mit Schauglas. Wir wechselten ihn im Seegang aus, wenig später aber auch den Ersatzfilter, der ebenfalls verstopft war. Einen neuen Filter konnten wir auf einer entlegenen Ägäisinsel nur mit Mühe erwerben.

Nicht überall ist Dieselkraftstoff sauber. Ein Sammler im Tankboden mit Ablaufhahn erlaubt es, Wasser und Schmutz im Kraftstoff zu entfernen, bevor er zu den Filtern gelangt.

Fazit: Einen zweiten Vorfilter installieren, damit man bei Dreck im Filter einfach auf den Zwillingsfilter umschalten und das Boot unter Motor weiterlaufen kann. Der Wechsel des verstopften Filters kann dann auch später bei laufendem Motorbetrieb oder zu einer seemännisch günstigeren Zeit erfolgen. (Mit verunreinigtem Dieselkraftstoff muss man überall rechnen, und kein Seituch fängt so kleine Schmutzpartikel vor dem Einlauf in den Tank auf.)

Weitere Motorversagen und ihre Ursachen

- Der Motor bleibt auf See stehen, aber die Schwanzwelle blockiert – Ursache: Fremdkörper im Propeller (Fischerleine, Plastikplane, Hummerkorb u. ä.). Abhilfe: Tauchen und Entfernen des Fremdkörpers bzw. Abschneiden der Leinen.

- Der Motor bleibt nach dem Ablegen stehen, und die Schwanzwelle lässt sich von innen und (beim Tauchgang) über den Propeller auch von außen drehen. Erst beim näheren Hinsehen erkennt man, dass die Schwanzwelle hinter dem Getriebe abgerissen ist. Ursache: trotz entsprechender Abweiser am Propeller fremde Ankerleinen oder Muringleinen, die im Hafen in den Propellerstrom hineingezogen wurden. Reparatur: Welle zurückziehen und nach Wiedereinsetzen der Sollbruchsicherung ab- und neu anflanschen.

- Explodierte Abgasleitung auf See: Folgeschaden eines Monate zuvor erfolgten, wohl durch Impellerschaden in der Seewasserkühlwasserleitung verursachten Motorbetriebs mit zu geringem Kühlwasserdurchfluss durch die Abgasleitung. Erforderliche Reparatur: neuen, ca. 1,20 m langen, seit zehn Jahren als Ersatzteil mitgeführten Spiraldruckschlauch von 64 mm Innendurchmesser anstelle des beschädigten eingesetzt (siehe auch weiter unten).

- Starker Wassereinbruch bei (nächtlichem) Motorbetrieb auf hoher See, angezeigt durch ständiges Laufen der automatischen Bilgepumpe. Ursache: korrodierte Kühlwasserleitung, die ins Boot entwässert. Abhilfe: Mit Alu-Klebebändern, Sikaflex u. a. auf See gedichtet und poröse Kupferrohr-Teile im Hafen ausgetauscht.

- Hoher Wasserstand unter den Bodenbrettern bei (nächtlichem) Motorbetrieb auf hoher See. Bei der Bilgenkontrolle entdeckt und nach Lecksuche (mit abgestelltem Motor) als Leck im Edelstahl-Abgaswassersammler erkannt.

95

Ursache: Alterung und Korrosion der Schweißnaht. Vorboten als nasse Bilge nicht erkannt. Abhilfe: Segeln. Motor blieb nur noch kurzzeitig zum Einsatz beim Anlegen im Hafen mit laufenden Lenzpumpen einsatzfähig. Abhilfe: Schweißnähte am Bodenstück erneuern lassen.

• Verbrauchter Kühlwasser-Impeller (Austausch jährlich; auch noch gut aussehende Impeller auswechseln).

• Motoralarm durch zu heißes Kühlwasser. Ursache: Fremdkörper vor Kühlwassereinlass im Unterwasserschiff; defekter Impeller; Kalkablagerung vor dem Wärmetauscher. Ob der Verursacher außen oder innen liegt, erkennt man beim Abbau des Kühlwasserstrangs vor dem Seewasserfilter und Hinunterbiegen unter die Wasserlinie: Bei Außenschaden kommt kein Wasser mehr.

Reparierte Schäden aus dem Bordalltag

Ein Langzeitsegler, der nicht nur fernab der (deutschen) Basis segelt, sondern sich auch küstenfern auf See aufhält, muss mit solchen und anderen (technischen) Schäden fertig werden. Er unterscheidet sich insoweit von anderen Fahrtenseglern, die diese Befähigung noch nicht erworben haben oder erwerben wollen. Ein Vorfall, der sich just zur gleichen Zeit auf der 17,50-m-Ketsch BLAUBART an der französischen Kanalküste ereignete, als wir den gleichen Schaden mitten in der Ägäis erlitten und den die *Yacht* veröffentlichte, kann diesen Unterschied trefflich erläutern:

»Plötzlich schlug Rauch aus dem Maschinenraum«, beschreibt Michael L., Eigner und Schipper der Ketsch BLAUBART, die Situation. »Ich versuchte den Generator abzuschalten. Erfolglos. Wasser brach ein. Dann wurde mir bewusst, dass wir fast 2000 l Diesel gebunkert hatten und zwei Gasflaschen explodieren konnten.«

Und dann stieg er mit seiner Crew in der Nähe von Calais in die Rettungsinsel. Über sein Mobiltelefon gab er seine Notfallposition an einen Freund in Lüneburg. Dieser verständigte die deutsche Seenotzentrale in Bremen. Von ihr wurde die französische Seenotzentrale alarmiert. Und 45 Minuten später stand ein französisches Marinefahrzeug am Unfallort. Die Crew schwamm da noch immer in ihrer Rettungsinsel in Sichtweite der BLAUBART. Und die Ketsch zeigte keine Anzeichen eines brennenden Wracks mehr.

Was war tatsächlich an Bord geschehen? Der Auspuffschlauch des Generators war gebrochen. Dadurch wurden die Abgase in die Kajüte geleitet. Das Kühlwasser lief in die Bilge und sammelte sich dort. Gebrannt hatte es nie.

Ein Motorschaden aus unserem Logbuch

Im CORMORAN-Logbuch ist der fast gleiche Fall (an der Hauptmaschine) am 11.4.1999 so vermerkt: »SW 6, Seegang 5, Kurs 270°, Großsegel 70%, Kleine Genua 80%. Lassen den Motor in der groben See mitlaufen, um auf der 70-sm-Distanz von Sifnos nach Poros die nötige Höhe halten zu können. 14.20 Uhr: Dumpfer Knall im Motorraum. Vorn: Raum gefüllt mit Rauchschwaden, die nach außen drängen. Hinten: Wasser spritzt aus einem etwa 200 mm langen Riss im Abgasrohr und füllt schnell die Bilge. Motor aus. Lenzpumpe an. Kühlwasserleitung schließen. Lüften und nachdenken.

Was ist passiert? Es gab eine Explosion in der Abgasleitung. Die Innenschicht des Spiral-Druckschlauches in der Abgasleitung unmittelbar hinter dem Motor hatte sich von der Außenschicht abgelöst und für eine Verengung durch lang andauernde Überhitzung ohne ausreichende Wasserführung gesorgt.

Was ist zu tun? Weitersegeln und nachdenken: Der Druckschlauch könnte eine Manschette aus Draht und derbem Plastik erhalten. Er würde dann für das (nächtliche) Einlaufen in den Poros-Kanal kurzzeitig betriebsbereit sein. Aber im Lager für sperrige, leichte Ersatzteile unter den Kojen im Bugraum liegt ein zugepasster, ebenso 1,20 m langer Druckschlauch; nach über zehn Jahren vorsorglicher Aufbewahrung wird er nach Demontage des zerfetzten Teiles zwischen Motor und Sammler eingesetzt und mit je zwei Schlauchschellen sicher befestigt. 14.55 Uhr: Motor wieder betriebsbereit.«

Weiterer Unbill, den der Bordhandwerker beheben können musste:

* Verstopfte Toilettenpumpe
* Verunreinigter Petroleumkocher
* Aufgerissene Naht in Genua-Achterliek
* Segelriss im Großsegel-Unterliek
* Aufgerissene Nähte in Großsegel-Bahnen
* Verbogene Relingstützen
* In Felsspalte verklemmter Anker u.a.

d) Werkstatt nein, Ersatzteillager ja

Manche Ratgeber empfehlen die Ausstattung einer »Blauwasseryacht« mit einer großen Werkstatt. Ich teile sie nicht. Auf Serienyachten ist ein solcher Platz oder gar Raum ohnehin nicht vorhanden. Auf Langzeityachten, die Einzelbauten sind, muss er nicht (auf Kosten anderer Räumlichkeiten) vorgesehen werden. Wichtiger ist die reichhaltige Ausstattung mit dem notwendigen Handwerkszeug und vor allem von wichtigen Ersatzteilen, die überall verstaut werden können.

Wir haben nur einen kleinen, handigen Schraubstock im Motorraum angebracht, an dem man auch von außen arbeiten kann, wenn ein Teil eingespannt werden muss. Er ist wohl unverzichtbar.

Das Werkzeug selbst liegt in einem großen, transportablen Kasten, der ebenfalls seefest im Motorraum gehaltert ist. Hier finden (in Einzelfächern) Schraubendreher und Schraubenschlüssel mit Steckschlüsseln aller Größen (und immer doppelt), Zangen aller Art (bis zum Engländer), Holz- und Eisensägen, Bohrer, Feilen, Inbusschlüssel, Hammer usw. ihren Platz.

Eine Vielzahl von Schrauben und Bolzen, Muttern und Scheiben aller Größen, Simmeringe, Ringsplinte, Schäkel, Segelgarn, Segelhandschuh, Schlauchschellen, Kabelbinder, Isolierbänder, Sikaflex (in Tuben) usw. wird in einem speziellen Werkzeugschrank aufbewahrt.

Das Unerwartete passiert immer am ungünstigsten Ort: Ruderschaden im nördlichen Nordatlantik und tagelanges Steuern mit dem Notruder bis nach Island.

Größere Ersatzteile wie Schäkel aller Art und Größen, Toggel, Pumpenmembranen, ein Ersatz-Log, Ersatz-Lot usw. finden in einer Backskiste unter der Koje Platz. An anderer Stelle liegen Schleifmaschinen, Bohrmaschinen u. a., die man zur Bootsüberholung benötigt. Unerschöpflich ist das Farbenfach in einer anderen Backskiste, das Farben, Lacke, Mennige usw. mit Schleifpapier, Pinseln u. a. enthält.

Bootspflegemittel brauchen viel Platz
Alle Bootspflegemittel für den täglichen Gebrauch stehen in der Achterpiek am Heck, die von Deck aus zugänglich ist und unter einer großen Klappe liegt. Hier sind insbesondere stinkende Teile untergebracht – einschließlich 10 l Motoröl, einem leeren Altölkanister, 10 l Benzin für den Außenborder, Ankerlaterne mit Petroleumkanister, Reinigungsmittel für Fender, Pflegemittel für das Schlauchboot u. v. a. mehr.

Die Verbrauchsstoffe sind dort in der Nähe verstaut, wo sie ausgewechselt werden müssen, zum Beispiel Kraftstofffilter und Vorfilter, Ölfilter und Impeller, Batteriewasser und Ölsprühdose im Motorraum.

Damit ich diese wichtigen Verbrauchsstoffe auch im Ausland richtig nachkaufen kann, bewahre ich entweder eine (zusammengefaltete) Packung auf, die ich einfach in einem entsprechenden Laden oder Lager vorlegen kann, oder notiere mir zumindest die genaue (internationale) Typenbezeichnung des Kleinteiles, um komplizierte (sprachliche) Erläuterungen meines Kaufwunsches zu vermeiden, z. B.:

- Impeller Jabsco USA 17937-00018, mit Deckeldichtung 890, oder
- Brennstoffvorfilter Typ Lucas CAV mit Patrone 296 bzw.
- Getriebeöl EPX SAE 90 (GL 5) von Castrol.

Die sperrigen Ersatzteile für den Motor haben einen entlegenen Platz an Bord erhalten: Mit allen notwendigen Rohrstücken und Krümmern aus Gummi und Kupfer, die wir mitführen, lässt sich eine defekte Kühlwasserleitung in allen Teilen zweimal ersetzen. Ein Druckrohr für die Einspritzdüsen ist ebenso an Bord wie ein Abgassammelrohr. Viele Teile sind 20 Jahre durch die Welt gesegelt, ehe sie gebraucht wurden – aber dann war wirklich Not am Mann.

Ersatzteile gegen Betriebsteile tauschen

Kurz und gut: Statten Sie sich reichhaltig mit Ersatzteilen aus, die wenig Platz wegnehmen müssen. Aber tauschen Sie, wenn möglich, das Ersatzteil vor dem Auslaufen zum Langzeittörn gegen das vorhandene Teil an Bord aus. Dabei lernen Sie zuerst, wie man es macht, wenn Sie sich selbst helfen müssen. Aber Sie erhalten auch die Garantie, dass das Ersatzteil, das nun zum Arbeitsteil geworden ist, wirklich funktioniert: Als z. B. auf CORMORAN beim Auslaufen aus dem Amazonas-Delta unter Motor das Druckrohr des Einzylinder-Diesels brach und gegen sein Ersatzstück ausgewechselt werden sollte, war auch dieses (ungebrauchte) Ersatzteil fehlerhaft. Ohne Wind mit Gegenstrom wurde CORMORAN somit manövrierunfähig.

2. Energiebeschaffung: Sonne statt Wind

Solargeneratoren sind die geeignetsten Energiespender für Langzeityachten. Bekanntlich wandeln sie nicht nur die Energie des Sonnenlichtes, sondern auch eines diffusen Tageslichtes in elektrische Energie um, und der elektrische Strom aus den Solarzellen lädt die Bordbatterie direkt. Nach dem neuesten Stand der Raumfahrt-Technologie erreichen Solarzellen einen Wirkungsgrad von ca. 15%, wenn sie unter voller Einstrahlung hoch stehender Sonne arbeiten können. Abgedeckt oder auch nur teilweise beschattet laden sie nicht mehr.

a) Solarzellen arbeiten lautlos und ständig

Ein Solargenerator besteht aus zahlreichen Solarzellen, die als Halbleiter eine elektrische Fotospannung von je 0,5 Volt erzeugen. Rund 50 dieser, in Reihe geschalteten, etwa 0,3 mm dünnen Siliziumscheiben, die tritt- und seewasserfest zwischen dünnen Kunststoffflächen (auch flexibel) eingebettet sind, ergeben ein Solarmodul. Handelsüblich sind z. B. 40 x 60 cm große 12-V-Solarmodule mit einer Nennleistung von 30 W oder 55 x 65 mm große Module mit

40 W, die man auf allen entsprechend großen Flächen (z. B. Vor- und Kajütdeck, auch neben- und hintereinander) auslegen kann.

Langzeityachten benutzen Solarmodule größerer Abmessungen auch mit einem selbsttragenden festen Unterbau, der z. B. auf den Davits, auf einem Geräteträger über dem Achterschiff oder (unterwegs gegebenenfalls beiklappbar) beidseits eines verlängerten Heckkorbes gehalten ist.

Solarzellen mit 3 x 30 Watt Leistung auf dem Dach des Steuerhauses.

Da man in südlicheren Revieren von einer täglichen Sonnenscheindauer von 10–12 Stunden ausgehen darf, kann man mit Solarmodulen entsprechender Anzahl jeden (vom Bordgebrauch abhängigen) Energiehaushalt decken.

Laderegler sichern die Bordbatterien vor einer Überladung, sodass man das Boot auch eine Zeit lang (z. B. in Wintermonaten) verlassen kann, ohne alle Module, die nicht unter einer Plane liegen, abklemmen zu müssen. Im Gegenteil halten sie, wenn sie betriebsbereit sind, die Bordbatterie immer frisch.

Eine Faustregel für die Anschaffung

Für die Anschaffung neuer Solaranlagen gilt die Faustregel: Die Leistung eines Moduls in Watt geteilt durch zwei ergibt die an einem Sonnentag erzeugbare Energie in Amperestunden. Beispiel: 30 W : 2 = 15 Ah.

Bestehen keine Beschränkungen für die Platzwahl an Bord, kann die Auswahl der Module einerseits nach dem Kriterium »Wie viel Geld für die gewonnene Wattzahl?«, andererseits nach der Beurteilung »Welches Nutzungspotenzial für einen Quadratmeter Fläche« erfolgen.

Zwei nachgerüstete Solargeneratoren mit je 30 Watt Leistung zwischen den Davits und (beigeklappt) am Heckgeländer.

Auf den Preis bezogen kann man derzeit z.B. für 600 DM ein Modul von 30 Watt erwerben. Ein Watt Leistung kostet also durchschnittlich 20 DM. Auf den Quadratmeter Fläche bezogen kann man eine Energieerzeugung von 80–110 W erwarten, die mit 6,5–9 A in die Batterie eingespeist werden. Aber auch ein Nutzungspotenzial von 60–80 W/m^2 ist gut.

Regler sollen nicht nur für eine schnelle, sondern auch schonende Ladung der Batterie sorgen. Sie sollen auch den Ladestrom steuern und die Ladespannung des Moduls auf die Batterie einstellen. Meistens werden Module und Regler, die zusammenpassen, im Paket angeboten. Erwirbt man sie einzeln, muss man sich in einer Preisspanne von ca. 50–700 DM entscheiden, mit einem Mittelwert von 100 bis 250 DM.

Abschattung vermindern oder vermeiden

Man beachte besonders, dass die an Bord installierten Module nicht oder nur kurzzeitig durch Wanten, Stage, Bäume oder Sonnensegel abgeschattet werden. Ihre angegebene Leistung wird nur bei voller Sonneneinstrahlung erbracht. Schon ein fingerbreiter Schatten, der z.B. in einer Stunde langsam über die Modulfläche wandert, kann während dieser Zeit die Leistungswerte halbieren. Je weniger Zellen ein Modul hat, desto mehr schattenabhängig ist es, d.h. desto mehr wird bei einer teilweisen Abdeckung in dieser Zeit seine Leistung reduziert.

Das Gewicht eines Moduls ist kein Anschaffungskriterium. Dafür kann man unter flexiblen und starren, rauen oder Glasoberflächen, eingerahmten oder einfachen Folienmodulen das gewünschte Solarmodul auswählen.

b) Wind- und Wellengeneratoren sind überholt

Der Vorteil von Solargeneratoren gegenüber allen anderen Energieerzeugern an Bord besteht in ihrer lautlosen wartungsfreien Wirkungsweise. Windgeneratoren (lange Zeit fast ein Statussymbol von Blauwasserseglern) verursachen durch den sich (schnell) drehenden Propeller unsympathische Lärmgeräusche und leichte Erschütterungen an ihrem Haltegestänge, die sich bis auf den Bootsrumpf übertragen können. Dazu laufen sie erst bei ca. Bft 3 (ab 10 Knoten

Windgeschwindigkeit) an und erreichen ihre Nennleistung erst ab 20 Knoten, d.h. ab Bft 5. Besonders in Revieren, in denen diese Windbedingungen nicht oder nur zu bestimmten Zeiten erreicht werden, sind sie somit am Ankerplatz oder im Hafen, wo sie ohnehin nur abgedeckt oder unter häufigen Windrichtungsänderungen arbeiten können, keine ständigen und zuverlässigen Energiespender.

Bei der Überlegung, einen Windgenerator anzuschaffen, bedenke man auch: Bei stillliegendem Boot (z.B. am Ankerplatz) arbeitet er mit dem atmosphärischen oder wahren Wind. Auf einem Boot in Fahrt ist der Energie spendende Bordwind aber der scheinbare Wind. Laufen wir z.B. bei einer kräftigen Vollzeugbrise unter Passatsegeln oder Spinnaker auf einem raumachterlichen Kurs und freuen uns über die schnelle Fahrt von sechs oder sieben Knoten, bewegt sich das Windrad überhaupt nicht: Strom wird nicht erzeugt. Der Bordwind (den auch der Windmesser anzeigt) kümmert bei unter 10 kn.

Was kostet die erzeugte Energie?

Bei einem Kosten-Nutzen-Vergleich mit Solargeneratoren schneiden die Windenergieverwerter schlecht ab; sie sind teurer und nicht wartungsfrei. Die Überhitzung der Generatoren bei anhaltend hohen Windgeschwindigkeiten wird zwar durch eine thermische Absicherung erreicht. Funktioniert der Überladeschutz nicht (oder fehlt er), wird die Batterie beschädigt, und es besteht Brandgefahr. Viele Eigner arretieren daher das Windrad, wenn das Boot nicht benutzt wird, und müssen damit auch auf die regelmäßige Auffrischung der Batterie verzichten.

Wellengeneratoren, die die unter Segeln mitlaufende Schwanzwelle des Motors zur Stromerzeugung benutzen, lohnen für Langzeitsegler (mit großen Liegezeiten) nicht. Am Ankerplatz steht diese Energiequelle nicht zur Verfügung, und unterwegs sorgt ein Festpropeller, der wie eine Turbine arbeitet, auch erst bei einem Durchmesser von ca. 400 mm und ab 5 Knoten Fahrt für einen befriedigenden Ladestrom von 5 A (auf ein Boot mit 10 m Länge in der Wasserlinie bezogen).

Schleppgeneratoren verursachen einen Fahrtverlust von ca. 0,5 Knoten. Ihr einziger Vorteil: Sie können Teile eines Windgenerators benutzen. Wenn überhaupt, sind sie nur für lange Segeldistanzen zu empfehlen. Leider bleibt ihr an einer Leine nachgeschlepptes rotierendes Endteil ein begehrlicher Leckerbissen für großes Meeresgetier und Seevögel.

c) Sind 230-Volt-Generatoren notwendig?

Transportable Benzin-Generatoren laden zwar in kurzer Zeit die Bordbatterie, wenn der Motor nicht anspringen will, und man kann mit ihrer 230-Volt-Wechselspannung auch elektrische Geräte wie Staubsauger, Fernseher, Computer und andere Elektrogeräte am Ankerplatz betreiben. Sie stellen jedoch nur eine mögliche Zusatzausrüstung auf größeren Yachten dar, für die man (mit ihrem speziellen Kraftstoff) auch entsprechenden Platz braucht und auf die man daher verzichten kann, bis man wieder Landstrom erhält.

Dieselgeneratoren mit Zweikreiskühlung und eigener Abgasleitung für 230 V und etwa 9 kW Leistung, die im Motorraum untergebracht sind, lassen sich wegen Platzmangel kaum nachrüsten. Sie können aber auf Neubauten ab ca. 12 m Länge schon zur Serienausstattung gehören oder als Extras gewünscht werden, um z. B. einen Watermaker zu betreiben. (Diesen kombinierten Einsatz beschreibe ich an anderer Stelle.)

Mit zusätzlichen Generatoren kann man überall und für alle Zwecke 230-V-Wechselstrom erzeugen, den man aber bekanntlich nicht (in einer Batterie) speichern kann, sondern direkt verbrauchen muss. Die heimischen Verbrauchsgewohnheiten in Haus und Küche, z. B. mit einem Kochfeld (mit mehreren Kochzonen), einer Mikrowelle und einem Waschvollautomaten, dem Betrieb eines Fernsehers sowie einer Kajütenbeleuchtung lassen sich über ein eigenes 230-V-Bordnetz uneingeschränkt fortsetzen.

Man muss nicht elektrisch kochen

Der Vorteil solchen elektrischen Kochens mag sein, Gerichte aus mehreren Gängen an Bord kochen und vor allem Mahlzeiten mit leistungsstärkerer Energie schneller zubereiten zu können. Unstreitig ist es auch bequemer und sicherer, auf Petroleum oder Gas als Energie für Kocher oder Herd an Bord zu verzichten. Aber der Mehraufwand für eine solche Generatorenanlage (und ihre Wartung) ist dennoch nicht immer wünschenswert.

Am Nachteil solcher Generatoren haben auch die Nachbarboote Anteil: Trotz Abkapselung der Betriebsräume und des Einsatzes Schall schluckender Materialien bleiben sie eine Lärmquelle, und wenn sie dann noch für Kühlzwecke und Klimaanlagen rund um die Uhr eingesetzt werden, belasten sie die Harmonie am Ankerplatz. In einer anhaltend so lauten Nachbarschaft muss sich eine Langzeityacht nach einem anderen Platz umsehen.

Anstelle des Aufwandes für einen Dieselgenerator leisten wir uns so oft wie möglich ein Abendessen in einer der landesüblichen Tavernen am nächstgelegenen Ufer. Hierbei lernen wir nicht nur die einheimischen Dorfbewohner kennen, sondern treffen auch andere Yachtbesatzungen zu einem fröhlichen Plausch. Und auch wenn wir dabei jährlich fast einen halben Generator »verzehren«, scheint uns das für freundliche örtliche Dienstleistungen ausgegebene Geld doch (im Sinne einer Entwicklungshilfe) gut angelegt.

Wasser kochen mit Landanschluss

Damit wir im Hafen den 230-V-Wechselstrom auch zur Entlastung der Küche ausnutzen können, haben wir uns einen einfachen Ein-Liter-Wasserkocher zugelegt, mit dem man – ohne den Petroleumkocher anwerfen zu müssen – morgens und nachmittags Tee oder Kaffee kochen bzw. zum Abwaschen und für viele andere Zwecke Wasser heiß machen kann. Außerdem dient der leistungsstärkere Landstrom zum Betrieb des Staubsaugers oder üblicher Heimwerkermaschinen bei Reparaturen, die man fast immer auf den nächsten Hafenaufenthalt verschieben kann. Für die Innenbeleuchtung an Bord wird der Landstrom bei uns nicht eingesetzt, doch ziehen ihn immer mehr Yachten (mit und ohne entsprechend fest installiertes Bordnetz) vor.

Von Interesse können die neuen Wechselrichter (Umformer, Konverter) für den Bordgebrauch sein, die aus 12-V-Batteriespannung eine Ausgangsspannung von 230 V in Netzstromqualität erzeugen. Die kleinen, kompakten Geräte werden zu günstigen Preisen angeboten und ermöglichen es, mit Nennleistungen von 150 W bis 400 W zumindest kurzzeitig Bohrmaschinen und anderes Handwerkszeug sowie Staubsauger größerer Leistung ohne Landstrom einzusetzen.

d) Elektrische Energie bedeutet viel – aber nicht alles

Im Hafen kann das Boot über sein Elektrokabel mit dem Landnetz verbunden werden, sodass man mit 230 V betriebene elektrische Geräte direkt benutzen und das Ladegerät für die 12-V-Bordbatterie ständig angeschaltet bleiben kann, falls die Solargeneratoren nicht auch am Liegeplatz ausreichenden Bordstrom liefern. Der Bootsmotor muss für diese Energieerzeugung nicht laufen. Bei richtiger Ausstattung mit Solargeneratoren und sinnvollem Verbrauch der von ihnen erzeugten elektrischen Energie muss jedoch auch am Ankerplatz kein mit Dieselkraftstoff betriebener Generator (wie die Lichtmaschine am Bootsmotor) zur täglichen Energieversorgung benutzt werden.

Hauptverbraucher ist der Kühlschrank

Der Hauptverbraucher ist auch bei uns an Bord natürlich die mit einem Kompressor-Kühlgerät betriebene zweigeteilte Topplader-Kühlbox von ca. 130 l Kühlrauminhalt. Das Aggregat ist bereits ca. zehn Jahre lang in einem jährlich etwa neunmonatigen Betrieb und verbraucht bei einer Leistungsaufnahme von 60 Watt pro Stunde 5 Ampere. Ruth lässt den Kühlschrank täglich rund acht Stunden (auf Vor- und Nachmittag verteilt) laufen, sodass sein Tagesverbrauch ca. 40 Ah beträgt. Er reicht im Mittelmeer für die Frischhaltung von Lebensmitteln und den Vorrat an kalten Getränken völlig aus.

Als weitere Langzeitverbraucher am Ankerplatz kommen die Leselampen (10 bzw. 20 W = ca. 1 A), das UKW-Gerät, der Radioapparat, der Navtex-Bildschirm-Wetterempfänger, die Druckwasserpumpe, das Mobiltelefon-Ladegerät und, falls erforderlich, die Ankerlaterne hinzu. Die meisten dieser Langzeit verbraucher werden jedoch nur eine begrenzte Zeit und oft nur minutenlang benutzt, sodass sich ein Tagesverbrauch (außer Ankerlicht) von weiteren ca. 10 Ah ergibt.

Diese gesamte elektrische Energiemenge von ca. 50 Ah erzeugen die oben beschriebenen drei Solargeneratoren mit einer Gesamtfläche von 0,9 m² und einer Nennleistung von 7,5 A bereits, wenn sie (mit einer von uns gemessenen tatsächlichen Durchschnittsleistung von stündlich 3 x 1,8 A = 5,4 A) nur gut zehn Stunden des Tages Sonnen- bzw. Tageslicht verarbeiten können und in dieser Zeit nur gut 66 % ihrer Nennleistung erbringen. In der Praxis und insbesondere bei hohem Sonnenstand im Hochsommer ist die erzeugte Energiemenge noch größer.

Lichtmaschine nur bei Bedarf einsetzen

Es ist in das Ermessen der Crew gestellt, bei bedecktem Himmel (und kälterem Wetter) den Betrieb des Hauptverbrauchers Kühlbox gegebenenfalls zeitlich zu begrenzen (wenn es die eingelagerten Lebensmittel zulassen) oder nur bei anhaltend schlechteren Arbeitsbedingungen für die Solargeneratoren am Ankerplatz die Lichtmaschine am Bootsmotor zur Erzeugung fehlender elektrischer Energie einige Stunden mit einzusetzen.

Nach unseren praktischen Erfahrungen war dies selten notwendig, und wir waren stolz darauf, nicht nur bei längerem Aufenthalt am Ankerplatz, sondern auch bei Liegezeiten im Hafen autark zu sein, d.h. weder Landstrom noch den Bootsmotor zur Energieerzeugung zu benötigen. Es gibt dennoch immer genügend kaltes Bier für die Crew und ihre Gäste.

e) Die Ankerlaterne erhält keinen Strom

Weil die Ankerlaterne als vielleicht größerer elektrischer Langzeitverbraucher nicht unterschätzt werden darf, sollte man ihr spezielle Energieüberlegungen widmen: Eine separate 12-V-Ankerlaterne verbraucht 10 W (0,9 A), die der Einfachheit halber (und üblicherweise) als Ankerlaterne benutzte Topplaterne (mit einer größeren Tragweite) benötigt 20 W (1,7 A). Brennt das Topplicht in einer Nacht zehn Stunden lang, wird der Energiehaushalt also um 17 Ah belastet.

Die Ankerlaterne verbraucht somit erheblich mehr elektrische Energie als alle üblichen Tagesverbraucher (die ich an anderer Stelle genannt habe) außer dem Kühlschrank zusammen, und sie allein sorgt daher als Langzeitverbraucher am Ankerplatz für ein bemerkenswertes Defizit bei der täglichen Energieerzeugung mit Solarzellen.

Wir benutzen in dem Bestreben, einen ausgeglichenen Energiehaushalt mit Sonnenenergie möglichst viele Tage (und Nächte) lang beizubehalten, diese elektrisch betriebene(n) Signallaterne(n) daher nur bei Nebel und unsichtigem

Wetter sowie bei Regen oder Gewitter, wenn man die Lage des Bootes auf dem Ankerplatz aus Sicherheitsgründen die ganze Nacht lang gegenüber Neuankömmlingen oder Booten mit schlierenden Ankern zuverlässig kennzeichnen muss.

Sturm- oder Signallaterne mit Petroleum

In normalen südlichen Sommernächten mit klarer Sicht und stetigem Nachtwind benutzen wir eine Petroleum-Sturmlaterne (die weniger als 30 DM kostet) und setzen mit ihr das entsprechende Ankerlicht in Handreichhöhe am Vorstag. Sie verbraucht in den zehn Stunden einer Nacht etwa 170 g Petroleum, und ihre Tankfüllung reicht zwei Nächte. In einem 5-l-Kanister lässt sich somit der Laternenbrennstoff für fast einen Monat aufbewahren.

Liegen wir unter einheimischen Fischerbooten oder kleineren Fahrgastseglern in einer vom Schiffsverkehr weit abgelegenen Bucht auf einer abgeschlossenen Reede, dann halten wir uns selbstverständlich auch an die ortsübliche Praxis und verzichten wie alle anderen Fahrzeuge auf das Ankerlicht. Aber diese Entscheidung (die auch nach der deutschen SeeSchStrO möglich ist), treffen wir selten.

Anstelle der preiswerten Sturmlaterne gibt es auch eine vom BSH zugelassene Vollkreis-Signallaterne, die jedoch 500 DM kostet. Will ich diesen Betrag aufwenden, um den Stromfresser Ankerlicht zu befriedigen, kann ich stattdessen und für genau den gleichen Preis auch ein zusätzliches Solarmodul in der Größe 45 x 50 cm kaufen, das mit einer Leistung von 20 W in einem zehnstündigen Tageseinsatz die gleiche Energiemenge von 16 Ah in die Batterie einspeist, die ein elektrisches Ankerlicht (über das Topplicht) im Nachteinsatz wieder verbraucht.

f) Mit einer großen Batterie Geld sparen

Als wir vor 20 Jahren unser neues Boot ausrüsteten, entschieden wir uns für die klassischen Nassbatterien, d.h. die Blei-Säure-Batterien mit flüssigem Elektrolyt, deren Säurestand man regelmäßig überprüfen und deren Zellen man von Zeit zu Zeit über ihre Stopfen mit destilliertem Wasser nachfüllen kann.

Die entsprechende Batteriepflege nehmen wir in warmen Gewässern etwa alle acht Wochen vor und sind dabei immer wieder erstaunt, wie viel Batteriewasser in dieser Zeit verbraucht worden ist. Für das schonende Frischhalten der Batterien sorgen unsere Solarzellen.

Nach unseren Segelerfahrungen in tropischen Gewässern mit großem Energiebedarf (und weniger nach detaillierten Berechnungen) wählten wir für die 12-V-Batterieausstattung zwei Service-Batterien von je 230 Ah sowie eine Starterbatterie von 120 Ah für den 60-kW-Dieselmotor. Obwohl der Batteriesatz im Laufe der Zeit bereits zweimal ausgetauscht werden musste, blieben wir bei der Gesamtkapazität der Service-Batterien von 460 Ah – aus einem einfachen Grunde:

Wie viel Ladezeit muss der Motor laufen?

Bei einem Verbrauch von z.B. 10% oder 46 Ah (etwa durch den zweitägigen Betrieb des Ankerlichtes, siehe oben) muss der Motor eine Stunde laufen, um die Batterien mit der üblichen 50-A-Lichtmaschine wieder aufzuladen. Wären wir nur mit einer einzigen 230-Ah-Batterie ausgestattet, müsste er zwei Stunden (oder bei jedem Nachladen immer die doppelte Zeit) laufen. Setzen wir diese (nur zur elektrischen Energieerzeugung) zusätzliche Betriebsstunde unseres 59-kW-(80-PS-)Bootsmotors mit 5 DM an, haben sich die Kosten für die (zweite oder größere) Batterie bald amortisiert.

Dem häufig angeführten Argument, eine zweite Service-Batterie bedeute auch zusätzliches Gewicht, kann man entgegenhalten, dass die Batterie ja tief unten an Bord untergebracht ist und ein solcher zusätzlicher Ballast auch nützlich sein kann.

»Nasse« oder »trockene« Batterie?

Einen Wechsel zu einer geschlossenen Gel-Batterie, deren Schwefelsäure in einem gallertartigen Elektrolyt gespeichert ist und bei der die Kontrollen des Säurepegels entfallen, haben wir nicht vorgenommen: Diese Batterien sind sehr teuer, erfordern eine andere Laderegelung und passen nicht in die vorhandenen Batteriehalterungen. Im Ausland kann man auch Blei-Säure-Batterien zu einem günstigen Preis erwerben, und die einheimischen Elektriker wissen mit ihnen umzugehen, wenn man Hilfe braucht.

In manchen Ländern (von Trinidad bis in die Türkei) hat man auch Gelegenheit, normale Bordbatterien in baugleichen deutschen Abmessungen und gleicher Kapazität ohne Umsatzsteuer direkt vom Hersteller zu kaufen und kostenlos an Bord anliefern und einbauen zu lassen. So betrug 1998 z. B. der Preis für eine 102-Ah-Starterbatterie (340 x 170 x 240 mm) jenseits des Atlantiks ca. 150 DM, und in der Türkei für eine (dort importierte) 230-Ah-Servicebatterie ca. 220 DM.

g) Ankerwinschen mit elektrischer Energie

In der abenteuerlichen und sportlichen Phase meines Langzeitseglerlebens habe ich noch mit einer kräftigen Handankerwinde gearbeitet – letztlich, um mich selbst körperlich fit zu halten. Je häufiger wir dann jedoch in tiefem Wasser geankert haben und je ungünstig länger es dauerte, den 65-lbs-Pflug mit seiner 10-mm-Kette zu hieven, desto mehr wuchs der Wunsch nach einer elektrischen Winsch.

Als wir dann immer mehr und unverschuldet mit Ankersalat konfrontiert wurden und es nicht nur das eigene Ankergeschirr zu hieven galt, sondern auch fremde Ketten mit geholt werden mussten, setzte sich die Notwendigkeit zur Anschaffung einer elektrischen Winsch immer mehr durch. Heutzutage rate ich, von Beginn an eine ausreichend zugkräftige Winsch mit Kettennuss und Tautrommel zu installieren.

Ein starkes Ankerspill am Bug

Aus Platzgründen habe ich am Bug einem Ankerspill (mit vertikaler Achse) den Vorzug gegeben. Es steht vor dem Ankerluk an Deck und kann mit 12 V bei 1500 Watt Motorleistung seines Unterflurmotors eine Zugkraft von 1000 daN entwickeln. Preislich ist es nur unwesentlich teurer als ein Modell mit 1000 Watt Leistung und 500 daN Zugkraft. Dafür hat es mir oft sogar geholfen, drei verklemmte Anker mit ihren verdrehten Ketten aus 20 m Tiefe wenn auch langsam, aber zuverlässig zu hieven – was ich nie erwartet hätte. Bei diesem Ankerspill liegt die Tautrommel über der Kettennuss, sodass man auch einen Festmacher wie mit einer Schotwinsch durchsetzen kann.

Elektrische Ankerwinden mit horizontaler Achse nehmen mehr Platz weg, weil der Motor ebenfalls über Deck steht. Vielleicht ist es ein Vorteil, wenn Tautrommel und Kettennuss dabei getrennt (jeweils auf einer Seite) liegen und sich die Kettenbremse separat betätigen lässt.

Solche Winden können auch innen (auf dem Boden des Ankerkastens) oder über Kopf hängend (im Ankerkasten) montiert werden. Dafür sind sie bei vergleichbaren Leistungen (zu den o.g. Spills) etwas teurer.

Übrigens muss man auch für doppelt wirkende Zweigang-Handankerwinden mit horizontaler Achse, die mit einer Übersetzung 40 : 1 eine Zugkraft von 500 daN entwickeln können, dasselbe wie für eine Elektrowinsch gleicher Leistung ausgeben, sodass man nicht spart, wenn man seine Muskelkraft mit 2 Doppelzügen pro Meter Kettenlänge einsetzt.

Ein zweites Ankerspill am Heck

Für den Heckanker von 45 lbs, den wir an einer 8-mm-Kette über einen kurzen Heckausleger fahren und den wir nur beim Anlegen im Hafen mit Bug zum Kai einsetzen, genügt uns ein Ankerspill von 1000 W Leistung mit max. 400 daN Zugkraft. Es reicht zum Durchsetzen der Kette bei Vierkantvertäuung mit Bug zum Kai aus und ist noch geeignet, eine fremde Yachtankerkette mit hochzuholen. Werfen kleine Fahrgastschiffe (Gülletts, Kaiken) ihre gewichtigen Stockanker mit Endlosketten über unser Heckankergeschirr, müssen wir ohnehin warten, bis deren Bootsleute den Ankersalat klariert haben. Einem Yachtgeschirr sollte man die damit verbundenen Belastungen nicht zumuten.

Unser Beschlag für den 45-lbs-CQR-Heckanker hinter der Ankerwinsch und hoch am Spiegel. Der Anker fällt beim Lösen der Kette und rutscht beim Ankerlichten allein in seine seefeste Halterung. Am Anker vorbei kann sogar das in Davits darüberhängende Beiboot gefiert werden.

Bei der Auswahl einer (kräftigen) Ankerwinsch lasse man sich nicht durch die Angaben einer großen Stromaufnahme, z. B. 12 V, 80–200 A abschrecken. Während des Ankerlichtens (wie beim Ankern ohnehin) läuft grundsätzlich der Motor, und mit ihm arbeitet die Lichtmaschine, die (über die Service-Bordbatterie) den Winschenmotor speist. Eine extrem große Stromaufnahme findet auch nur statt, wenn die Winsch (bei verklemmten Ankern) Schwerarbeit leisten muss. Dies ist aber nur kurzzeitig der Fall, und die Winsch selbst schaltet dann automatisch auf einen kleinen Gang um und hievt nur ganz langsam.

Stromzuleitung mit großem Querschnitt

Für diese größte Strommenge, die in solchen Fällen von der Batterie zur Winsch transportiert werden muss, ist eine Zuleitung mit entsprechend großen Leistungsquerschnitten notwendig. Für eine 1000-Watt-Winsch, die weniger als 10 m von der Bordbatterie entfernt steht, genügt ein Kupferkabel von 25 Quadrat (Querschnitt 25 qmm), um den Winschenmotor mit den gegebenen 80 A ohne Spannungsabfall speisen zu können.

Wenn die Servicebatterie (bei Mittelplichtbooten immer) im Schwerpunktbereich eines 12-m-Seekreuzers gelagert ist, reichen auch kürzere Kabellängen aus. Darüber hinaus sind die Kupferkabel auf der Fußbodenebene (und damit unter der Wasserlinie) verlegt, sodass sich ihr Gewicht nicht nachteilig auf die Segeleigenschaften auswirkt – wenn man solche Apothekermaßstäbe anlegt. Es ist daher ein unsinniger Vorschlag, den ich jüngst las, die (etwa 45 kg schwere) Batterie für die Ankerwinsch unter diese an den Bug zu verlegen und von dort zu speisen, damit man hierbei (zur Gewichtsersparnis in der elektrischen Zuleitung) die 25-Quadrat-Leitung durch zwei 8-Quadrat-Nachladekabel ersetzen kann. Eine solche Anordnung würde das (unerwünschte) Mehrgewicht unnötigerweise vergrößern.

Genauso unverständlich ist der gegenteilige Vorschlag, eine (notwendige) 10-mm-Kette gegen eine leichtere 8-mm-Kette auszutauschen, um die Buglast um jene 45 kg zu leichtern, um die sich das Gewicht beider 50-m-Ketten unterscheidet. Dergestalt zu sparen ist seemännisch wohl nicht vertretbar. Störendes Buggewicht lässt sich ja auch unter Deck nach achtern verlagern, wenn es sein müsste.

h) Auch noch elektrische Schotwinschen?

Ein weiterer Schritt zur Elektrifizierung einer Langzeityacht, den man aber nicht mitgehen muss. Denn mit selbstholenden Winschen kann bereits auch eine Person allein die Segel trimmen, und wenn die Muskelkraft nicht (mehr) ausreicht, lässt sich eine etwas längere Winschenkurbel mit einer größeren Hebelwirkung zum Dichtholen der Schoten benutzen.

Die elektrische Energie zum Betrieb von elektrischen Schotwinden liefert eine Art Startermotor, der auch bei Last ein hohes Anzugs-Drehmoment erzeugt und der Batterie bei halber Last und einer Laufzeit von ca. 10 Sekunden nur ca. 0,5 A entnimmt. Auch eine Fernbedienung (vom Steuerstand) ist möglich. Beim Elektroeinsatz bleibt die Winschenkurbel stecken. Natürlich gibt es auch einen Überlastungsschutz mit Temperatursicherung. So weit, so gut?

Kein Gefühl für die Zugkraft

Nur bedingt: Beim Arbeiten auf Knopfdruck verliert ein Vorschoter schnell das Gefühl für die Zugkraft (bis 1000 daN = altertümlich, aber verständlicher 1000 kp), mit der er umgeht. Und wenn er die Winsch mit der gegebenen Seilgeschwindigkeit einsetzt, holt er die Schot nicht nur bis zum Brechen durch, er belastet dabei auch das Schothorn und das Vorsegel selbst bis zum Vorliek sehr viel stärker, als er es mit Muskelkraft könnte.

Die entsprechenden Folgen sind vielfach und insbesondere auf Yachten, die an Regatten oder Rallys teilnahmen, nachgewiesen worden: Beim Winschendrehen auf Knopfdruck rissen die Segel oder rissen ein, die Rollreffprofile wurden beschädigt und (als Folgeerscheinung) versagten auch die Reffeinrichtungen ihren Dienst.

Wer dennoch auf elektrische Winschen umsteigen will, kann die vorhandene manuelle Schotwinsch auch nachrüsten.

Elektrisch betriebene Rollrefftrommeln sind an anderer Stelle beschrieben. Hier arbeiten die Elektromotoren – ähnlich wie beim Ankerspill – nur zum Aufwickeln von Tauwerk und mit begrenzter Laufleistung, die man beim Bedienen nicht verändern kann. Sie sind daher mit dem Betrieb von Schotwinden nicht zu vergleichen.

i) Ist ein Bugstrahlruder erforderlich?

Zugegeben, das sichere Einparken zur Vierkantvertäuung in eine Bootspha-
lanx, die dicht gedrängt und abweisend vor einem Kai liegt, kann auch für
die Partnercrew einer Langzeityacht, die ein solches Manöver schon hundert-
mal gefahren hat, bei ungünstigen örtlichen und insbesondere seitlichen Stark-
windbedingungen schwierig sein. Wir vermeiden dieses Risiko, indem wir mit
dem Bug voran in eine gegebene Lücke einlaufen und (mithilfe des Heckankers) unseren CORMORAN wie ein Auto behandeln, das in die Garage einfährt.
Ein Bugstrahlruder erscheint uns überflüssig.

Viele Seekreuzer (schon ab 10–11 m Länge) sind jetzt (oft serienmäßig) mit
einem Bugstrahlruder (oder Bugpropeller) ausgestattet, mit dessen Hilfe man
das Boot (ohne Ausnutzen des Radeffektes des Propellers und ohne knifflige
Ruderbewegungen) so geradlinig vor eine enge, freie Bootsgasse legen kann,
dass man es auch, Heck voran und mehrfach seitlich korrigiert, mit dem Achterschiff an den Kai bringen kann. Der zusätzliche Umgang mit einem weiteren Schalthebel am Steuerstand muss gelernt werden.

Der Markt liefert eine Vielzahl von Modellen, die elektrisch oder hydraulisch
betrieben werden und mit einer Antriebsleistung von z.B. 3 kW (für ein 12-m-
Boot) eine Schubleistung von ca. 500 N erreichen. Eine 12-V-Anlage dieser
Größe kostet ca. 5000 DM und wird bei laufendem Motor (oder mithilfe des
Generators) betrieben. Uns stört neben dem unverzichtbaren Loch im Bug,
das man auf allen Segelkursen in Kauf nehmen muss, auch das Gewicht (ab
ca. 40 kg) und der Platz gerade dort, wo unser Kettenkasten liegt. Wer nicht
weitere technische Spielgeräte braucht, kommt bei Hafenaufenthalten einer
Langzeityacht auch ohne Bugstrahlruder aus.

3. Frischwasser an Bord ist lebenswichtig

Eine Langzeityacht sollte ausreichend große Frischwassermengen bunkern
können und diese in (möglichst drei) separaten Trinwassertanks aufbewahren. Während aus einem Tank der tägliche Verbrauch gezapft wird, dienen

114

die beiden anderen als Vorratstanks zum Nachfüllen. Auch sie sind getrennt verschlossen, sodass der Vorratstank immer nur aus einem von ihnen nachgefüllt werden kann. Diese Anordnung hat den Vorteil, dass man beim Nachfüllen eines Vorratstanks die neu gebunkerte Wasserqualität von der vorhandenen trennen kann: Schlechteres (brackiges, stark gechlortes) oder unbestimmbares (aus Naturquellen geschöpftes) Wasser kann sich somit nicht mit vorhandenem guten Frischwasser vermischen, sondern gesondert gezapft werden.

a) *Ein Vorrat von 1000 Litern Wasser*

Bei uns an Bord sind ein ca. 200 l fassender Verbrauchstank (in der Kombüsenbilge) und zwei Tanks von je ca. 400 l unter dem Fußboden des Steuerhauses, insgesamt also 1000 l Frischwasser unterhalb der Schwimmwasserlinie installiert. Das mag vielleicht etwas viel erscheinen – aber man muss alle Tanks ja nicht immer randvoll fahren, und in vielen südeuropäischen und überseeischen Ländern ist Wasser nicht nur kostbar (und oft nur gegen Geld zu erhalten), sondern gelegentlich auch sandverschmutzt und somit von minderer (Trink-)Qualität.

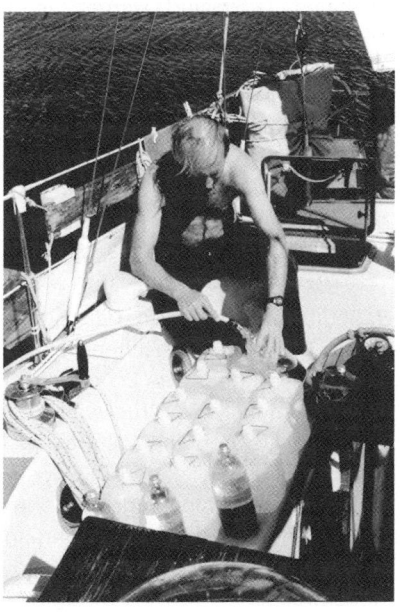

Für Sparsame und Gesundheitsbewusste: In 20 solcher kompakter, staufähiger 5-l-Kanister, die man auch an Bergquellen füllen kann, lässt sich der (Reserve-) Wasservorrat einer Ehepaarcrew für zehn Tage speichern.

Generell kann man davon ausgehen, dass das Trinkwasser in den örtlichen Leitungen, das von der Bevölkerung benutzt wird, sich auch zum Kochen und (nicht abgekocht) zum Waschen, Duschen und Zähneputzen an Bord eignet. Den Durst löscht man ohnehin mit Mineralwasser oder einem anderen Getränk. Befürchtet man Erkrankungen durch verseuchtes Trinkwasser (z. B. durch Cholera an der afrikanischen Ostküste), muss man natürlich besonders (und auch beim Kochen an Bord) auf einwandfreies Trinkwasser (wie auf unbedenkliche Nahrungsmittel überhaupt) achten. Hier halte man sich bei der Versorgung an die Faustregel: »Cook it – peel it – or forget it!«

Konservieren des Trinkwassers

Seit 25 Jahren geben wir beim Beginn des Trinkwasserbunkerns zum Konservieren und Entkeimen des Frischwassers Micropur in den Tank. Das Wasser kann so mit 1 g pro 100 l Wasser individuell dosiert (und gegebenenfalls gefahrlos überdosiert) werden. Je nach Gebinde ist dies ein Aufwand von ca. 35 DM für 10 000 l Wasser. So konserviertes Frischwasser ist uns nie brackig, faulig oder ungenießbar geworden und konnte auch nach monatelangem Nichtgebrauch (in tropischen und subtropischen Revieren) sofort wieder verwendet werden. Alle fünf Jahre mussten wir jedoch den (unten liegenden) Verbrauchstank reinigen und einen Topf mit braunem Sand entfernen.

Druckwasseranlage ist selbstverständlich

Zum Zapfen des Frischwassers benutzen wir eine Druckwasserpumpe (für ca. 150 DM), die die Hähne in der Kombüse und in zwei Toilettenräumen, die Badedusche an Deck und die Spülung der (zweiten) Fäkalientank-Toilette versorgt. Über dem Abwaschbecken ist außerdem eine Handpumpe (Kolbenpumpe) installiert, falls das Druckwassersystem ausfällt.

Das Argument, eine Druckwasserpumpe arbeite zu laut, finde ich unsinnig. Sie ist als Elektropumpe zentral im Motorraum installiert, kann gegebenenfalls eine Schall schluckende Umhüllung erhalten und ist bei jedem Arbeitseinsatz (meist am helllichten Tage) ohnehin nur sekundenlang in Betrieb.

Wir haben auch nicht die Erfahrung gemacht, dass man mit einer mechanischen, mit dem Fuß oder der Hand betriebenen Pumpe Wasser spart – man verschwendet nur Zeit. Der Tagesverbrauch hält sich bei einer Ehepaarcrew ohnehin in Grenzen. Mit zwei Geschirrwäschen, Wasser für Kaffee am Vor- und Nachmittag sowie zum Kochen (einer Suppe) am Mittag, Duschen von zwei Personen nach dem Bad am Vor- und Nachmittag und die übliche Körperpflege am Morgen und Abend waren es bei uns in der Küstenfahrt durchschnittlich ca. 25 l am Tag.

Auf den Ozeanfahrten reichte diese Tagesmenge auch für vier Personen, sodass wir nach 20 Seetagen erst etwa die Hälfte unseres Frischwasservorrates verbraucht hatten. Den hauptsächlichen Bedarf an Flüssigkeit für den Körper deckten wir jedoch mit Mineralwasser in Flaschen und Dosen (und maßvoll mit Cola, Limonaden, Bier und Wein in ihren üblichen Gebinden), insgesamt noch einmal 2–3 l pro Kopf und Tag.

b) Man kann auch mit Frischwasser duschen

Größere Serienyachten sind ganz selbstverständlich mit Frischwasserduschen ausgestattet, die meistens an einem Stufenheck bzw. neben der Badeplattform installiert sind und aus dem Bordtank gespeist werden. Man duscht mit einem flexiblen Schlauch, der mit einem Duschkopf versehen ist, an dem sich auch der Ein- und Ausschalter befindet. Selbst bei einer (durch die Pumpenleistung) begrenzten Förderhöhe von ca. 3 m kann man den Körper von Kopf bis Fuß voll abspülen und die Haare waschen.

Wie gering der Wasserverbrauch bei einem solchen Duschbad ist, erkennt man, wenn man ohne eine solche Borddusche mit einer Wasserflasche vorlieb nehmen muss, deren Verschluss mehrfach durchbohrt ist und die man sich zum Abspülen hoch über den Kopf hält. Der Inhalt landesüblicher 1,5-l-Plastikflaschen reicht für zwei Duschen.

Solarduschen liefern oft zu heißes Wasser

Schwarze 20-Liter-Wassersäcke, die an Deck gestaut und zum Duschen umgedreht an einem Fall oder einem hoch befestigten Oberwantbeschlag aufgehängt werden, sind mit ihren Duschköpfen (jedenfalls bei uns) keine Alternative gewesen: Durch Sonneneinstrahlung wird das Wasser in ihnen zu heiß, und das Hochwinden von 20 kg Wasser bis zur Duschenhöhe war uns zu

117

beschwerlich. Auch das Füllen muss ja an Land oder von Land aus erfolgen. Um auf unserem CORMORAN eine Decksdusche mit den Zuleitungen bis zum Achterschiff nicht nachrüsten zu müssen, haben wir sie über einen Adapter mit dem Wasserhahn in der Vorschiffstoilette verbunden und eine fliegende Duschleitung durch das Vorluk auf das Vordeck verlegt. So konnte die Dusche an jedem Ankerplatz benutzt und der Wasserschlauch anschließend schnell abgeschlagen werden. Die Druckwasserpumpe förderte die Wassermengen ohne Schwierigkeiten.

Beim Bau unseres Bootes haben wir uns auch eine Dusche im Eigner-Waschraum einbauen lassen, deren gebrauchtes Wasser in die Bilge bzw. einen Schmutzwassertank abfließen konnte. Wir haben sie jedoch nie benutzt, weil man im Hafen an Land duschen, am Ankerplatz (und bei ruhigem Wetter auf See) die Decksdusche benutzen kann und bei schlechtem Wetter ohnehin »Waschen nach Seemannsart« vorzieht.

Beim Langzeitsegeln nimmt man ja auch jede Gelegenheit wahr, sich bei einem Landgang unter eine Dusche am Strand oder in einem Waschraum einer Taverne zu stellen, in der man anschließend zu Abend isst, und mindestens zweiwöchentlich (wenn nicht wöchentlich) leistet man sich für zwei Nächte einen (kostenpflichtigen) Liegeplatz in einer Marina oder einem Hafen, der alle sanitären Einrichtungen und solche für die Körperpflege einschließlich Frisör und Wäscherei bietet.

Hier füllt man auch seine Diesel- und Frischwassertanks wieder auf und bunkert Langzeitproviant in Dosen oder Flaschen.

c) Wasser erzeugen statt Wasser bunkern?

Der Empfehlung eines Experten, der mit solchen gebunkerten Frischwassermengen nonstop einhand um die Welt gesegelt ist, man solle sein Frischwasser an Bord (auch auf solchen Küstenfahrten) jetzt generell nur noch mit (elektrisch betriebenen) Frischwassererzeugern herstellen, kann ich mich nicht anschließen. Zum einen gibt es überall Gelegenheit, seinen Frischwasservorrat aufzufüllen, und zum anderen kann man sein Boot mit ausreichend großen Tanks ausstatten, um auch die größten »Durststrecken« zu überwinden.

Frischwassererzeuger (nach dem Prinzip der Umkehr-Osmose auf der Basis der Membranfiltration) liefern bei Anlagen, die mit 12 V und 8 A betrieben werden, zwar etwa 15 l pro Stunde. Um jedoch den über die Batterie gelieferten elektrischen Strom zu erzeugen, müssen wiederum einige Liter Dieselkraftstoff verbraucht werden, die der Motor für den Betrieb der Lichtmaschine oder ein separater Generator verbraucht. Setzt man den Aufwand für die Anlage selbst, für den Kraftstoff und für die Strom erzeugenden Geräte in Rechnung, wird es teures Frischwasser – das man an Land (meistens) kostenlos erhält. Sinn zu haben scheint dieser Tausch (viel) Wasser gegen (weniger) Kraftstoff nur, wenn in der »Segler-Formel-1-Weltregatta« nur das (notwendige oder überflüssige) Ausrüstungsgewicht eine Rolle spielt, ohne Rücksicht auf den finanziellen und technischen Aufwand. Oder wenn die Chartergesellschaften, z. B. in der Karibik, einer Zehn-Personen-Crew den Luxus bieten müssen, täglich mehrmals mit Frischwasser duschen zu können.

Künstliches Trinkwasser enthält Bakterien

Man übersieht bei einer solchen Empfehlung auch wohl, dass das aus Frischwassererzeugern gewonnene Trinkwasser bakterienhaltig ist und vor dem Verzehr zuerst Mittel zum Entkeimen und dann Mineralien und andere Spurenelemente zugegeben werden müssen, ehe es die übliche Trinkqualität erhält.

Wer tatsächlich fernab einer Basis Frischwasser gewinnen will, sollte es in der jahrhundertealten Methode tun und Segeltuchtrichter über sauberen Pützen aufspannen, wenn der Himmel seine Schleusen öffnet. Und auch Bier, in Dosen in der Bilge gestaut, kann ja Durst löschen. Wasser aus Trinkwassererzeugern ist wie Batteriewasser. Mögen Sie es ohne Not trinken?

Wasser ist das wichtigste Lebensmittel an Bord. Ohne feste Nahrung kann der menschliche Körper notfalls mehrere Wochen auskommen. Ohne Trinkwasser kann er nur wenige Tage überleben. Aber auch der tägliche Verbrauch ist zur Gesunderhaltung des Körpers größer, wenn man in warmen Gewässern unterwegs ist. Mit Mengen wie »nur« zwei oder drei Liter, wie manche »Blauwasserexperten« angeben, kommt ein gesunder (und besonders älterer Mensch) nicht aus.

Unsere Nieren brauchen »Betriebswasser«

»Du musst auch deinen Nieren etwas zu tun geben«, riet mir vor Jahr und Tag ein Arzt in meiner Crew. Er charakterisierte damit die Realität an heißen Tagen: Man trinkt, und man trinkt wieder, aber der Körper scheidet keine Flüssigkeit aus. Man trinkt ohne Durst und mit Durst, aber verspürt keinen Drang zum Wasserlassen. Und wenn man sich – nur aus Vernunft – doch auf den Topf setzt, stehen die verlorenen Tropfen in keinem Verhältnis zur getrunkenen Wassermenge: Die Nieren waren schon stundenlang arbeitslos. Das dadurch verursachte Gesundheitsrisiko ist groß.

d) Wassermangel im Körper bei »Windwärme«

Ich habe vor zwei Jahrzehnten wohl als Erster die »Windkälte« (engl. »wind chill«) und ihren Einfluss auf die Kondition einer Seglercrew bewertet. Es ist die »gefühlte Temperatur«, die durch die bewegte (kalte) Luft auf unserer Haut entsteht: Bei 20 °C an Land beträgt das Wind-Kälte-Gefühl an Bord bei Bft 4 auf einem Amwindkurs z. B. »nur« 15 °C, bei Starkwind nur 13 °C. Pullover müssen getragen werden.

Analog dazu möchte ich das Gefühl auf der Haut, das man an heißen Tagen bei 35 °C (oder mehr!) Lufttemperatur und einem Wüstenwind, der unterwegs oder am Ankerplatz mit Bft 6 bläst, ein »Windwärmegefühl« nennen: Der heiße Wind drückt die ohnehin an (oder über) der Grenze der Körpertemperatur liegende Tageswärme noch tiefer in die Poren der ohnehin schon hoch belasteten Haut ein und entzieht dem Körper auf dramatische Weise noch mehr Flüssigkeit.

Dieses (zuerst unbemerkte) Ausdörren (auch unter schützenden Hemden) ist lebensgefährlich. Man kann einem möglichen Kreislaufkollaps nur begegnen, wenn man (oft gegen die Vernunft) seinen Körper so weit und so oft mit Flüssigkeit füllt, bis »die Nieren wieder etwas (mehr) zu tun haben«. Sie sind der sicherste und beste Maßstab für die Trinkmenge, die man an solchen Tagen auf See zu sich nehmen muss.

Fiebertemperatur im trockenen Körper

Das Gefühl (und die Gefahr) der »Windwärme« war bei uns eng mit der Luftfeuchtigkeit verbunden: Wenn sie bei 37 °C Lufttemperatur (der Körpertemperatur!) über 80% betrug und es mit Bft 5 wehte, war es heiß, und der Körper schwitzte. Wehte es dagegen bei 37 °C (oder gar 40 °C) Lufttemperatur mit Bft 7 oder 8 (im Meltemi!) noch stärker, während die Luftfeuchtigkeit auf (unter) 40% sank, konnte die Hitze tief in die Poren der Haut eindringen, und der trockene Körper wurde weiter, bis zu Fiebertemperaturen, lebensgefährlich aufgeladen.

Der Gefahr der Austrocknung kann man dann nur begegnen, wenn man dem Körper ständig Flüssigkeit zufügt, ihn praktisch wie »an den Tropf legt«. Man muss ihn gewissermaßen mit Mineralwasser (!) auffüllen, bis man wieder Wasser lassen kann.

Der durch die Hitze (und nicht allein durch Schwitzen) verursachte Mangel an Mineralien muss durch Tabletten beseitigt werden. Krämpfe (in den Beinen, nachts) sind ein schmerzhaftes Anzeichen dieses Mangels, dem nur durch regelmäßige Einnahme von Magnesium- (und Kalzium-) Tabletten beim Morgenfrühstück abgeholfen werden kann.

Unter diesen Bedingungen hört auch in der Nacht das Trinken nicht auf! Die Wasserflasche gehört neben die Koje, und bei jedem Aufwachen (am Ankerplatz) ist ein kräftiger Schluck fällig. Sie gehört auch in die Plicht, wenn man nachts auf See ist, doch gönnen wir uns dann einen »Wasserwein«, eine Mischung aus Wasser und Wein, soweit es die Polizei (wegen Trunkenheit am Ruder) erlauben würde.

e) Silberionen statt Kohlefilter und Chlor

Übrigens: Kohlefilter haben wir nie benutzt. Sie sollen Geruch, Geschmack und Reinheit des Trinkwassers verbessern sowie Schwebstoffe aus dem Wasser entfernen. Bakterien und Keime töten sie aber nicht ab. Bei Micropur-Einsatz schienen sie uns überflüssig.

Auch Chlorpräparate zur Frischhaltung des Wassers in den Tanks haben wir nicht eingesetzt. Sie töten zwar Bakterien schnell und sterilisieren das Wasser in einer halben Stunde, hinterlassen jedoch auch einen unsympathischen Geruch und Geschmack. Setzt man sie dem (oft bereits gechlorten) Wasser aus den üblichen Landleitungen hinzu, kann eine Überdosierung zu Gesundheitsschäden führen. Nur durch die bakteriziden Eigenschaften seiner Silberionen (und ohne Chlor) wirken z.B. Mikropur und Certisil – aber die keimtötende Wirkung ist erst nach etwa 2–3 Stunden erreicht. Silber ist kein Schwermetall, wird vom Körper nicht absorbiert und (in winzigen Dosen von 1 g auf 100 l Wasser) auf natürlichem Wege wieder ausgeschieden.

In Trinkwasser, wo auch immer es gebunkert ist, verhindern solche Silberionen-Präparate die Bildung von Algen, die als Nährstoffe gesundheitsschädlicher Bakterien dienen, und mit Micropur oder Certisil (auch ungefährlich überdosiert) konserviertes Wasser hat sich bei uns an Bord immer so frisch gehalten, dass die Tanks auch nach langen Liegezeiten einfach nur aufgefüllt werden konnten. Von anderen Besatzungen wissen wir, dass sie einfach zwei große Silberlöffel in jedem Trinkwassertank versenkten und mit ihnen für eine keimfreie Trinkwasserqualität sorgten.

Micropur und Certisil in Edelstahltanks

Unsere guten Erfahrungen mit Trinkwasser unter Micropur- oder Certisit-Zusatz beruhen auf der Verwendung von drei Edelstahltanks, die unter dem Fußboden liegen und an oder in die daher kein Licht dringen kann. Dadurch ist jeder Algenbefall ausgeschlossen. Eine Tankreinigung (mit Chlorat-Lösung) mussten wir nie vornehmen. Das Wasser wurde unabgekocht nur zum Waschen und Zähneputzen benutzt, zum Verzehr (in Kaffee, Tee, Suppen) nur abgekocht und sonst ohnehin nur zum Kochen verwendet.

In Kunststofftanks ist durch die lichtdurchlässigen Wandungen (auch unter Wasser) die Gefahr des Algenbefalls immer gegeben. In Aluminiumtanks haben silberhaltige Entkeimungsmittel zu winzigen Metallablagerungen geführt, verbunden mit sehr aktiven Aufblühungen an den Tankwandungen.

Benutzten Besatzungen von Alu-Yachten z.B. statt Micropur in gleicher Menge (einer Messerspitze) Kaliumpermanganat ($KMnO_4$) zum Entkeimen von Alu-Trinkwassertanks, traten solche Korrosionserscheinungen nach ihrer Darstellung nicht auf. Andere Segler berichteten jedoch, dass schon diese geringe

Zugabe des ziemlich giftigen Mittels ihren gesamten Trinkwasservorrat von 500 Litern dunkelrot färbte und ihn somit ungenießbar machte. Mit Trinkwasser an Bord sollte man daher wohl keine Experimente machen.

4. Watermaker – eine Milchmädchenrechnung?

Langzeityachten sind ganz selbstverständlich mit ausreichend großen Trinkwassertanks ausgestattet. Abhängig von der Crew und einem an anderer Stelle genannten Tagesbedarf von ca. 25 l für zwei oder 40 l für vier Personen sollten 500 l (in zwei separaten Tanks) die Mindestmenge und 800–1000 l (in drei Tanks) eine erstrebenswerte Tankkapazität sein. Der entsprechende Raum (im Unterwasserschiff) wird auf einem Seekreuzer ab 11–12 m Länge immer zur Verfügung stehen, und das Leergewicht der Tanks ist im Kielbereich nicht negativ.

a) Der Wasservorrat erhöht die Verdrängung

Natürlich bedeutet ein solcher größerer Frischwasservorrat auch eine Zunahme der Verdrängung. Aber das Boot ist ja nur in den Tagen nach dem Wasserbunkern voll mit z.B. zusätzlichen 500 kg Gewicht belastet. Mit dem Wasserverbrauch wird es schnell abnehmen.

Serienyachten sind fast immer mit Trinkwassertanks unzureichender Kapazität ausgestattet – auf die Anzahl der Kojen und der möglichen Anzahl der Mitsegler bezogen. 200 l, beispielsweise, sind auch für eine Partnercrew nicht ausreichend. Zum einen mögen die Herstellungskosten die Kleinheit der Tanks bestimmen. Zum anderen wird auch das größere Gewicht der Yacht (ob mit leeren oder vollen Tanks) mitspielen, das ein Serienhersteller seinen Kunden nicht zumuten will.

Vorbild für diese Minderausstattung mit Frischwassertanks mögen die großen Rennyachten sein, die mit zwölf- oder mehrköpfigen Crews wochenlang ohne

Proviantstopps um die Welt segeln – und ihren täglichen Trinkwasserbedarf dabei mit den so genannten »Watermakern« aus dem sie umgebenden Seewasser decken. Aber sind solche Frischwassererzeuger oder Entsalzer an Bord auch für Langzeityachten wirklich notwendig? Lohnt es sich, bei ungenügender Tankkapazität einen Watermaker anzuschaffen und unterwegs arbeiten zu lassen? Oder ist nicht doch die Ausstattung mit einem zusätzlichen Trinkwassertank sinnvoller (und letztlich billiger)?

Watermaker wichtiger als Kühlschrank?

Da lese ich beispielsweise in einer Ratgeber-Kolumne für Yachtsegler zur Frage »Wasserversorgung auf Langfahrt und Entsalzungsanlagen«:

»Wenn Sie bei der Anschaffung von Ausrüstung unsicher sind: Ein Watermaker hat seine Daseinsberechtigung vor Kühlschrank, Windmessanlage, Kartenplotter, Außenborder o.ä.«

Kurz gesagt heißt dies: Ein Frischwassererzeuger ist an Bord lebenswichtig und unverzichtbar. Ist er es auf einer Langfahrt bzw. Langzeityacht wirklich? Und lohnt sich seine Anschaffung und sein Betrieb, wenn man sie mit Kauf und Einbau eines zusätzlichen Wassertanks vergleicht?

b) Notfallgeräte zur Trinkwasserversorgung

Handbetriebene Frischwassererzeuger sind eigentlich nur Notfallgeräte. Sie können den Tagesbedarf an Trinkwasser decken, wenn z.B. das an Land gebunkerte Wasser ungenießbar geworden oder von der Crew (unkontrolliert) allzu üppig verbraucht worden ist. Auch für den Seenotfall und in einer Rettungsinsel können sie eingesetzt werden.

Ein geeignetes Gerät wie z.B. das SW4 von Niemeyer kostet ca. 2000 DM und erzeugt mit 40–50 Handdruckbewegungen und einer Kraft von je 3,5 daN (3,5 kg) etwa 300 ml, zwei Tassen voll. Ungefähr 600 Druckbewegungen sind somit erforderlich, um Seewasser ungefähr eine Stunde lang durch eine relativ starre Membrane zu drücken, damit 4 l Frischwasser in den Topf träufeln können. (Alle Preise nach Preislisten 1999)

Trinkwassererzeugung als Kraftsport?

Selbst wer als Bordsport täglich 100 Liegestütze auf Deck drückt oder Ersatz für sein Fahrrad-Ergometer an Land sucht, wird in einer täglichen Sieben-Stunden-Schicht nicht auf diese Weise den oben genannten normalen Wasserbedarf für sich und seine Partnerin decken wollen. Aber: Diese Muskelkraft-Betriebskosten sind umsonst. Und wenn es nur um etwa 10 l Trinkwassererzeugung geht, reichen ja auch die hierzu erforderlichen knapp drei Arbeitsstunden aus.

Ein ähnlich wirkendes, größeres Gerät (SW9) kostet ca. 2500 DM. Kräftigere Männer können mit ca. 35 Handbewegungen bei je 4,5 daN Kraftentfaltung etwa 450 ml Frischwasser erzeugen. Bei guter Dauerleistung fallen mit 700 Handdruckbewegungen in einer Stunde etwa 9 l Frischwasser ab. Man müsste also nur (mit Ablösung) drei Stunden schwitzen, um eine Familiencrew von vier Personen nicht (ver)dursten zu lassen. Auch dieses Gerät also nur für den Notfall.

Ähnliche Gerätetypen lassen sich auch mit 12-V-Strom (oder 24 V) aus der Bordbatterie betreiben. Sie liefern mit 4 A etwa 5 l pro Stunde, mit 8 A sogar bis zu 15 l/h. Beide Leistungsaufnahmen sind üblicherweise durch ein normales elektrisches Bordnetz abgesichert, sodass sie keine zusätzlichen Zuleitungen zur Batterie benötigen. Die von ihnen verbrauchten 20 Ah bzw. 16 Ah für den Tagesbedarf von 25–30 l Frischwasser können Solargeneratoren still und heimlich wieder in die Bordbatterie nachladen, wenn andere Verbraucher dafür sparen. Gegebenenfalls rüstet man hierzu ein zusätzliches Solarmodul von mindestens 20 W zum Preis von ca. 500 DM nach.

c) Diesel-elektrisch betriebene Anlagen

Für eine Ehepaarcrew oder drei Personen an Bord halten sich diese Aufwendungen für eine kleine Frischwassererzeugeranlage in vertretbaren Grenzen. Eine Besatzung von vier oder mehr Personen kann jedoch auch auf direktem diesel-elektrischen Wege über die normale 12-V-Bordbatterie Entsalzungsanlagen betreiben, die es auf erheblich größere Stundenleistungen von ca. 25 l bringen, aber dementsprechend auch mehr kosten.

Wie man die elektrische Ankerwinsch, die bei einer Motorleistung von 500 W bei 50 daN Zugkraft z.B. 65 A verbraucht, nur zum Ankerlichten benutzen kann, wenn der Bootsmotor (und seine kräftige Lichtmaschine) dabei zur elektrischen Versorgung mitläuft, kann man auch Entsalzungsanlagen unter den gleichen Bedingungen sofortiger Stromversorgung einsetzen. Sie kosten allerdings bereits zwischen 8500 und 11000 DM.

Mit 18 A kann man 26 Liter gewinnen

Der Gerätetyp PUR 160E (von Ocean) liefert mit einer Antriebsleistung von 216 W bei 12 V Bordspannung 26 l Frischwasser pro Stunde und verbraucht dabei nur 18 A aus dem Betrieb der Lichtmaschine. Auf den Gerätepreis und die Stundenleistung bezogen, die man zu einem Vergleich der Anlagen heranzieht, ergeben sich 367 DM per Liter. Ein (zusätzlicher) Kraftstoffverbrauch entsteht nicht. Denn die Entsalzungsanlage kann auf Yachten, die ohnehin den Motor täglich zur Batterieladung benutzen müssen, in Bezug auf den Dieselverbrauch zu einem »Mitläufer« werden.

Bei der preisgünstigeren Triton HRO MP 170 mit 324 W Leistung und 27 l/h Frischwassergewinn werden 27 A verbraucht (Gerätepreis per Liter 330 DM). Bei der teureren Mastervolt Crystal Sea 170, die 23 l/h erzeugen kann, ist die Antriebsleistung mit 600 W erheblich größer und der Verbrauch von 50 A sehr viel höher. Der Gerätepreis per Liter beträgt 478 DM.

Ob sich solche Aufwendungen zur Frischwassererzeugung für eine zahlenmäßig kleine Langzeitsegler-Crew lohnen, muss der Eigner entscheiden. Trinkwasser gibt es überall, wo Menschen wohnen (auch wenn man in Gebieten, in denen es daran mangelt, dafür bezahlen muss), und so bleibt nach wie vor der schärfste Konkurrent für alle Entsalzer ein zusätzlicher Frischwassertank, der sich in den entsprechenden Abmessungen an Bord einbauen und nachfüllen lässt, wann immer Wasser vom Himmel fällt.

d) Trinkwasser in zusätzlichen Tanks

Für einen starren Kunststoff-Trinkwassertank von 100 l Inhalt aus Lebensmittelqualität muss man (bei Vetus) etwa 500 DM ausgeben. Ein 380-Liter-Tank kostet ca. 1500 DM. Der Richtwert zur Kalkulation anderer Tankgrößen ist ca. 5 DM/l Inhalt. Ein flexibler Wassertank von 100 l Inhalt kostet zwar nur ca. 300 DM, doch halte ich ihn nur als Reservetank, nicht aber zum ständigen Füllen und Leeren für geeignet. Für einen robusten Edelstahltank mit 2 mm Wandstärke muss man etwa 10 DM/l kalkulieren. Ein Zusatztank für 300 l und einen Frischwasservorrat von ca. 10 Tagen kostet somit ca. 3000 DM. Bei nur 1,5 mm Wandstärke kann man sogar mit ca. 6,50 DM/l auskommen, sodass man für einen Frischwassertank von 300 l Inhalt nicht mehr ausgeben muss als für eines der obigen Handpumpgeräte. Die zum Erzeugen dieser Trinkwassermenge von 300 l notwendigen ca. 23000 Handpumpbewegungen mit je 4,5 daN Muskelkraft mag man sich vor Augen führen, wenn man im Hafen den Schlauch in den Tankfüllstutzen hängt und den Zulauf des Wassers beobachtet.

e) Entsalzeranlagen mit Keilriemenantrieb

Mit dem vermeintlichen Komfort von motorbetriebenen Frischwassererzeugern potenziert sich der Aufwand. So kostet die wohl kleinste Entsalzungsanlage (von Gemo), die über einen Keilriemenantrieb und eine elektromagnetische Kupplung mit dem Bootsmotor verbunden ist, etwa 11000 DM. Die Hochdruckpumpe, die das Seewasser in die Membranen drückt, benötigt eine Kraftabnahme von 2 PS an der Hauptmaschine, und für den Betrieb sind ca. 10 A bei 12 V Bordspannung erforderlich. Mit ca. 10 Ah aus der Bordbatterie kann die Anlage aus 25 °C warmem Seewasser 15 l Frischwasser in der Stunde erzeugen. Bei kälterem Wasser sinkt die Produktion um bis zu 15 %.
Mit den Abmessungen von ca. 600 x 400 x 150 mm lässt sich das kompakte Modell von 25 kg Gewicht gut unterbringen. Es muss aber natürlich auch in Arbeitsrichtung des Keilriemens zur Hauptmaschine stehen. Ist bereits eine Hilfsmaschine an Bord installiert, kann auch sie als Keilriemenantrieb für den Entsalzer dienen.

Was kostet der Keilriemenbetrieb?

Wenn die Hauptmaschine zur Frischwassererzeugung gestartet wird, lädt sie natürlich auch die Batterie mit. Teilen sich Entsalzer und Lichtmaschine die Betriebskosten von z.B. 4 l Diesel pro Stunde, dann erzeugt man mit 2 l Kraftstoff ca. 15 l Frischwasser, und bei einem Dieselpreis von 1 DM/l kostet ein Liter Trinkwasser etwa 0,13 DM (Investitions- und sonstige Kosten nicht berücksichtigt).

Für eine 300-l-Tankfüllung (auf See) würde man 40 DM Kraftstoffkosten aufwenden müssen.

Seewasserentsalzungsanlagen, deren Hochdruckpumpen von der Hauptmaschine oder einer Hilfsmaschine über einen Keilriemen angetrieben werden, gibt es für Yachten bis zu einer Produktionsleistung von ca. 125 l pro Stunde. Ihr Gewicht beträgt dann ca. 40 kg, ihr Preis ca. 20000 DM.

f) Frischwasser mit Wechselstromgenerator

Eine große Entsalzungsanlage (wie z.B. die WH202 von Gemo) mit einer Produktionsleistung von ca. 30 l pro Stunde kann auch von einem Wechselstromgenerator betrieben werden. Er muss jedoch mindestens 3,5 kW leisten, damit der ordnungsgemäße Betrieb der Anlage gewährleistet ist. Das 41 kg schwere Gerät (Modell WH 202 von Gemo, beispielsweise) benötigt 3 kW Anlass- und etwa 1,8 kW Betriebsstrom. Zu den Anschaffungskosten des Frischwassererzeugers (von etwa 12 000 DM) gesellen sich jetzt noch diejenigen eines passenden Generators, z.B. vom Typ Onan 6,5 kW zum Preis von gut 20000 DM.

Der Generator als eigenständige wassergekühlte Viertakt-Drei-Zylinder-Kraftmaschine mit 1000 ccm Hubraum und ca. 240 kg Trockengewicht benötigt natürlich mit separatem Starter, Kühlwasser- und Auspuffsystem einen geeigneten Platz und eigene Betreuung. Man wird seinen Anschaffungspreis nicht allein dem Frischwassererzeuger zurechnen können, weil man an Bord mit ihm auch andere 220-V-Geräte betreiben wird. Aber mit halber Last verbraucht auch er etwa 2 l/h für den Entsalzer, sodass (ohne Beachtung der Investition von über 30000 DM für die generatorbetriebene Entsalzungsanlage) bei einem

Gewinn von 30 l Frischwasser pro Stunde für einen Liter Trinkwasser immer noch etwa 7 Pfennige Dieselkosten aufgewendet werden müssen.

Watermaker für Hochseerennen nützlich

Aber die Rennsegler um die Welt rechnen ja anders: Anstatt 3000 l Frischwasser zu bunkern, damit eine Crew von 12 Personen bei einer Tagesration von 10 l 25 Tage lang täglich 120 l Wasser verbrauchen kann, nimmt die Yacht nur etwa 120 l Dieselkraftstoff für ihren Entsalzer mit, wenn dieser z.b. 50 l Frischwasser mit 2 l Dieselkraftstoff erzeugt. Dafür muss sie aber zusätzlich das Gewicht von ca. 300 kg für die (generatorbetriebene) Frischwasseranlage mitschleppen. (Und vielleicht noch einmal eine Ersatzanlage, damit die Crew, wie Tim Kröger es beschreibt, nicht bei Ausfall des Frischwassererzeugers tagelang nur von zwei Tassen Trinkwasser leben muss!)

So oder so rennt die Yacht jedoch permanent um gut 2,5 Tonnen leichter um die Kaps – und das ist für eine Hochseerennyacht schon ein erhebliches Gewicht. Die Kosten für den 12-kW-Generator von 30000 DM und von weiteren 15000 DM für die Entsalzungsanlage, die täglich gut drei Stunden arbeiten muss, tragen die Sponsoren.

Warmes Seewasser ergiebiger als kaltes

Noch einige Bemerkungen zum guten (?) Schluss:

- Die für Watermaker in Prospekten angegebenen Produktionsleistungen beziehen sich auf warmes Wasser (von 25 °C). In kaltem Wasser liegen sie 15 % darunter.

- Das gewonnene Frischwasser ist nur zu 98 % entsalzenes Seewasser, und es ist auch zu 98 % entmineralisiertes Wasser, das aber Bakterien enthalten kann. Eine Nachbehandlung mit entsprechenden Substanzen bis zur Trinkwasserqualität ist erforderlich.

- Motorbetriebene Anlagen erzeugen Lärm, auch wenn (zusätzliche) Generatoren in schallisolierenden Kästen arbeiten können. Aber unter Segeln merkt man sie letztlich auch, wenn sich ihr Arbeitsrhythmus auf den Rumpf überträgt.

g) Ein teurer Weg zum rentablen Einsatz

Zusammenfassend kann man feststellen:
Je größer und leistungsfähiger eine Anlage, desto billiger wird der erzeugte Liter Frischwasser:
So werden z.B. bei der Anlage WH 2023 mit einer Literleistung von 31 l pro Stunde 5,23 l Diesel für die Erzeugung von 100 l Frischwasser benötigt. Bei der Anlage WH 206 mit 95 l/h Frischwasser sind es nur noch 1,71 l Diesel pro 100 l Wasser, und bei WH 2012 mit 189 l/h nur noch 0,86 l Diesel auf 100 l Wasser. Das Diesel-Verhältnis sinkt also von ca. 5% auf ca. 1% in Bezug auf das erzeugte Frischwasser.

Gleichzeitig ergibt sich dazu: Je rentabler eine Anlage arbeitet, desto teurer ist sie in der Anschaffung und desto schwergewichtiger muss sie sein. Das bedeutet wiederum, dass »Watermaker« tatsächlich nur eine sinnvolle Ausrüstung darstellen, wenn mindestens täglich zehn oder mehr Personen an Bord und nicht nur mit Trinkwasser, sondern (zur Körperpflege auf einem Langtörn) mit Waschwasser versorgt werden sollen. Dieser Bedarf soll dann ja auch möglichst schnell, d.h. mit Anlagen gewonnen werden, die bis 200 l pro Stunde liefern und hierfür nur einen kurzzeitigen Generatoreinsatz notwendig machen. Betriebstechnisch sind »Watermaker« nur gerechtfertigt, wenn sie auf Dauerbetrieb laufen, d.h. 20–30 Tage lang und täglich mehrere Stunden. Denn die (auch nur kurze) Stilllegung einer Anlage und die Wiederinbetriebnahme erfordern Wartungsarbeiten und bedingen einen chemischen Reinigungsprozess, um die Bildung von Bakterien im System zu verhindern bzw. wieder zu beseitigen.

Insoweit bleibt der Betrieb von »Watermakern« auch auf Langzeityachten eine Milchmädchenrechnung.

5. Umkehrosmose – was ist das?

Um besser verstehen zu können, warum Watermaker so teure und schwerge-
wichtige Maschinen sind, die erst seit kurzer Zeit auch auf Yachten installiert
werden konnten, soll hier ergänzend auf die Umkehrosmose (und die Osmose selbst) ausführlicher eingegangen werden:
Im tierischen und pflanzlichen Stoffwechsel sowie im technisch-wissenschaft-
lichen Bereich ist Osmose ein Diffusionsvorgang, bei dem sich Lösungsmittel
unterschiedlicher Konzentration, die in einem Raum durch eine halbdurchlässige (semipermeable) Membrane getrennt sind, in Richtung des stärker konzentrierten Stoffes ausbreiten.

a) Die »Blasenpest« als Osmose

Bei der so genannten »Blasenpest«, wie wir die Osmoseerscheinungen an
einem GFK-Rumpf nennen, ist Seewasser das weniger konzentrierte Lösungsmittel, das in Richtung offener, mit (konzentrierten) Glas- und Harzrückstän-
den gefüllter Hohlräume durch die porös gewordene Gelcoatschicht in die
(beschädigte) Rumpfschale eindringt und sich nach Anreicherung mit den stärker konzentrierten Molekülen mit osmotischem Druck blasenförmig nach außen ausdehnt.
Funktionell ist bei der Osmose jedoch Frischwasser eine »reine« und Seewasser eine »salzhaltige«, also stärker konzentrierte Lösung. Befinden sich beide, nur durch eine Membrane getrennt, im gleichen Gefäß, dann fließt die Flüssigkeit geringer Konzentration so lange in die höher konzentrierte über, bis
der osmotische Druck in der überströmenden Lösung geringerer Konzentration (den die überströmende Lösung geringer Konzentration ausübt), durch die
erreichte Höhe des statischen Drucks in der höher konzentrierten Lösung
ausgeglichen ist.
Dieser osmotische Druck ist z.B. bei der Diffusion von Frischwasser (spez.
Gew. 1,0) durch eine semipermeable Membrane in Richtung Seewasser (spez.
Gew. 1,04) von den entsprechenden Salzanteilen in der konzentrierten Lösung

abhängig. Pro 1% Salzkonzentration beträgt er 7 bar (oder 7 kp/cm²). Bei allem Seewasser in den Weltmeeren (z.B. im Atlantik mit 3,6% (35‰) Salzanteilen) erreicht der osmotische Druck von Frischwasser (Trinkwasser) gegenüber Seewasser (Salzwasser) somit den sehr hohen Wert von ca. 25 bar (oder 25 kp/cm²), im Mittelmeer (mit 3,9% Salzanteil) sogar ca. 27 bar.

b) Der osmotische Druck ist groß

Will man die Osmose umkehren, d.h. das Meerwasser von diesen 3,5–3,9% Salzanteilen befreien und aus Seewasser Trinkwasser erzeugen, ist demnach zuerst der osmotische Druck von 27 bar zu überwinden und durch einen entsprechenden Gegendruck aufzuheben, ehe man mit dem Herauspressen des Salzes aus der konzentrierten Lösung »Seewasser« und durch eine halbdurchlässige Membrane hindurch beginnen kann. Die Membrane selbst, die dabei als eine Art Molekularsieb dient und unzählige Poren allerfeinster Durchlässigkeit besitzt, darf nur die Wassermoleküle durchlassen und muss alle Rückstände von Salz, Mineralien, Schmutz u.a., die größer als 500 ppm sind, zuverlässig aufhalten, wenn man tatsächlich Trinkwasserqualität gewinnen will. Um diese Überlegungen einer Umkehrosmose in die Praxis umzusetzen, mussten zuerst nutzbare, synthetische Membranen entwickelt werden, die zum einen kräftig genug waren, um dem osmotischen Druck von bis zu 30 bar zu widerstehen. Zum anderen mussten sie aber auch in der Lage sein, den nochmaligen zusätzlichen Druck auszuhalten, der bei einer solchen »Gewaltfilterung« entsteht. Wegen des hohen hydraulischen Eigenwiderstandes einer solchen Membrane ist somit ein Betriebsdruck von 55–60 bar erforderlich, um einen befriedigenden Diffusionsfluss des Wassers entgegengesetzt zur Osmoserichtung, d.h. vom entnommenen Seewasser (als der konzentrierten Lösung) zum im Tank gesammelten Frischwasser (als der weniger konzentrierten Lösung) zu erreichen. Gleichzeitig musste man eine Vorrichtung schaffen, um die abgeschiedenen Salz- und Mineralmoleküle sowie brackiges Restwasser abzuleiten. Denn nur etwa 30% der zugeförderten Seewassermenge kann auf eine Trinkwasserqualität, die natursauber und keimfrei ist, entsalzt werden.

Dieser hohe Druck von 60 bar (man vergegenwärtige sich, es ist das Zwanzigfache des Reifendrucks bei einem Pkw), den die moderne Membrantechnologie zu überwinden ermöglicht, kann nur mit den entsprechenden Kräften und der hierfür erforderlichen Energie erzeugt werden. Andererseits müssen auch die Wandungen der Behälter, in denen der Druck mechanisch erzeugt wird und die Membranen stationiert sind, in Form und Festigkeit für die große Belastung gefertigt sein.

c) Entsalzen in waagerechten Druckbehältern

Der eigentliche Vorgang des Entsalzens findet daher in hauptsächlich waagerecht liegenden Druckbehälterrohren statt, in die am häufigsten spiralgewickelte Membranen eingelegt sind. Der Druckbehälter, der auch aus zwei oder

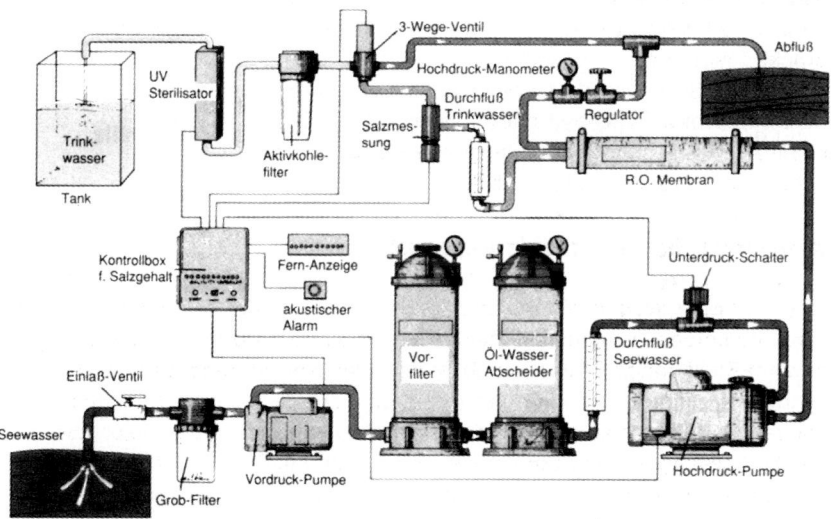

Diese schematische Darstellung zeigt das Prinzip der Seewasserentsalzung durch Umkehrosmose sowie die möglichen Komponenten, aus denen sie zusammengestellt ist.

noch mehr Einzelrohren bestehen kann, ist nach außen bis auf die Eintritts-
und Austrittsöffnungen hermetisch abgedichtet.

Das über eine seitlich offene Membranfläche eingelassene Seewasser wird
in dem Druckbehälterrohr durch die eingelegten, meistens doppelten Memb-
ranbahnen gedrückt und von seinen Salzen und Mineralien, die mit Restwasser abfließen, getrennt. Das gewonnene Trinkwasser wird weitergeleitet und
weiterbehandelt, bis es in den Tank fließen kann.

In kleinen Kompaktanlagen wird das Seewasser mit einer Förderpumpe von
außenbords und durch einen Grobfilter in das System geleitet. Diese Speise-
wasser- oder Vordruckpumpe geringer Leistung pumpt es auch weiter durch
einen 50- und 5-Mikron Vorfilter (aus Baumwolle bestehend) und einen Öl-
Wasser-Abscheider, um Schwebestoffe und Mikroorganismen vor Eintritt in die
Membranwandungen zu entfernen bzw. abzutöten und eine mögliche Verblo-
ckung der Seewasserdurchflusswege zu verhindern. Erst dann gelangt das
gereinigte Speisewasser in die eigentliche Hochdruckpumpe, die es mit 60 bar
(englisch 900 p.s.i = 62 bar) durch die Membranen im Druckbehälterrohr
drückt.

Das produzierte Frischwasser wird anschließend elektronisch auf seinen Salz-
gehalt überprüft, und erst nach befriedigender Salzmessung läuft es durch
einen Aktivkohlefilter und einen UV-Stabilisator in den Wassertank.

d) Betrieb einer Entsalzungsanlage

Über die Energie und die entsprechenden Kraftmaschinen, mit denen man
Hochdruckpumpen unterschiedlicher Leistung betreiben kann, habe ich an
anderer Stelle gesprochen. Hier sollen nur einige Hinweise für den Aufbau und
Betrieb der Entsalzungsanlagen gegeben werden; denn sie bestehen aus
zahlreichen Komponenten, die ständig überwacht und regelmäßig gewartet
werden müssen. Es ist also nicht so, dass man den Seewasserhahn aufdreht
und dann nur zuschauen muss, wie das Trinkwasser in den Tank tröpfelt.

- Die benutzten Materialien müssen aus rostfreiem Stahl, Güteklasse V4A (ngl.
  »316«) oder hochfestem Kunststoff und korrosionsbeständig sein.

- Die Anlagen einschließlich Generatoren u.ä. sollten ein geringes Gesamtgewicht haben.
- Alle Trinkwasseranschlüsse müssen aus lebensmittelechten Materialien bestehen (z.B. PVC-Schläuche).
- Kontrollpaneele müssen die Trinkwasserqualität fortlaufend anzeigen.
- Es muss ein fehlergesicherter automatischer Abfluss vorhanden sein, um gefiltertes Wasser, das die Salzmessungen nicht bestanden hat, sofort auszuscheiden.
- Eine Schutzschaltung zum automatischen Abschalten der Anlage bei Überschreiten der Funktionsgrenzen ist nötig.
- Eine automatische Hochdruckabsperrung muss möglichen Überdruck sowohl in der Förderpumpe (einer Niederdruck-Zentrifugal-Speisewasserpumpe) wie in der Hochdruckpumpe vermeiden.
- Ein Betriebsstundenzähler für die Kontrolle der Serviceintervalle ist erforderlich.
- Auf Langreisen und für Dauerbetrieb muss für die Instandhaltung der Anlage vorgesorgt werden. UV-Sterilisierungseinheiten, Durchflussmengenzähler, Aktivkohlefilter und andere Ersatzteile sind mitzunehmen.
- Wird die Entsalzungsanlage längere Zeit nicht angestellt, verschließen die Mikroorganismen im Meerwasser wie Plankton, Algen, Bakterien die Membranen und verstopfen sie. Daher muss sie mit Biocide-Mitteln durchgespült werden, bevor man sie abschaltet.
- Wenn nach zahlreichen Betriebsstunden der Trinkwasserausfluss merklich geringer wird, können die Membranen durch Mineralien verstopft sein. Die Anlage muss dann praktisch »im Rückwärtsgang« laufen, damit die Membranen unter Zugabe eines Lösungsmittels rückgespült werden können.

Frischwassererzeuger sind komplizierte technische Geräte, die gewartet werden müssen. Wenn sie ein Vercharterer braucht, um in der Karibik eine achtköpfige Mietbootcrew so zu versorgen, dass sie täglich dreimal duschen kann, zahlen letztlich die Charterer für diesen Aufwand. Für den Langzeitsegler werden sie nur dann interessant, wenn im Hafen das Wasser für den Trinkwassertank teurer gebunkert werden muss als das Mineralwasser im Supermarkt kostet.

6. Was außerdem zur Langzeitausrüstung gehört

Aus dem großen Bereich der möglichen und individuellen Ausstattung und Einrichtung einer Langzeityacht kann ich hier nur einige wenige persönliche Tipps und Erfahrungen vermitteln, damit der Umfang des Buches nicht zu sehr vergrößert wird.

a) Wie man sich bettet, so schläft man

Wer ein seriengefertigtes Boot kauft, muss mit den Abmessungen der Kojen und der Qualität der Matratzen vorlieb nehmen. Wer einen Einzelbau ordert, kann auf beides (und vieles andere) schon vorher Einfluss nehmen. Auch im ersteren Falle ist es jedoch möglich (und manchmal notwendig), Änderungen oder Austausch von Ausrüstungsteilen vorzunehmen. Und wenn man als Langzeitsegler jährlich gar zweihundert (oder mehr) Nächte an Bord schläft und sich auch unter extremen klimatischen Bedingungen erholsam ausruhen will, muss man über die Kojenausstattung schon nachdenken.

Gesunder Schlaf an Bord hängt von vielen Faktoren ab: den Mindestabmessungen einer Einzelkoje beispielsweise, die ca. 70 cm breit und immer 200 cm lang sein sollte.

Die Kopffreiheit sollte mindestens 90 cm betragen und (bei Hundekojen) auch uneingeschränkt bis zu den Füßen reichen. Will man auf See die gegebene Kojenbreite verkleinern, um den Körper im Seegang ruhig zu stellen, kann man einen Segelsack (wie einen Zweitkörper, zum Ankuscheln) danebenlegen.

Doppelbetten, wie sie in viele Eignerkammern hineingebaut sind, lassen sich nicht auf See und nicht einmal am Ankerplatz voll ausnutzen. Auf CORMORAN ist die Eignerkammer im Achterschiff auch gleichzeitig ein zweiter Salon, in dem die Längsschiffs-Sofas zu (Langzeit-) Kojen hergerichtet werden können. Alternativ lässt sich jedoch auch der Tisch absenken, sodass sich (mit den entsprechenden passenden Polstern) eine etwa 3,00 x 2,50 m große Liege(fläche) ergibt, auf der man (wie wir es bei tage- und nächtelangen Schlägen mit krängendem Schiff auf einem Bug machen) auch querschiffs wie auf einem überbreiten Doppelbett schlafen kann. Unsere Enkelkinder fanden hier ihre jederzeit sichere Spielwiese, wenn wir querschiffs ein Kojenbrett einsetzten.

Mehrlagige Schaumstoff-Matratzen

Zum Schlafkomfort können Lattenroste auf beweglichen, federnden Endpunktlagern und passgenaue Matratzen aus mehrlagigen, formbeständigen Schaumstoffen oder mit korrosionsfreien Federkernen beitragen. Deren Bezüge sollten unempfindlich gegen Wasser, mit einem Reißverschluss versehen und abnehmbar sein, damit man sie gegebenenfalls reinigen kann. Natürlich spielt auch das Aussehen eine Rolle.

Da die Körpertemperatur in südlichen Revieren genügen kann, um Kojenpolster an der Unterseite feucht werden zu lassen, kann man Matten aus Pressflor-Materialien unterlegen, die eine durch Kältebrücken verursachte Kondenswasserbildung verhindern. Wir haben eine solche Ausstattung aber nicht gebraucht und die Polster zur Belüftung nur gelegentlich hochklappen müssen.

Wir schlafen auf Spannlaken, die wir bei nächtlichen Lufttemperaturen über 30 °C häufig wechseln. Als Zudeck dient dann nur der Bettbezug. Yachtbetten werden vom Zubehörhandel in verschiedenen Qualitäten angeboten, z. B. mit einer Hohlfaserfüllung aus Dacron, die keine Feuchtigkeit aufnimmt, und einem Baumwoll-Inlet. Mit handelsüblichen Deckbetten, die nicht weniger atmungsaktiv zu sein scheinen, haben wir allerdings ebenfalls gute Erfahrungen gemacht.

Leichtgewichtige Deckbetten benutzen wir in der heißeren, etwas schwergewichtigere in der kälteren Jahreszeit. Dazu je nach Bedarf leichte, kuschelige Schlafdecken in hautsympathischer Qualität aus Dralon, wenn man sich in Sommerkleidung als Freiwächter unterwegs nur einmal für kurze Zeit aufs Ohr legen will.

Ist es sehr heiß, genügt nachts auch nur ein Handtuch über Bauch und Nieren. So zugedeckt sollte man auch immer sein Nickerchen in der (vom Sonnensegel überdachten) Plicht machen.

137

b) *Ein stabiler Tender ist unverzichtbar*

Als Beiboot dient uns ein Schlauchboot mit ausreichender Tragfähigkeit (für vier Personen) zum Transport der Crew am Ankerplatz einschließlich der Vorräte, die (möglichst täglich frisch) herangeschafft werden müssen.

Über See wird das Beiboot in Davits am Heck transportiert und hier zusätzlich mit Zurrbrooken gesichert, damit es auch bei Krängung nicht verrutscht und die Gummihaut durch Schamfilen nicht beschädigt wird. So kann es am Ankerplatz mit Taljen einfach gefiert und mit wenigen Körperkräften wieder hochgenommen werden. Bei rauem Wetter, in unklaren Situationen und bei Diebstahlgefahr nehmen wir unser Dingi abends auch am Ankerplatz hoch und lassen es nicht (mit seinem Festmacher und einer achteren Sicherungsleine) am Heck schwimmen. Wir sind damit auch bei Nacht stets segelklar und (bei notwendigem Ankerlichten) immer voll manövrierfähig.

Nachschleppen des Dingis ist riskant

Es ist riskant, das Dingi unterwegs – und besonders bei ruppiger See – in Schlepp zu nehmen. Wer wegen einer Windfahnen-Selbststeueranlage keine Davits fahren kann, muss es aufs Vordeck legen. Das An-Bord-Holen ohne Ver-

Den Zweitanker oder zusätzliche Landleinen am Ankerplatz richtig ausfahren: die feste Part an Bord belegen, die Leine selbst im Beiboot, am Ankerschaft beginnend, in Buchten aufschießen und dann während des Pullens ablaufen lassen.

letzung der Gummihaut gelingt einer Seniorencrew nur, wenn es das Großfall zum Hieven benutzt und gegebenenfalls eine (vorhandene Sicherheits-)Talje zwischenschaltet. Seekreuzer mit Stufen- oder Schaufelheck können ein leichtes Schlauchboot auch in Kielrichtung auf die schräge Achterschiffsfläche ziehen, bis es keinen Kontakt mehr zum Wasser hat.

Ist auf slupgetakelten Yachten ein Gerätemast dicht hinter dem Spiegel errichtet, kann man an ihm auch eine Art Ladebaum anbringen, um das Beiboot daran sicher über See zu transportieren und es gleichfalls von einer Person allein sicher ins Wasser fieren und wieder aufheißen zu können.

Kombination Gummihaut mit Starrboden

Wer ein Schlauchboot zur Erstausstattung kauft oder ein gealtertes Gummiboot durch ein neues ersetzen muss, findet heutzutage auf dem Bootsmarkt interessante Kombinationen von Gummihaut und Starrboden unterschiedlicher Konstruktionen und Materialien.

Bei einem Vergleich mit Schlauchbooten hinsichtlich Größe, Gewicht und Tragfähigkeit schneiden starre Boote immer schlecht ab. Nur in einer Hinsicht waren sie den aufblasbaren Gesellen bisher überlegen: Ihr Boden ist nahezu unverletzlich. Auch diesen Vorteil haben neue Schlauchboottypen jetzt aufgehoben. Verbessert wurde die schon längere Zeit bestehende Kombination eines verstärkten GFK-Rumpfes (im Unterwasserschiff) mit einem umlaufenden, gegebenenfalls aus mehreren Luftkammern bestehenden Schlauchkörper. Die dabei gestaltete V-Bodenform bestimmt die Manövrierfähigkeit und die stoßdämpfenden Eigenschaften in rauer See.

Während bei der obigen Konstruktion die Schlauchkörper auf dem darunter liegenden Starrboden gehaltert sind, wird bei einer neuen Bauweise ein schmalerer Polyethylen-Boden unter den tragenden Schlauchkörpern befestigt. In beiden Fällen kann man diese Schlauchboottypen unbedenklich über Felsen, Steine oder Kanten von Kaimauern ziehen, ohne eine Beschädigung des Gummibodens befürchten zu müssen.

Das An-Bord-Holen erleichtert auch ein matratzenähnlicher, aus 50 mm dicken Polyestergeweben gefertigter und aufblasbarer Hochdruckboden, der den herkömmlichen Holzboden ersetzt. Hiermit ausgestattete Boote können 30 % leichter sein. (Ein Nachrüsten ist möglich.)

Luftkiel oder starrer V-Boden

Mit einem Luftkiel unter dem üblichen Gummiboden sollte jedes motorbetriebene Bordschlauchboot ausgestattet sein, um auch im Seegang eine kursstabile Fahrt zu gewährleisten. Ebenso selbstverständlich ist auch bei Yachtbeibooten das Heckbrett sowie eine Tragfähigkeit von 3–4 Personen, wenn man am Ankerplatz an Land fahren will. Für die übliche Verdrängerfahrt reicht eine Motorleistung von 3 PS aus, bei der man bereits eine Getriebeschaltung (Leerlauf-Vorwärts) erhält, die zum sicheren Anlegen unverzichtbar ist. Je mehr Leistung ein Außenborder bietet, desto schwerer wird er auch sein. Solches Mehrgewicht ist nicht nur beim Anbringen und Abnehmen des Motors, sondern auch in Fahrt hinderlich. Man reduziert damit die mögliche Zuladung (an Personen).

Beiboot mit Motor und Muskelkraft

Das Beiboot ist mit Riemen ausgerüstet und zum Betrieb mit einem Außenborder mit einem Heckbrett ausgestattet. Für den Betrieb als Tender wähle man Motoren von 2–3 PS (ca. 2 kW), die in ihrer Leistung ausreichen, nur wenig Kraftstoff verbrauchen und geringes Gewicht haben. Denn die Motoren müssen ja immer aus ihrer Halterung (am Heckkorb) meistens von der Bordfrau nach unten gegeben werden, wo sie der Schipper am Heckbrett des Dingis einsetzt, und nach der Benutzung des Motors wieder von der Partnerin mit nach oben gehoben und an der Relingshalterung befestigt werden.

Um der Bordfrau diese Arbeit zu erleichtern, benutzen wir auf unserem CORMORAN einen schwenkbaren Kranarm aus einem Edelstahlrohr (»Galgen«), sodass sie den Motor mit einer Talje von unserem Backdeck etwa zwei Meter tief zu dem hierzu seitlich an Bb.-Seite am Heck festgemachten Beiboot fieren kann, wo er vom Schipper direkt in die Heckbretthalterung eingesetzt wird. Problemlos ist jetzt auch das Anheißen des Motors am Ankerplatz bei Kabbelwasser oder mäßiger See, bevor das Dingi wieder aufgenommen wird.

Das Beiboot als Rettungsfloß

Wir haben zwei Schlauchboote an Bord – zum einen, damit die Enkelkinder bei ihren Besuchen ihre Exkursionen allein fahren können; zum anderen jedoch, um damit die Rettungsinsel zu ersetzen.

*Ein (schwenkbarer)
Kranbalken mit Talje
seitlich am erhöhten
Achterdeck, um den
Außenborder zum
Beiboot nach unten zu
fieren und wieder an
Deck zu holen.
Bei schweren Motoren
und für die Arbeit der
Bordfrau eine große
Arbeitserleichterung.*

Ungebraucht ist das zweite Schlauchboot seenotverpackt, das heißt griffbereit zusammengelegt und mit Stützen verzurrt, über die bei Bedarf ein Wetterdach gespannt werden kann.

Die Hersteller von Rettungsinseln haben u. E. mit ihrer Auflage, alle zwei bis drei Jahre eine Wartung vornehmen zu lassen, ihr Geschäft selbst verdorben. Denn wo soll man für ein bestimmtes Fabrikat in der weiten Welt ihre hierfür zugelassene Werkstatt finden? Und kann man wildfremden Leuten im Ausland vertrauen, die feinen Gummiteile (für oft viel Geld) wieder so richtig zusammenzulegen, dass sich im Notfall wirklich ein Rettungsfloß wie ein Phönix aus der Asche aus dem winzigen Container heraus entfaltet?

Mit unserem Rettungsschlauchboot gehen wir dieses Risiko nicht ein. Und zusätzlich zu unserem Tender, der

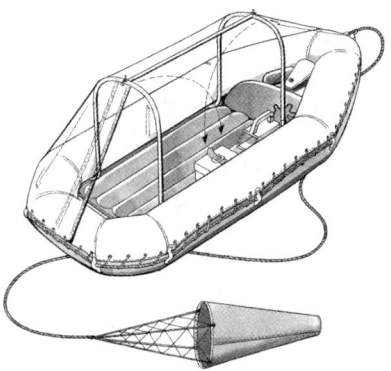

Unser altes Yachtbeiboot, das wir gegen ein Schlauchboot mit Heckbrett austauschten, dient (verpackt) mit diesen Zusatzteilen für ein Zeltdach als Rettungsboot.

stets einsatzbereit an den Davits hängt und seine Zuverlässigkeit durch täglichen Gebrauch beweist, gewinnen wir im wirklichen Notfall ein Mehrfaches
an Seenotraum für unsere zwei Personen (bzw. manchmal vier Erwachsene
und zwei Kinder) an Bord, als sie eine für die gleiche Personenzahl zugelassene Rettungsinsel bieten kann.

c) Ein Bordfahrrad ist sehr nützlich

Für die langen Wege an Land (und nicht nur zur Versorgung) ist ein Klapp-
fahrrad sehr wertvoll. Glücklicherweise gibt es viele Modelle zu unterschiedlichen Preisen, unter denen man wählen kann.

Mit einem Drahtkorb auf dem Gepäckträger und passenden Taschen, die man
an die Lenkstange hängen kann, wird es zu einem unverzichtbaren Lastesel.
Das Fahrrad sollte sich mit möglichst wenigen Handgriffen fahrbereit machen
und genau so einfach wieder zusammenpacken lassen. Es sollte an Bord in
der Kajüte (im Vorschiff) oder zumindest unter Deck in seiner speziellen Fahr-
radtasche einen seefesten Stauplatz haben, von dem aus man das sperrige
Vehikel schnell und leicht über Deck und auf den Steg bringen kann. Man sollte
es nicht auf See als Deckslast transportieren. Steht der Raum für ein zweites
Klapprad zur Verfügung, kann man auch gemeinsame Ausflugs- oder Einkaufs-
fahrten machen.

Bei uns an Bord steht das zusammengeklappte Rad auf See an einer Seite
im Steuerhaus, wo es keinen Platz wegnimmt und auch auf kürzestem Wege
in die Kajüte hinein- und wieder auf Deck hinausgereicht werden kann.

d) Strümpfe für die Rollsegel

Rollvorsegel werden bei Beginn einer Segelsaison gesetzt und bei deren Ende
wieder geborgen, zusammengelegt und in der Segellast verstaut. Für Langzeitsegler als Langzeitlieger gibt es jedoch häufig keine Trennung von Som-
mer- und Wintersaison. Abhängig vom Revier bewohnen sie ihr Boot auch in
den kälteren und regenreichen Monaten des Jahres, und sie wechseln in die-

ser Zeit auch gelegentlich ihren Liege- oder Ankerplatz. Die Rollsegel bleiben also angeschlagen, weil sie in ihren Segelsäcken unter Deck auch viel Platz einnehmen würden.

Um sie dennoch vor Schmutz und Nässe (wenigstens teilweise) zu schützen, benutzt man Wasser abweisende Segeltuchstrümpfe, die mit einem Vorsegelfall übergezogen werden. Mithilfe eines langen, derben Reißverschlusses, der beim Umlegen des Kopfteils geschlossen und beim Anheißen des so gebildeten Schlauches meterweise nach unten gezogen wird, stellt man vom Kopf bis zum Hals des Rollsegels eine schützende Hülle her. Bei uns an Bord gibt es für jedes der vier Rollsegel einen sowohl in der Länge als auch im Innendurchmesser passenden Strumpf, den man in wenigen Minuten abnehmen kann, wenn es erforderlich ist.

Auch bei längeren Liegezeiten im Sommer werden die Strümpfe übergezogen, um die Segel gegen starke UV-Strahlung zu schützen. Handbreite Kanten, die aus andersfarbigem und oft derberem Segeltuch auf Achterliek (und Unterliek) eines Vorsegels genäht sind, können die äußere Schicht eines aufgerollten Rollvorsegels zwar auch schützen. Sie geben diesem schmalen Liekbereich aus zwei unterschiedlichen Tuchgewichten aber eine andersartige Festigkeit als dem gesamten Segel und können auch nie ganz faltenfrei zusätzlich aufgenäht werden. Unsere Rollsegel sind damit nicht ausgestattet. Als Schutzschicht geben wir unseren strumpfartigen Überziehern den Vorzug.

7. Stauräume und Langzeitinventar

An Stauräumen kann man nie genug haben. Denn auch ungewollt nimmt das als notwendig erachtete Inventar, das sich beim Langzeitsegeln ansammelt, zunehmend mehr Platz weg. Man muss daher schon beim Bootsbau oder Bootskauf darauf achten, dass die Langzeityacht entsprechenden Platz bietet.

a) Viel Stauraum – und was hineingehört

Von Deck aus zugänglich haben wir einen Ankerkasten am Bug (ca. 500 l Inhalt), der alles seemännische Inventar wie (tief unten) 60 m Ankerkette, ca. 12 Festmacher unterschiedlicher Längen und Stärken, Bugleiter (zum Landgang), Beiboot-Utensilien, Bojenfanghaken, Wasserschläuche, Pützen und andere saubere Materialien enthält.

Im Staukasten am Heck, unserer Achterpiek (ca. 150 l, mit Klappe), sind Reinigungsmittel, Benzin für Außenborder, Lampenöl, Dosen mit Farbresten usw. – kurz: alle Verbrauchsstoffe enthalten, die stinken oder ätzen können und daher im Inneren des Bootes unerwünscht sind.

Alle acht Lang- und Rundfender sind an Deck neben dem Mast seefest gehaltert. Früher haben wir sie in Fenderkörben am Heckkorb untergebracht, wo heute der Außenborder mit seinem Kranbalken, die Stelling (Gangway), Rettungsschwimmkörper und eine transportable Badeleiter ihren Platz gefunden haben. Backskisten in der Plicht gibt es für solche Ausrüstungsteile bei uns nicht.

Fast drei Kubikmeter Stauraum unter Deck

Im Inneren des Bootes gibt es sechs große Staufächer unter dem Fußboden (in der Bilge, für Dosen und Flaschen), jede ca. 150 l Inhalt, und acht unter den Kojen (mit Deckeln, für Konserven sowie schwere Ausrüstungs- und Ersatzteile), je ca. 100 l. In den Schlafräumen gibt es drei Kleiderschränke 150 x 50 x 50 cm, je ca. 350 l, mit Ablageflächen darüber. Das Wetterzeug hängt gesondert.

In Tisch- bzw. Kopfhöhe haben wir 26 Schränke bzw. Fächer eingebaut, mit je durchschnittlich ca. 20 l Inhalt. Von ihnen haben 17 Schiebetüren und neun Klapptüren. Das ist genug für das gesamte Inventar vom Geschirr über die Wäsche bis zu den Seekarten. Alle verschließbaren Stauräume sind mit ausgeschnittenen und teakumrandeten Kreissegmenten gut belüftet. Dazu kommen Bücherregale (mit Schlingerbrettern), ca. 2,50 m lang im Salon und 1,50 m lang im Eignerheckraum.

Der Stauraum auf CORMORAN mit gut drei Kubikmetern unter Deck (davon mehr als die Hälfte unter der Wasserlinie) und 650 l, die von Deck aus zugänglich sind, war uns ausreichend. Aber weniger Stauraum sollte eine 12-m-Langzeityacht in einem sicheren autarken Zustand wohl auch nicht bieten.

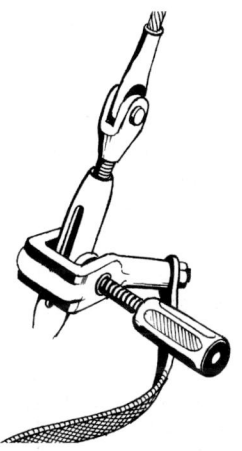

Auf einem Kunststoffboot dient eine Schraubzwinge mit angeschraubtem breitem Kupferband bei Gewittergefahr als Blitzableiter.

Wir stauten nach dem Prinzip: alles Schwere nach unten. Werkzeug, Ersatzteile und Notfallausrüstung schnell erreichbar. Flüssige Inhalte (wegen möglicher Beschädigung) in einem eigenen Fach. Fächer mit Lebensmitteln besonders gut belüftet und schnell zu kontrollieren. Papieretiketten, mögliche Bruchteile oder andere Fremdkörper der Ausrüstung dürfen keinen Zugang zum Pumpensumpf und den Lenzpumpen erhalten.

b) Was man außerdem braucht und stauen muss

Ich habe einmal aufgelistet, was auf unserem CORMORAN zu unserem Langzeitseglerinventar gehört und was man (einige Teile ständig, andere häufiger, dritte seltener) einfach braucht:

Sonnensegel und Regenzelt

- Ein flaches Sonnensegel über Plicht, Steuerhaus und die Kajüte (bei uns zwischen Großmast und Besanmast), mit beiklappbaren Seitenteilen und einrollbaren achteren Klappen, mit Stehhöhe über Deck (4,30 x 5,50 m = ca. 24 m²) aus bester UV-fester Qualität. Benutzt wird es sowohl im Hafen wie am Ankerplatz. Die Seiten werden an der Seereling verzurrt, die Segeltuch-Dachträger selbst werden hoch an Masten und Wanten und über dem Großbaum befestigt. Unter ihm herrscht auch bei heißester Sonneneinstrahlung immer erfrischende Zugluft.

- Ein flaches, dachförmig über dem Großbaum gezurrtes Sonnensegel, das hauptsächlich die Plicht überdeckt, für unterwegs und für Starkwind am Ankerplatz, ebenfalls weißes Leinen, ca. 3,20 x 4,50, ca. 15 m². (Wir würden auch ein so genanntes »Bimini Top« über der Plicht fahren, das mit seinen Klappstützen sehr windfest ist, aber unser niedrig gesetzter Großbaum lässt dieses kleine praktische Sonnensegel nicht zu.)

- Ein Regensegel aus gummiertem Planenstoff als Zeltdach (über dem Großbaum) mit Heckverschluss, das die Plicht trockenhält, eine Lüftung des Bootes bei offenem Kajütschiebeluk erlaubt, als Trockenraum für nasse Klamotten dient und auch als Aufenthaltsraum bei anhaltendem Schlechtwetter im Hafen und am Ankerplatz genutzt werden kann. Mit größerem Aufwand, beispielsweise von Edelstahlbügeln gehalten, könnte daraus eine »Kuchenbude« werden – jedoch mit dem Nachteil, dass man für alle ihre Teile ja auch einen Stauplatz braucht, wenn das Regendach nicht benutzt wird.

Windsäcke und Mückennetze

- Windsäcke in den Luken ersetzen eine (elektrisch betriebene) Klimaanlage. Der Wind weht immer, man muss ihn nur einfangen, wenn er auch unter Deck kühlen und lüften soll. Unsere (drei) Windsäcke bestehen aus vier pyramidenförmig geschnittenen und an einer gemeinsamen Kante zusammengenähten Bahnen, die 2,00 m hoch und 0,70 m breit sind und aus windfestem 50- bis 70-g-Stoff bestehen. Gegenüber den als Segeltuch-Schornstein mit nur einer vorderen Öffnung gearbeiteten Windfängern haben sie den Vorteil, dass sie (vor allem an einem Hafen-Liegeplatz) ganz von selbst eine ihrer vier Öffnungen in die Windrichtung stellen, was besonders bei den Übergängen von Land- zu Seewind oder von Tag- zu Nachtwind wichtig ist.

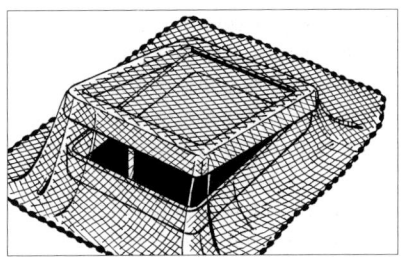

- Während Jalousien unter den (Vorschiffs-)Luken als Extras für Serienyachten mitbestellt werden können (damit Langschläfer nicht durch das Licht geweckt werden), denkt man selten an die sehr viel wichtigeren Mückennetze, die man in die innere Lukenumrandung (auch vorhandener kleiner Seitenfenster) ein-

Mücken (und Wespen) können den Aufenthalt an den schönsten Ankerplätzen zum Albtraum machen. Wenn kein passender Fliegendrahteinsatz zum Luk gekauft werden kann, schützen auch Netze mit angenähten Bleikugeln.

klemmen kann. Auch sie gehören zu den Extras, die man später nur (mit Schwierigkeiten) über die Hersteller der Fenster für die entsprechenden Lukengrößen erhält.

Sie werden von uns ganz selbstverständlich an jedem Liegeplatz vor Dunkelwerden in alle Lukenöffnungen geklemmt (auch wenn man am Tage keine Mücken bemerkt hat), seitdem wir im Hafen von Cap Haitian auf Haiti um Mitternacht ganz unerwartet von Tausenden von Moskitos heimgesucht wurden und uns ihrer Angriffe nur in Ölzeug auf dem Fußboden erwehren konnten.

Katzenschutz und Rattenabweiser

- Die Öffnungen, die am Kajüteingang bestehen bleiben sollen (kein Steckschott, Schiebeluk offen), verschließen wir durch ein ca. 2,50 x 2,00 m großes Tuchnetz aus Gardinentüll, das außen festgezurrt wird. Liegt es auch seitlich gut am Aufbau an, ist es gleichzeitig ein Schutz gegen Katzen, gegen die man sich überall wehren muss. Sie streunen nachts über die Yachten, suchen in den Kajüten nach Essbarem und greifen gelegentlich sogar an, wenn man sie aus den Innenräumen vertreiben will.
- Über die Rattengefahr habe ich zuerst nur gelacht – bis immer mehr Freunde und Nachbarn von Ratten an Bord berichtet haben. Sie kommen bei

einem Hafenliegeplatz über die Festmacher und bei einer Verankerung mit Landleinen über diese an Bord. Gelegentlich warnt ein Hafenhandbuch vor ihnen – aber dann weiß man auch nicht, ob sie an diesen Plätzen tatsächlich gesichtet wurden oder ob man ein solches Gefahrenbild nur ausstreute, damit ein Traumort vor der Invasion der Charterer frei bleibt.

Das beste Abwehrmittel ist eine Plastik-Wasserflasche, deren Boden man entfernt, die man unten fächerförmig aufschneidet und die dann vom Hals her auf den Festmacher aufgeschoben wird. Sie dreht sich um ihre Achse, wenn man antippt, und eine Ratte muss dann den Halt verlieren und ins Wasser fallen. Da man täglich neue Wasserflaschen öffnet, können solche Rattenabweiser am nächsten Morgen in den Müll wandern. Vorsorge gegen Ratten sollte man auch am Tage (insbesondere auf Werften, auf dem Slip und auf Lagerplätzen) treffen und das Boot überall gut verschließen, wenn man von Bord geht.

Außenborder mit Kranbalken

- Der Außenborder hängt Bb. achtern an der Außenreling an seiner zugepassten (Brett-)Halterung. Wir entschieden uns für einen 3-PS-Motor, weil er leicht genug zum Hoch- und Herunterlassen ist und eine Gangschaltung für Leerlauf und Voraus hat, damit man sicherer an- und ablegen kann. Er ist stark genug, um unser 2,70 m langes Schlauchboot auch mit vier Personen und Gepäck gegen Wind und Seegang zügig zu bewegen.
- Neben dem Außenborder steht ein schwenkbarer Kranbalken aus Edelstahlrohr, an dem der Motor mit einer Talje (schwerere Motoren könnten mit einer Trailer-Winsch bewegt werden) direkt zum Heckbrett des längsseits am Achterschiff festgemachten Schlauchbootes weggefiert (und vor allem wieder bequem hochgeholt) werden kann. Eine große Krafterpsarnis für die Bordfrau!

Davits und Selbststeueranlage

- Ursprünglich fuhren wir am Heck unsere Windfahnen-Selbststeueranlage, hinter die dann das Dingi an seinen Davits gehängt wurde, als man es beim oftmaligen Liegen am Ankerplatz häufiger gebrauchte. Als die zu weit ausladenden Davitsarme schließlich unter der Beibootlast brachen, demontierten wir die Selbststeueranlage und schraubten neue, kürzere Davits allein an.

Mit Taljen lässt sich das (in seiner Länge der Heckbreite des Seekreuzers angepasste) Beiboot kinderleicht fieren und holen. Zwei zusätzliche Zurrbrooken entlasten die Taljen nach dem Hochholen des Dingis und sorgen gleichzeitig dafür, dass das Beiboot auch bei jeder Krängung (z.b. auf einem Kreuzkurs) unverrückbar fest hängt und der Schlauchkörper durch Querschiffsschwingungen der Yacht nicht schamfilen kann.

Gangbord, Fenderbrett und Badeleiter

- Eine Stelling bzw. Gangway von ca. 2 m Länge und 0,30 m Breite aus Teakholz mit Trittleisten für den Landgang über den Bug. Die Planke wird auch (mit der Rückseite nach außen) als Fenderbrett benutzt. Sie ist an Bb.-Seite längsseits am Heckgeländer gehalten.

- Eine transportable (bei uns mit 8 Stufen besonders tief reichende) Badeleiter aus Edelstahl mit Teakstufen zum Einsatz unter der Relingspforte am Ankerplatz, wenn die Heckleiter durch das (noch in den Davits hängende) Beiboot nicht begangen werden kann. Praktisch zum Baden bei kurzen Ankerstopps und wertvoll für Ausbesserungsarbeiten (z. B. am Farbanstrich des Überwasserschiffes) unterwegs. Hauptsächlich wird sie als Seefallreep benutzt.

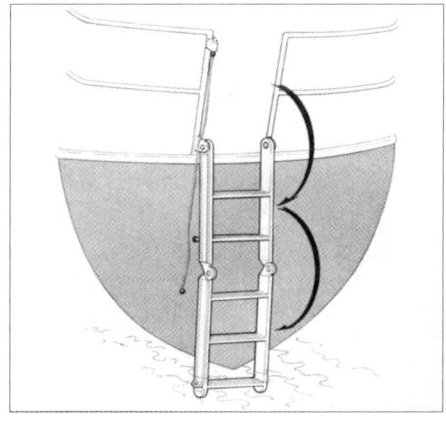

Wie auch immer die Bade- oder Sicherheitsleiter gebaut ist – man muss auch die hochgezogene Leiter vom Wasser aus (mit einer Reißleine) zum Einsatz bringen können.

Leinenrollen, fest und transportabel

- Auf einer Edelstahlrolle am Heck ist eine 100 m lange 10-mm-Schwimmleine aus Polypropylen laufklar gehalten, die mit dem Rettungsschwimmkörper verbunden ist und abrollt, wenn man ihn ins Wasser wirft. Sie wird auch als erste Landleine ausgebracht, wenn man sich vor Buganker vermuren will und das Heck bei ablandigem Wind bis 180° nach Luv gebracht werden muss. Ihr Vorteil dabei: Sie geht beim Überbringen nicht unter.

- Neben ihr ist die eigentliche Landleine aus FSE-Polyester, 80 m lang, 14 mm dick und doppelt geflochten, auf einer anderen Rolle gehalten. Sie diente früher auch als Ankerleine für den Heckanker, bevor für ihn eine Kette benutzt wurde. Beide Rollen lassen sich auch mit Handkurbeln drehen.

- Die 80 m lange Bugankerleine für den Zweitanker aus 16-mm-FSE-Polyester, doppelt geflochten, ist auf eine transportable Bügeltrommel aus Edelstahl gerollt, die unter Deck gehalten ist. Bei Bedarf kann sie auch an anderer Stelle und für andere Zwecke (z.B. als Abschlepptrosse) eingesetzt werden.

- Als Notnagel (den wir glücklicherweise nie brauchten) ist unter Deck noch eine 60 m lange 24-mm-Polyester-Schleppleine verstaut, die viel Platz wegnimmt.

8. Bordhaushalt und Arbeitsteilung

»Wenn Frauen Wäsche haben, müssen Männer Leine ziehen!« Diese doppeldeutige Feststellung trifft auch auf den Bordhaushalt zu: Zum einen kann Sie nur arbeiten, wenn Er im Hafen Elektrokabel gezogen und Wasserschläuche verlegt oder am Ankerplatz Leinen zum Wäschetrocknen gespannt hat. Zum anderen muss Er sich aus den Kinken halten und auf Deck verholen, wenn Sie unter Deck Reinschiff macht oder in offenen Backskisten werkelt. Letztlich aber ist Haushaltsarbeit an Bord auch eine sinnvolle Arbeitsteilung, die schnell zur Routine wird.

a) Wäschewaschen an Bord

Hygiene ist in warmen Revieren, in denen der Körper mit Sonnenschutzmittel versorgt wird, gelegentlich leicht schwitzen kann, nach einem Seewasserbad Salzrückstände auf der Haut behält und in der Nachtkühle warm angezogen werden muss, besonders zu beachten. Auch wenn man nur wenig bekleidet sein muss, werden die Kleidungsstücke doch schnell schmutzig. Wäschewaschen an Bord ja – aber wie?

Was die Haushaltstechnik ermöglicht und der Handel hierzu anbietet, muss nicht unbedingt auch auf einer Langzeityacht Eingang finden: Zum Beispiel Waschmaschinen, die mancher Crew unverzichtbar erscheinen. Man bedenke dabei jedoch:

Waschmaschinen an Bord sind überflüssig

Ich will hierfür nur einige Gründe nennen:

- Sie benötigen Platz und sind nur mit elektrischer Energie aus dem Bordnetz zu betreiben. Diese bleibt kostbar, auch wenn sie mit Generatoren erzeugt wird.
- Sie verbrauchen Wasser aus den bordeigenen Tanks, auch wenn diese mit »Watermakern« wieder aufgefüllt werden können.
- Für die Abflüsse müssen zusätzliche Durchbrechungen durch den Bootsrumpf mit entsprechenden Seeventilen vorgenommen werden.
- Beim Betrieb erzeugen sie Rüttelbewegungen, die für das Boot, und Geräusche, die für die Crew unangenehm sind.
- Leibwäsche aus Baumwolle oder leichten Synthetiks und die übliche spärliche Sommerbekleidung lässt sich auch ohne Maschine waschen.

Wie man auf längeren Seetörns und am Ankerplatz ohne Landgang solche Wäschestücke auf CORMORAN mit Bordmitteln waschen kann, erläutert Ruth:

Wäschewaschen mit Bordmitteln

Die Feinwäsche (und Wollwäsche) wird abends in eine Lauge aus Frischwasser eingeweicht, die beispielsweise mit Saptil erzeugt wird. Das ist kräftige

Flüssigseife aus ca. 20 cm langen Tuben, die sich gut stauen lassen und aus denen man alle gewünschten Teilmengen einfach herausdrücken kann. Wir haben immer mehrere an Bord.

Am Morgen stellt man die Wäsche in ihren schwarzen 10-l-Pützen in die Sonne, die das Waschwasser den Tag über erwärmen kann. Alle ca. zwei Stunden wäscht man die Einzelstücke mit der Hand leicht durch und legt sie in die Lauge zurück.

Ist die Wäsche sauber, wird mit Frischwasser gespült. Das Auswringen ist Männersache. Wie oft man spülen kann oder muss, hängt von der Wassermenge ab, die man aus dem Bordtank verbrauchen will.

Auf vielen (Dauer-)Ankerplätzen liegen Quellen in erreichbarer Ufernähe, die sowohl das Waschwasser als auch das Spülwasser liefern können. Man fährt mit dem Beiboot zur Quelle und spült dort mit reichlich Wasser.

In einer Marina (oder in kleinen Häfen) lässt sich die Feinwäsche in gleicher Weise in den üblichen Waschräumen waschen, wo auch (oft) Heißwasser zur Verfügung steht.

Wäschetrommeln mit Handbetrieb

Für Bordfrauen, die auf eine Drehtrommel nicht verzichten wollen, gibt es kleine handbetriebene Waschmaschinen, die man im Hafen auf den Steg neben den Wasserhahn stellen kann und die der Schipper dann mit Muskelkraft drehen muss.

Ausgesprochene Schmutz- und Großwäsche (Bettwäsche) kann man heutzutage überall an Land waschen lassen. Man muss sie gegebenenfalls nur zwei oder drei Wochen lang bis zu einer Abgabemöglichkeit aufbewahren. In vielen Häfen gibt es entsprechende Betriebe für die Bordwäsche, die zu oft erstaunlich günstigen Bedingungen an nur einem Tag (große) Wäschestücke hervorragend sauber waschen, trocknen und bügeln. Auf Ankerplätzen vor Inseln und in Dorfnähe bieten oft einheimische Frauen ihre entsprechenden Dienste an.

b) Wasserschläuche und Kabelrollen

Reinschiff im Hafen machen wir mit einem einfachen halbzölligen Gartenwasserschlauch, der auch zum Wasserbunkern benutzt wird. Einfach gerollt und von Gummistropps zusammengehalten liegt er im Ankerkasten. Wir haben ihn in zwei Teilen von ca. 15 m und ca. 12 m (Bootslänge) an Bord, die zusammengesteckt werden können, wenn der Weg zum Wasserhahn am Kai lang ist. Einer allein reicht auch zum Füllen der Tanks.

Die Schlauchverbinder sind Gardena-Beschläge, für die auch die Spritze und ein Anschluss auf dem (hölzernen) Schrubber (»Leuwagen«) passt, der beim Scheuern direkt versorgt werden kann. Gardena-Beschläge gibt es weltweit. Man kann überall defekte ersetzen oder neue Zusatzteile kaufen.

Das Puzzlespiel mit den Anschlüssen

Problematisch bleiben die Verbindungen zu den Wasserhähnen am Kai. Es gibt große und kleine Öffnungen, mit und ohne Gewinde, in unterschiedlichen halb- oder dreiviertelzölligen Durchmessern, mit speziellen Steigungen, zum Andrehen oder Anstecken. Man wird im Laufe der Zeit eine Sammlung von Adaptern an Bord haben, aus denen man sich den passenden aussucht.

Um dieses Puzzlespiel am Kai zu vermeiden, habe ich mir der Einfachheit halber schon vor Jahr und Tag ein zölliges Schlauchende von ca. eineinhalb Meter Länge zugelegt, in das ich ein Dreiviertelzoll-Schlauchstück gleicher Länge eingesteckt habe, und in dieses wiederum habe ich ein Halbzoll-Stück (mit Gardena-Beschlag am Ende) eingeschoben. Alle drei Teile sind durch Schlauchschellen zu einer wasserdichten Einheit verbunden. Zum Anschließen stülpe ich nur die dicke Schlauchöffnung wie eine Manschette über den Wasserhahn und ziehe sie mit einer Schlauchschelle fest. Und dann verbinde ich den Gardena-Beschlag mit meinem Wasserschlauch. Wasser marsch! Einfach geht es auch.

Ohne richtige Stecker kein Landstrom

Mit genormten elektrischen Marina-Anschlüssen sind viele europäische, aber nur wenige ausländische Yachthäfen ausgestattet. Die landseitig verlegten dreiadrigen Versorgungskabel laufen in Dreiloch-Steckdosen aus, in die man

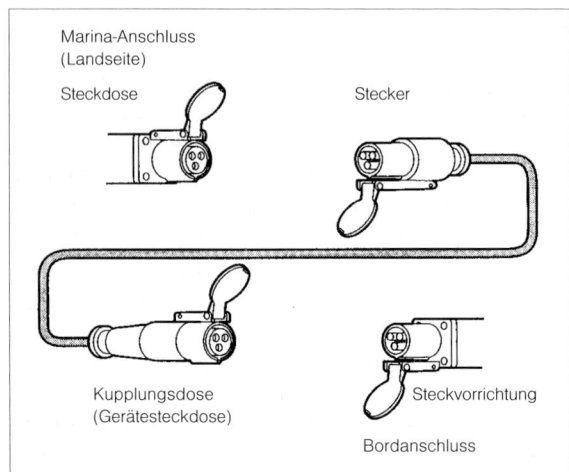

Marina-Anschluss
(Landseite)

Steckdose

Stecker

Kupplungsdose
(Gerätesteckdose)

Steckvorrichtung

Bordanschluss

Die Kabel mit Stecker und Kupplung, die man für einen Marina-Anschluss benötigt.

sein Bordkabel mit einem Stecker einführt. Die andere Seite hat bei uns eine normale Haushaltssteckdose am Ende eines ca. 15 m langen Kabels, das man direkt ins Boot führen bzw. zu der Bordsteckdose bringen kann. Hier muss ein zweites Kabelstück (mit Haushaltsstecker zum Kabel und einer Geräte-Steckdose auf der Bordseite) die Verbindung zur Bordsteckvorrichtung herstellen.

Die entsprechende Adapterverbindung hat den Vorteil, dass man sein Bordkabel nicht generell mit den Gerätesteckern versehen muss. Denn dann kann es mit normalen Haushaltssteckdosen nicht an elektrischen Marina-Anlagen und auch nicht mit speziellen örtlichen (größeren, zwei- wie dreipoligen Steckdosen) verbunden werden.

Auch bei den Elektrokabeln arbeiten wir mit Teilstücken: Das 1–2 m lange Adapterkabel, das sicher an der Stromquelle an Land befestigt werden muss, kann wahlweise mit dem ca. 20 m langen Hauptkabel oder einem Kurzkabel (von ca. 10 m Länge in kleiner Trommel) verbunden werden – je nachdem, wie weit die Landsteckdose entfernt ist. Von der kleinen Trommel gibt es noch ein zweites Exemplar, sodass wir ca. 40 m zusammengesteckte Elektroleitung verlegen können.

c) Wie man den Bordmüll entsorgt

Segler sind ordnungsliebende Zeitgenossen. Sie sammeln den (Bootshaushalts-)Müll in Plastiktüten und entsorgen ihn dort, wo andere Segler bereits ihre (sorgfältig verschlossenen) Müllbeutel abgelegt haben. Richtig? Als wir vor einigen Jahren in der wunderschönen Crivica-Bucht in der nördlichen Adria ankerten und den hundertjährigen Hochwald betraten, lag eine Steinwurfweite vom Ufer entfernt ein riesiger Hügel, errichtet aus Plastikbeuteln voller Müll. Sie waren steril verpackt und sauber aufgeschichtet, und man hätte sich über die Sorgfalt der Ablage freuen können – wenn man nicht fragen müsste: Was macht der Segler-Müllberg hier im Wald? Und wer soll die tausend Müllbeutel abtransportieren, die seit Jahr und Tag hier lagern? Und wohin sollen sie gebracht werden? Bordmüll im Niemandsland zu entsorgen ist verlockend. Auch die weite See scheint immer noch ein Niemandsland zu sein. Aber es ist – sagen wir es deutlich – ein Verbrechen an der Umwelt.

Man kommt an Bord nicht umhin, organische Abfälle von anorganischen getrennt zu sammeln: Fischfutter wie altes Brot, Schalen von Früchten und Speisereste über Bord. Plastikgefäße, Bierdosen und Glasflaschen in Behälter, die an Land entsorgt werden. In vielen ausländischen Häfen stehen große Drahtkäfige am Kai, in die diese drei Materialien getrennt geworfen werden können.

Das Aufbewahren an Bord setzt ihre angemessene Verkleinerung voraus: Plastikflaschen teilt man quer in der Mitte, legt einen Längsschnitt in die Wandungen und steckt alle oberen und alle unteren Hälften ineinander. So schrumpfen zehn Flaschen auf ein Volumen von zwei. Oder man entfernt Kappe und Boden, drückt die Flasche platt oder rollt sie zusammen.

Leere Bierdosen erhalten in Längsrichtung und beidseits einen Karateschlag, der sie weich macht, und dann drückt man sie zu einem Viertel ihrer Höhe zusammen. Freizeitarbeit für Kraftprotze.

Leere Flaschen kehren dorthin zurück, wo sie voll gelegen haben – in ihre schlingersichere Bilgehalterung. Sie werden dann bei passender Gelegenheit an Land entsorgt.

Wenn wir mehrere Tage auf See sind, stauen wir die Müllbeutel im Beiboot, das in den Davits hängt. Ein ähnlich luftiger Platz ist ihre sichere Befestigung am Heckkorb (gegebenenfalls in einem schützenden Segeltuchsack), von wo lästiger Geruch wegweht (wenn man nicht gerade vor dem Wind läuft). Die Gefahr des Über-Bord-Fallens hatten wir früher (ohne Davits) gebannt, indem wir robuste Plastiksäcke (»Grüner Punkt«) in zwei Fenderkörbe an der Heckreling hingen und diese wie Mülltonnen an Land benutzten. Verlust, auch bei Seeschlag und Krängung, war unmöglich.

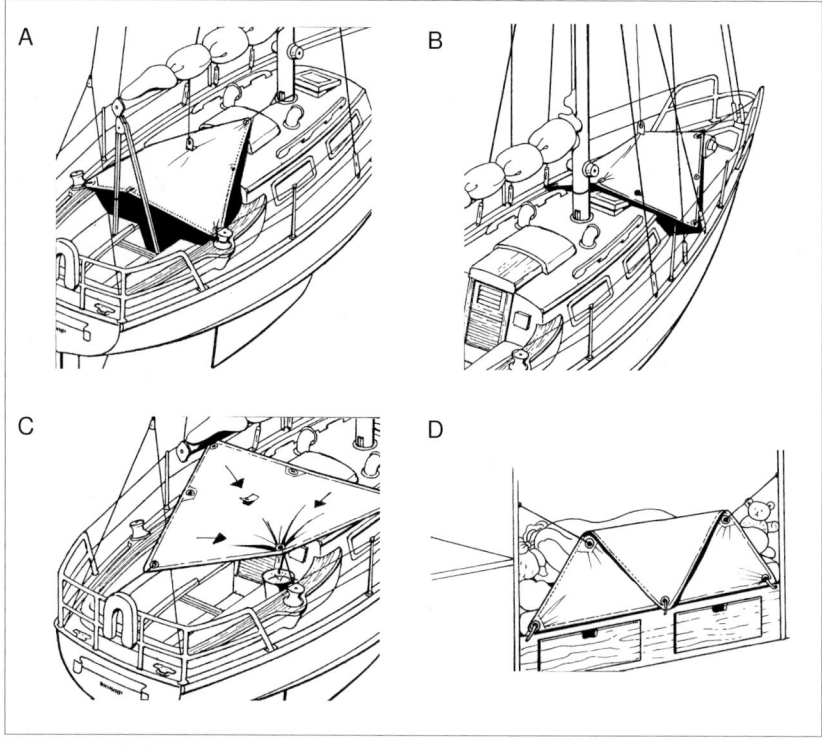

Unser eingeliektes gleichseitiges Dreiecksegel, das wir in mehreren Exemplaren an Bord haben, leistet vielfältige Dienste, z. B. als Regenschutz (A) über offenen Luken, Schattenspender (B), Wassersammler (C) und Kojensegel (D).

Segeln allein ist nicht alles

1. In einer seetüchtigen Yacht unterwegs

Zu Beginn des Langzeitsegelns, d.h. in der abenteuerlichen und in der sportlichen Phase einer Crew, lassen sich weltweite Kurse absetzen, wenn man es
will. Denn in Körperkraft, Gelenkigkeit, Kondition und anderen Merkmalen kör-
perlicher Leistungsfähigkeit bleibt auch ein älterer Segler einem jüngeren immer noch ebenbürtig.
In der ruhigen und erst recht in der abklingenden Phase im Leben eines Langzeitseglers nimmt diese Leistungsfähigkeit nicht nur (oft fühlbar) ab, man muss
auch viele Bewegungen im Umgang mit Anker, Ketten, Leinen, Segeln usw.
vorsichtiger, langsamer und bewusster ausführen, damit Muskeln und Gelenke keinen Schaden erleiden können. Mit der Begrenzung der konditionellen
Belastung wird dann auch zwangsläufig die Begrenzung der Fahrtenziele einhergehen müssen.

a) Mit dem Boot mobil oder stationär

Die entsprechende Mobilität der Langzeitsegler in Verbindung mit der dadurch
möglichen bzw. begrenzten Mobilität der Crew habe ich nach meinen Lebens-
erfahrungen wiederum in vier Phasen einteilen können.

- *Phase a* – uneingeschränkt mobil:
  In dieser Zeit kann man (z.B. innerhalb der ARC, aber natürlich auch in
  eigener Routenplanung) westwärts über den Atlantik segeln und über die
  Azoren ostwärts wieder zurückkehren, eine Weltumsegelung machen, auf dem

Intracoastal Waterway die amerikanische Ostküste erkunden, über das Nord-kap nach Spitzbergen segeln oder im Indischen Ozean, vom Mittelmeer aus, Madagaskar und Sri Lanka besuchen.

- *Phase b* – von einer Basis zu einer anderen:
  Die Ziele sind jetzt nicht mehr so weit gesteckt, und man wählt vor allem eine Basis als Ziel (einen Hafen, eine Marina, ein Küstengebiet), über das man sich vorher eingehend informiert hat. Die dazwischenliegenden See- und Landgebiete kann man dabei intensiver erkunden:
  Von Hamburg nach Vilamoura an der portugiesischen Algarve, beispiels-weise, direkt über die Biskaya oder an der französischen und spanischen Atlantikküste entlang. Dann (nach einer Überwinterung, vielleicht ein Jahr später) weiter einige Abstecher ins westliche Mittelmeer bis zur französi-schen Riviera und über Korsika und Sardinien oder Mallorca zur nächsten Überwinterung in Malta. Und von hier aus entweder in die Adria bis nach Venedig oder in die Ägäis bis nach Istanbul oder Athen: mittlere Schritte zu fernen Zielen.

- *Phase c* – von einer Basis weit in alle Richtungen, aber wieder zur Basis zurück:
  Irgendwann wird man eine Basis (wenn auch nur für einige Jahre) wählen, wo man sich wohl fühlt und von der aus man (sternförmig) weiteres segle-risches Neuland auf einem Hin- und Rückweg erkunden will: Von der Net-sel-Marina Marmaris an der türkischen Südwestküste, beispielsweise, ins Schwarze Meer oder (in entgegengesetzter Richtung) nach Zypern oder an die Levante-Küste oder über die Ägäis und rund um den Peloponnes.
  Beliebt ist dabei die Teilnahme an der (1999 zum zehnten Male von der Türkei veranstalteten) East Mediterranean Yacht Rally (bis nach Ägypten) oder der etwas jüngeren Black Sea Rally (von Istanbul nacheinander zu allen Anrainerstaaten des Schwarzen Meeres) mit den entsprechenden Zu-bringerfahrten für ausländische Yachten von den wichtigsten Yachtbasen aus.

- *Phase d* – in einer Basis stationär, mit kleinen Törns hin und zurück: Wenn man sich nicht mehr von gefährlichen Wetteränderungen überraschen lassen darf und auch gern andere Boote mit ähnlichen Tageszielen in der Nähe weiß, begrenzt man seine Aktivitäten auf die umliegenden Häfen und Buchten seiner Basis, z. B. Marmaris im Osten oder Mallorca im Westen, und läuft (mit oder gegen den Wind, wie man will) unbekannte Plätze erstmalig und bekannte Orte erneut an.

Der Reiz solcher Reisen liegt weniger im Neuen als vielmehr im Wiedererkennen – auch der Menschen an Land, die man zum wiederholten Male besucht. So können tiefe Freundschaften entstehen, die nicht weniger glücklich machen als Erkundungen seglerischen Neulands.

Um beim Beispiel Marmaris als Basis zu bleiben: Im Fetiye-Golf bis Kekova oder Finike nach Osten oder im Hysaröni- und Gökkova-Golf bis Bodrum nach Westen einschließlich der vorgelagerten griechischen Ägäis-Inseln liegt ein Seglerparadies für das Alter mit fast 50 Ankerplätzen und Kleinhäfen in geringer Distanz voneinander, die man alle in einem Jahr kaum besuchen kann.

Nicht weniger reizvoll, aber rauer ist das Revier westlich von Rhodos mit Kreta im Süden, Santorin im Westen und Samos im Norden.

b) Langzeitsegler sind keine Eigenbrötler

Wenn man früher in fremden Häfen festmachte oder in entlegenen Gebieten vor Anker ging, konnte man sich der Aufmerksamkeit der dort lebenden Menschen sicher sein, und Einladungen zu den Honoratioren eines Ortes waren ganz selbstverständlich. Im Zeitalter, da auch das weltweite Fahrtensegeln ein Massentourismus geworden ist, halten sich einheimische Segler oft ganz bewusst von ausländischen Besatzungen fern – oder sie separieren sie in unliebsame Aussteiger und verkrachte Existenzen, die sie meiden, und Yachtsegler mit einem sportlichen wie gesellschaftlichen Status, dem sie sich verbunden fühlen.

Gemeinsame Erlebnisse beim Mackern

Wenn man auf weltweiter Fahrt Gesellschaft haben will, kann man gemeinsame Erlebnisse auch mit anderen Yachtbesatzungen teilen:

* Beim Mackern beispielsweise, wenn man mit einem etwa gleich großen anderen Boot über die See und von einem Ort zum anderen segelt.

Eine solche zupackende Freundschaft der Besatzungen zeigt sich besonders in einer unerwarteten Notsituation, wie sie z.B. im Sommer 1994 auftrat, als die 9 m lange Suevia mit ihrer Ehepaarcrew auf dem Wege von St. Helena nach Europa mitten im Nordatlantik ihren Mast verlor: Die 10,93 m lange Albatros mit Hannelore und Hellmut Schmöe an Bord lief zu ihrem havarierten Macker zurück und schleppte diesen in einem beispielhaften Schlepp unter Segeln zwei Wochen lang über den Ozean, bis nach 300 Stunden und 926 Seemeilen die Azoren erreicht waren.

Mit Kindern oder Gästen unterwegs

* Man ist auch nicht einsam und allein, wenn man Gäste an Bord hat, Freunde, Kinder, Enkelkinder oder Mitsegler, die sich als »paying guests« auch an den Boots- oder Reisekosten beteiligen können.

Oftmals begleiten sie uns hautnah eine ganze Stunde lang, wenn wir für sie unter Segeln schnell genug sind.

Heide und Erich Wilts beispielsweise, über die ich noch an anderer Stelle berichte, machen aus dieser Art des Langzeitsegelns gar keinen Hehl: Sie schreiben solche »Kojencharter« für verschiedene Teiletappen ihrer abenteuerlichen Langzeitreisen mit den Beträgen einer Unkostenbeteiligung aus und nützen sich und anderen dabei mehrfach.

Die Mitsegler werden zu unverzichtbaren helfenden Händen an Bord; gleichzeitig hilft ihr Obolus die Reise zu finanzieren; und ein eingeschiffter Einzelsegler erlebt in der Obhut einer erfahrenen Crew Segelabenteuer, auf die er sich allein (aus seglerischen wie finanziellen Gründen) nie hätte einlassen können. Die gegenseitige menschliche Bereicherung, die ein solches enges und zeitweilig nicht ungefährliches Bordleben bieten kann, ist dabei nicht zu vergessen.

Kontaktfreudig für Hafenbekanntschaften

* Nachbarn im Hafen und am Ankerplatz, mit denen man seine Klönschnacks hat, Einladen von sympathischen Besatzungen und selbst Eingeladenwerden sind gesellschaftliche Selbstverständlichkeiten, die man nach Belieben ausdehnen oder einschränken kann.

Oft entwickeln sich hieraus freundschaftliche Beziehungen, die sich daheim fortsetzen. Wir haben zahlreiche Freundschaften geschlossen, auch wenn sie während unserer oft mehrmonatigen Aufenthalte an Bord und im Ausland eine Zeit lang nur als Telefon- oder Brieffreundschaften überdauerten, und pflegen sie auch durch persönliche Besuche, wann immer es möglich ist.

In besonderer Erinnerung ist mir dabei eine Abmachung geblieben, die wir im Herbst 1981 in München mit Freunden trafen, deren Seekreuzer Beata in der nördlichen Adria stationiert war: Am 7. August 1982 wollten wir uns mit unseren Booten im Ionischen Meer in der Bucht von Panteleimou südlich von Lefkas treffen.

Wir starteten mit unserem Cormoran zu diesem Treff Anfang April in Helgoland und trafen nach über 7000 gesegelten Meilen und einer Reise rund England, über den Atlantik und durch das Mittelmeer pünktlich am Morgen des vereinbarten Tages in der uns bis dahin unbekannten Bucht ein. Die Beata-Crew ließ am Mittag neben uns den Anker fallen.

Einladungen an Land: Ehre und Albtraum

* Einladungen von und an Land sind oft eine Ehre. Sie können viel Spaß machen, aber auch Probleme bereiten, wie unsere Erlebnisse zeigen. Ausflüge mit einheimischen Bärenführern erschließen oft erst den tiefen Reiz einer Landschaft. Sie vermitteln Kontakte zu Menschen, die man als Ausländer sonst nicht erhält, und lassen uns die örtlichen Sehenswürdigkeiten mit ganz anderen Augen sehen.

Als wir beispielsweise in Barbados die Mitgliedschaft im dortigen Yachtklub erwerben konnten (die sonst nur einheimischen Seglern vorbehalten ist) und einer Einladung zum Barbecue nachkommen wollten, riet man uns, unseren Dinnerdress in einen wasserdichten Plastiksack zu packen und nur in Badehose den Weg mit dem Beiboot an den Strand zurückzulegen. Es war ein wertvoller Ratschlag: Denn als wir uns in der Carlisle-Bay dem steilen Strand näherten, brandete die See in einem breiten Streifen davor. Während wir zuerst noch unheimlich schnell surften, ließ uns der Nehrstrom der Brandung bald kentern, und wir wurden mit Boot und Plastiksäcken so oft um und um gedreht, bis uns die See (und unser Beiboot) endlich über der Wasserscheide auf trockenem Boden ablud.

Diese Art des Anlandens schien zum Segleralltag zu gehören. Denn an Land standen kleine, gut ausgestattete Häuschen zum individuellen Umkleiden, aus denen auch wir wenig später, standesgemäß gekleidet, an die Büffets treten konnten.

In unangenehmer Erinnerung ist eine Einladung geblieben, die uns ein sehr vornehm wirkender portugiesischer Großgrundbesitzer an unserem Liegeplatz in Sancti Petri an der Algarve-Küste überbrachte: Vertrauensvoll ließen wir uns von ihm in seinem respektablen Auto weitab ins Binnenland kutschieren, wo bereits zahlreiche Personen eine wohl landesübliche Party feierten.

Sie begann sich gegen Mitternacht jedoch so ausschweifend zu entwickeln, dass wir uns zudringlichen Angeboten kaum noch erwehren konnten. Nur mit Mühe gelang es uns, mitten in diesem »Fest« in einer unbekannten Gegend eine Rückfahrgelegenheit zum Boot zu erhalten.

Manchmal ist es auch im Ausland ratsam, sich bei Bekanntschaften an das »Trau-Schau-Wem« zu halten.

c) Erste (und letzte) Station Mittelmeer

Sehr viele deutsche Langzeitsegler bringen ihr Boot von den Heimatrevieren im Norden zuerst ins Mittelmeer, wenn sie es nicht schon einige Jahre vorher von einem dortigen Liegeplatz aus gesegelt haben. Während es bis zum Ende der 70er Jahre aber so gut wie keine Alternative zum Außenweg durch den Ärmelkanal und die Biskaya gab (oder jeder Langzeiteigner ihn schon aus sportlichen Gründen ganz selbstverständlich segelte), ziehen die jüngeren Seglergenerationen meistens andere Wege ins Mittelmeer einem solchen sportlichen Hochseesegeltörn vor.

»Außen herum« durch die Biskaya
Der sportliche Weg »außen herum« ist (von Helgoland nach Gibraltar) etwa 2000 Seemeilen lang. Macht man den Umweg rund Schottland, durch den Caledonian Canal und die Irische See mit einem Abstecher zum Fastnet-

Willkommen im Mittelmeer: Europapunkt Gibraltar, die erste markante Landmarke beim Einlaufen.

163

Felsen, kommen noch einmal 1000 Seemeilen hinzu, und die erste Etappe des Langzeitsegelns wird zu einem wirklichen Erlebnis. Eine gute Wetternavigation ist die Voraussetzung für das Gelingen, und eine Zeit von gut vier Wochen für den »kleinen« und sechs Wochen für den »großen« Törn muss man einplanen.

Es ist schön, wenn man diese Törns als Eignerpaar mit einem befreundeten Paar segeln kann. Eine Seewache bilden dann die Eignerfrau (hat Erfahrung mit dem Boot) und der Freund (für muskelkräftigen Einsatz), die andere der Schipper und die Freundesfrau. Wir finden dies eine ideale Besetzung.

Wer sich den Törn nicht zutraut, aber trotzdem sein Boot »außen herum« bringen möchte, kann auch eine Überführungscrew anheuern. Wenn eine solche Profi-Besatzung mit fünf (oder gar mehr) Personen einsteigt, ist die Yacht zwar schnell unten. Aber sie wird erfahrungsgemäß auch hart gesegelt, und so viele Personen können auch in der Kajüte unliebsame Spuren hinterlassen. Zudem muss man mit etwa 10 000 DM Personalkosten rechnen – denn die Crew will ja auch wieder nach Hause reisen.

Zum gleichen Preis (derzeit berechnet nach Bootslänge in m x Bootsbreite in m x 250 DM) kann man ein 12-m-Boot von max. 15 t Gewicht auch außen herum als Decksfracht transportieren lassen. Holländische Firmen bieten diesen Dienst z.B. von IJmuiden nach Mallorca mit speziellen Transportschiffen auch für aufgeriggte Yachten an, die nach dem Abladen sofort weitersegeln können.

Romantisch durch die Kanäle

Am beliebtesten ist jetzt jedoch der romantische Weg durch die französischen Kanäle, den immer mehr deutsche Segler sowohl von Nord nach Süd als auch umgekehrt wählen. Man kann unter Motor mit gelegten Masten von Hamburg aus losfahren und gelangt über Elbe-Seiten- und Mittellandkanal über das deutsche Kanalsystem, Rhein und Mosel in das französische Kanalnetz. Liegt der Ausgangshafen im IJsselmeer, führt der Weg über die holländischen Binnenkanäle in den Canal de l'Est, bis sich beide Wege in der Saône vereinigen. Die Durchfahrtshöhe ist mit 3,40 m begrenzt, der Tiefgang mit 1,80 m. Bei einer über 1500 km langen Kanalfahrt muss man mindestens 200 Schleusen passieren, ehe man die Rhônemündung erreicht hat.

Ein Kompromiss zwischen »außen herum« und der Kanalfahrt ist der Weg an der französischen Biskayaküste entlang bis nach Bordeaux und dann über die Garonne und den Canal du Midi in den Raum Sète. Nur für Boote unter 1,50 m Tiefgang oder Hubkieler ist der Kanal geeignet.

Mit einem Seekreuzer über die Alpen

Der bequemste Weg zum Langzeitsegeln ins Mittelmeer ist zweifellos die Verladung auf einem Spezial-LKW und der Straßentransport zur französischen Mittelmeerküste oder an die (slowenische) Adria. Für ein 14-m-Boot mit 3,65 m Breite und 15 t Gewicht betrug der Transportpreis Koper–Hamburg (1999) beispielsweise ca. 6500 DM, einschließlich aller Verlade- und Abladearbeiten, Begleitfahrzeug, Genehmigungen und Transportversicherung. Nur die Krankosten müssen vom Eigner zusätzlich getragen werden.

Schmalere Boote ohne Begleitfahrzeug kosten weniger. Auch können die Preise für die Fahrtstrecken variieren. Der kritische Punkt für diesen Landtransport kann die Seitenhöhe der Yacht sein. Aber bis zu 4,30 m von Unterkante Kiel bis Oberkante Bugkorb bzw. Deckshaus (wenn vorhanden) ist ein internationaler Straßentransport möglich. Es gibt zahlreiche Firmen, die diese Bootstransporte ausführen. Für termingebundene Fahrten schließe man seine Verträge rechtzeitig ab.

Abenteuerlich über die Donau

In Deutschland fast unbekannt ist der Donauweg ins Mittelmeer. Beginnt er in Lübeck, dann führt er über den Elbe-Lübeck- und den Elbe-Seitenkanal zum Mittellandkanal und über den Rhein und den Main in den Rhein-Donau-Kanal, der die direkte Weiterfahrt in die Donau erlaubt.

Es ist ein abenteuerlicher Weg – nicht nur, weil über 450 Schleusen zu bewältigen sind, sondern auch, weil die Fahrt durch mindestens sieben Donauländer geht und anschließend noch gut 200 sm auf dem Schwarzen Meer zu segeln sind, ehe man Istanbul erreicht. Für diesen Weg gibt es – wie übrigens auch für die Fahrt durch die französischen Kanäle – eine ausführliche Fachliteratur, aus der man alle Fahrtstrecken mit ihren Wassertiefen, Einzelheiten über alle Schleusen und alle Anlegemöglichkeiten sowie schifffahrtsrechtliche Bestimmungen und verlangte Gebühren entnehmen kann.

Der Bootstransport über Land und selbst der Straßentransport über die Alpen erfolgt heutzutage problemlos. Dabei ist weniger das Bootsgewicht (bis ca. 20 t) von Bedeutung. Mehr kommt es darauf an, dass die Seitenhöhe des mastlosen Bootes von Unterkante Kiel bis Oberkante Aufbauten mit Seereling, Bugkorb und Davits das Maß von ca. 4,35 m nicht überschreiten darf.

Masten und Bäume werden beim Landtransport gut verpackt und seitlich unter dem Rumpf verzurrt.

Huckepack auf einem Containerschiff

Für den Rückweg (aus dem östlichen wie westlichen Mittelmeer) ist auch der Huckepack-Transport auf einem Containerschiff möglich. Die Maersk-Reederei, Sealand und Hapag-Lloyd unterhalten Containerdienste nach Izmir, Malta und Algeciras, auf deren Rückrouten nach Rotterdam, Bremerhaven und Göteborg mit nicht voll geladenen Containerschiffen auch Yachten transportiert werden können. Die Transportpreise sind vertretbar, doch kommen Bau eines Transportgestells (mit TÜV-Abnahme), Seeversicherung, Hafengebühren sowie Kran-, Lade- und Abladekosten hinzu, sodass sich eine fünfstellige Summe ergibt. Kleinere Reedereien bedienen auch andere Häfen des Mittelmeers, doch ist dann gegebenenfalls noch eine Umladung der Yachten erforderlich. Das Risiko der Beschädigung wird dabei größer. Die grobe Verschmutzung des Bootes ist unvermeidbar.

2. Navigation mit GPS ein Kinderspiel

Transozean-Navigation mit dem Sextanten haben wir letztmalig 1979 betrieben, und auf dem Wege von Neufundland nach Island war die Möglichkeit, die Sonne oder gar Sterne zu schießen, durch wochenlangen Nebel oder bedeckten Himmel ohnehin auf wenige Sichtminuten begrenzt. Man mag den Sextanten noch (übungshalber) auf der Barfuß-Route für eine Mittagsbreite benutzen – überall sonst, an der Küste wie auf hoher See, wird man nur noch mit GPS navigieren. Und mit den spielzeugkleinen GPS-Geräten, die man zur Sicherheit einfach mehrfach erwirbt und nebeneinander einsetzt, wird die Navigation wirklich zu einem Kinderspiel.

a) Navigation nach Seekarte und Sicht

Was wir in zwei Jahrzehnten Langzeitsegeln als ganz selbstverständlich betrachteten, kam uns erst bei der Planung unserer Rückkehr nach Deutschland so richtig paradiesisch zu Bewusstsein: Wir hatten in dieser Zeit etwa 1000

Häfen und Ankerplätze angelaufen, aber oft monatelang nicht eine einzige Tonne gesichtet, die uns eine Untiefe auf See oder die Einfahrt in einen Hafen angezeigt hätte.

Tausende von Meilen weit waren wir über See und an Felsenküsten entlanggesegelt, orientiert nur mit dem Kompass und nach Seekarten, die wir (am liebsten aus der Produktion des betreffenden Anrainerstaates selbst) unterwegs gekauft hatten. Und da der Übergang vom Land zum Meer – anders als an Nord- und Ostsee – fast überall mit hohen Ufern und unwirtlichen Steilhängen erfolgt, die in geringen Abständen befahren werden können, navigierten wir dementsprechend nur »nach Seekarte und nach Sicht«, d.h. »nach Lotsung«, wie man diese Art der Schiffsortbestimmung wohl nennt.

Die wichtigste Tätigkeit des Navigators war »der Ausguck« und seine einzige Aufgabe die Identifizierung der gesichteten Kaps oder Küstenkonturen und ihr Auffinden bzw. Anzeichnen auf der Seekarte. Das ist gleichzeitig die schönste Art von »Sightseeing«, die man sich vorstellen kann: das Erleben unserer schönen Welt an allen Plätzen, die wir besuchen dürfen – und das besinnliche Betrachten in allen Stimmungen, die Sonnenstand und Wolkenzug, Licht und Wärme bieten.

b) Elektronischer Ausguck mit Radar

Ein wertvoller Helfer dieser simplen Art terrestrischer Ortsbestimmung war unser Radargerät (das wir schon vor Jahr und Tag für andere abgeschlossene Abenteuerreisen in Amerika gekauft hatten), weil es uns befähigte, zusätzlich elektronisch und vor allem bei Nacht zu sehen und gegebenenfalls (bei Seenebel oder diesigem Wetter) alle Küstenabstände für eine sorgfältige Navigation genauer festzustellen.

Die gesegelten Distanzen zwischen Inselküsten maß der kleine Impeller unseres Logs, und die Fahrt, mit der wir unseren Kompasskurs koppelten, fiel dabei als selbstverständliches Nebenprodukt ab.

Abbildlung rechts: Durch den Kanal von Korinth –
schon lang gehegte Seglerwünsche lassen sich erfüllen.

Der Übergang von den Seekarten-Standorten in die Sichtnavigation erfolgte an den Landmarken vor dem Einsteuern in eine Ankerbucht oder in Sicht der angesteuerten Hafeneinfahrt.

Ein unverzichtbares (und neben dem Kompass wichtigstes) Navigationsgerät war das Lot. Kein Ankermanöver war denkbar, ohne dass vorher die Wassertiefe einer Bucht weitflächig gemessen worden und die genaue (gewünschte) Tiefe am Ankerplatz bestimmt war. Wir machten es uns zur Regel, nur Ankertiefen unter 10 m zu wählen, damit wir mit Kettenlängen von 40 Metern auskamen und bei ungünstiger Wetterentwicklung weitere 10 m nachgeben konnten, ohne die gesamte Kette stecken zu müssen. Aber natürlich mussten wir auch auf größeren Wassertiefen ankern.

Neben »Log, Lead and Outlook«, wie man die Dreieinigkeit der klassischen terrestrischen Kompass-Navigation nennt, setzten wir natürlich auch das GPS ein. Wenn ich auf die unzähligen Stunden zurückblicke, die ich seit meinem, vor über 50 Jahren erworbenen Steuermannspatent mit Navigationsaufgaben auf großen Schiffen und kleinen Yachten zugebracht habe, dann bleiben diese kompakten Datenträger mit ihren stets »richtigen« Werten, die fortlaufend angezeigt werden, immer noch kleine Wunder. Ist es doch schon eine fast unglaubliche Erleichterung, den rechtweisenden Kurs über Grund jederzeit ablesen, den wahren Ort direkt in die Seekarte eintragen oder die Fahrt über Grund zuverlässig messen zu können.

Für alle weiteren elektronischen Spielereien benutzten wir zwei kleine batteriebetriebene Handgeräte – wenn wir denn Lust hatten, sie zu betreiben. Unsere Kinder und Enkelkinder hatten natürlich Spaß daran, und sie benutzten sie gleichsam als Ausgleichsbeschäftigung zum Gameboy oder Gamegear. Mein 12-jähriger Enkelsohn als zuverlässiger Navigator für die Wegpunktnavigation – eine Selbstverständlichkeit.

c) Navigation ohne Kosten und Aufwand

Insoweit war es (zumindest zuletzt) eine kostengünstige Navigation. Aber als wir Ende der Siebzigerjahre auf Langzeitfahrt gingen, hatten wir uns noch mit Funkpeilungen und großflächigen Fehlerdreiecken durch den Nebel vor Neufundland getastet, hatten im Nordmeer noch die Punkte und Striche der Consolfunkfeuer gezählt und anschließend natürlich Decca (auf speziellen Seekarten) benutzt und daneben noch (kurzzeitig) Omega, das von Loran abgelöste wurde, an Bord erprobt. Auch ein Gerät des Transit-Satelliten-Navigationssystems, das von 1980 bis 1996 als Vorläufer des GPS in Betrieb war, erwarben wir natürlich von seinem Beginn an für eine sichere Navigation in unbekannten, abgelegenen Revieren (von den Angloamerikanern auch »Gunkholing« genannt).

Rückblickend muss ich jedoch sagen: Wir haben viel Geld für (nahezu) nichts ausgegeben. Denn auch während der Benutzung des obigen, schnell wechselnden Geräteparks haben wir uns auf den in 21 Jahren ohne Havarie gesegelten gut 85000 Seemeilen und insbesondere bei der Ansteuerung der etwa 1000 Häfen und Ankerplätze, die wir in dieser Zeit aufsuchten, fast ausschließlich auf die oben beschriebene simple Art verlassen müssen. Und die weit über 200 Seekarten, die wir nach und nach einkauften und an Bord haben, hätten wir ohnehin erwerben müssen.

Darum werde ich mir beim Wiedereinstieg in die heimische Tonnennavigation auch keinen Seekartenplotter (für 5000 DM) mit seinen (vielen) Steckmodulen (für je 300 DM) und den Preisen für ein Update (von je 150 DM) anschaffen, sondern wie bisher »simpel« navigieren. Für meine jüngeren Freunde, die erst jetzt mit dem Langzeitsegeln beginnen, heißt dies: Das Budget, das ja immer begrenzt ist, muss nicht durch den Kauf, Betrieb (und die Reparatur) aufwändiger Navigationsgeräte belastet werden.

d) Wegpunkte für die Motorfahrt

Natürlich haben wir uns gelegentlich auch Wegpunkte gesetzt, aber von den empfohlenen Wegpunkten, die heutzutage zu Tausenden auf den so genannten »Lotsenkarten« verzeichnet, vielfach untereinander zu richtigen »Straßen« verbunden und in begleitenden Handbüchern noch einmal mit ihren Koordinaten verzeichnet sind, haben wir uns immer weit fern gehalten. Zum einen lassen sich diese vorgezeichneten Yachtwege nur unter Motor laufen. Zum

anderen sehen wir keinen Reiz darin, auf unserem Boot wie mit einer Straßenbahn auf (unsichtbaren) Schienen über die freie See zu laufen und an »Haltestellen« mit Weichen einen programmierten Kurs zu ändern.
Man bedenke bei einem solchen Wegpunkttörn mit Autopilot (ohne sorgfältigen Ausguck) auch, dass es an wichtigen, viel befahrenen »Kreuzungen« und »Einfahrten«, z.B. vor der Straße von Bonifacio oder der Straße von Messina, durch diese metergenaue Positionseingabe von Wegpunkten, die gleichzeitig Wendepunkte sind, schon zu vielen gefährlichen Annäherungen, ja sogar zu unerwarteten Kollisionen gekommen ist.
Wegpunkte haben wir benutzt, um Distanzen zu fernen Zielen zu ermitteln, und wir haben sie in dichten Abständen gesetzt, wenn (bei hoher See, schlechter Sicht oder einer Legerwall-Ansteuerung) sichere Kursänderungen unter Motor in kurzen Zeitfolgen nötig waren. Unter Segeln und beim Ankreuzen von Landmarken haben wir sie als Richtpunkte gesetzt, um einen günstigen Kurs zu steuern oder diesen Kartenkurs in der Seekarte zu plotten. GPS-Geräte waren uns immer nur Hilfsmittel für die Seekartennavigation.

3. Das Budget zum Langzeitsegeln

Der Kauf eines zum Langzeitsegeln geeigneten Bootes und seine umfassende, aber dennoch kostengünstige Ausrüstung ist irgendwann einmal unter der Rubrik »Investition« abgeschlossen. Was dann bleibt, sind die »Betriebskosten«, die vor Antritt einer Langzeitreise nur am grünen Tisch (und vielleicht nach den Erfahrungen anderer Langzeitsegler im gleichen Wunschrevier) kalkuliert werden können.

a) Für Bootskosten die Hälfte des Budgets

Ich halte nicht viel von der propagierten Drittelung der Geldmittel, wie sie zum »Blauwassersegeln« empfohlen wird: ein Drittel für Lebensmittel und Getränke, ein weiteres Drittel für alle anfallenden Bootskosten und das letzte Drittel als Taschengeld für persönliche Ausgaben.

Nach unserer zwanzigjährigen Bilanz des Langzeitsegelns fallen Lebensmittel und persönliche Ausgaben nicht so hoch ins Gewicht. Dafür muss man eine gute Hälfte für die Bootskosten veranschlagen, z.B.:

Liegeplatzmiete in einer Marina

Der Liegeplatz in einer Marina (Werft, Hafen o.ä.) für mehrere Monate (die Winterzeit, ein Jahr o.ä.) kostet (für unser 12-m-Boot) im Mittelmeer ca. 4000 DM. Eine typische Preisliste basiert auf der beanspruchten Fläche (Bootslänge mal Breite) in m^2 in einer bestimmten Bootskategorie und mit einer (nicht ganz begreiflichen) Progression.

So liegt unser CORMORAN mit 12,00 x 3,35 m = 40,2 m^2 beispielsweise mit einer Nauticat 40 (12,00 x 4,10 m = 49,2 m^2) in einer Gruppe, nimmt aber gegenüber dem breiteren Boot eine geringere Fläche ein. Mit den entsprechenden Multiplikatoren der Liste zahlen wir somit für eine Nacht

40,2 x 0,90 = 36,18 DM,

die Nauticat hingegen

49,2 x 0,90 = 44,28 DM, 20% mehr.

Bei einem Jahresvertrag beträgt der Unterschied zwischen den gleich langen Booten fast einen Tausendmarkschein:

40,2 x 97,76 = 3.929,95 DM
zahlen wir für den 3,35 m breiten CORMORAN und
49,2 x 97,76 = 4.809,80 DM
werden für die 4,00 m breite Nauticat angesetzt.

Bei allen Hafengebühren kommen somit schlanke und »schiffige« Fahrzeuge besser weg als die modernen »Wannen«, und schon bei der Bootsauswahl zum Langzeitsegeln sollte man diese Tatsache beachten. Die Preisberechnung für Winterlager an Land, für »Lifting und Launching« (Herausheben und Einsetzen, wenn man einen Unterwasseranstrich erneuert) und andere Leistungen sind ähnlich.

Wer nicht das ganze Jahr an Bord lebt, wird über einen (befristeten) Marina-Liegeplatz (oder einen bewachten Hafen- oder Ankerplatz) nicht herumkommen. Denn eine Langzeityacht ist ein Vermögensgegenstand, den man bei seiner Abwesenheit nicht unbewacht lässt.

Ein Freund hatte seine Yacht für einige Wochen einem Eingeborenen in Antigua anvertraut und fiel aus allen Wolken, als er zufällig hörte, dass sein »Freund« sie unmitelbar nach seinem Abflug gleich als (sein persönliches) Charterschiff eingesetzt hatte. Ähnliches erlebte ein anderer, dem man auf Gran Canaria den Zutritt zu seinem eigenen Schiff verwehrte, weil es »der Stützpunktleiter« als sein angebliches Eigentum zu rauschenden Bordfesten benutzt hatte.

b) *Auslandsgebühren für Transitlogs*

Berücksichtigen wir neben Liegegebühren die (trotz Schadensfreiheitsrabatt teure) Kaskoversicherung (für den Vermögensgegenstand »Boot«), eine notwendige Haftpflichtversicherung, den Dieselkraftstoff, Farben zur Bootsüberholung, Reparaturkosten (Handwerker und Material), eine wenn auch noch so geringe Ersatzteilbeschaffung sowie Grundgebühren für die Funkanlagen, Zoll- und Behördengebühren (»Transitlog«, »Leuchtturmsteuer«) u.a., werden allein für den Bootsbetrieb jährlich ca. 15000 bis 20000 DM fällig. Das ist dann die Hälfte des Jahresbudgets.

Die andere Hälfte im Portemonnaie ist mit Essen und Trinken, Ausflügen und Geschenken sowie gegebenenfalls (einem oder) zwei Hin- und Rückflügen zum Boot gut und reichlich kalkuliert.

Die finanzielle Spanne zwischen dem, was sich »arme Leute« und »reiche Leute« leisten können, mag groß sein. Aber der notwendige Autwand, der erforderlich ist, hängt letztlich und hauptsächlich von der Bootsgröße ab. Denn auf sie beziehen sich, wie beschrieben, die wichtigsten »laufenden Kosten«.

c) Die Bootsgröße bestimmt den Aufwand

Insoweit unterscheidet sich das Budget zum Langzeitsegeln nicht nennenswert von einer üblichen Yachtunterhaltung in heimischen Revieren. Im Ausland kann manche Leistung billiger sein – dafür ist eine andere teurer. Um einen konkreten Anhalt für ein »Budget zum Langzeitsegeln« zu geben, könnte ich noch mehr CORMORAN-Bootskosten zusammenstellen. Es genügt jedoch zu sagen: Für das Geld, das man zur Verfügung hat, kann man sich alles leisten. Oder: Was man sich leisten kann, das braucht man auch. Darin liegt kein Widerspruch. Denn mit viel Taschengeld kann man Hafengelder bezahlen, Handwerker beschäftigen, in Restaurants an Land essen. Mit kleinerem Budget kann man in Ankerbuchten leben, simple Bordgeräte selbst reparieren und öfter mal an Bord kochen. Was ist Glück beim Langzeitsegeln?

4. Kühlen, kochen, essen, trinken, heizen

Das Leben ist nicht nur Essen und Trinken, aber das Bordleben muss doch so eingerichtet sein, dass sich eine Crew zu jeder Zeit, auf See wie im Hafen, wohlschmeckend und gesund ernähren kann. Hier ein paar Erfahrungen aus unserer Bordzeit:

a) Kühlbehälter als Topplader

Der größte Kühlschrank ist nicht immer der beste und die Art der Kälteerzeugung ein interessantes Diskussionsthema.
Erste Bedingung: Man entscheide sich für einen Topplader, also eine Kühlbox, die man von oben öffnen kann, damit die kalte, schwere Luft nicht entweicht, wenn man sie öffnet.
Zweitens: Die Isolierung sollte so dick wie möglich sein, bis 100 mm, wenn man es (baulich) erreichen kann. Je besser die Isolation, desto weniger Kühl-

energie ist erforderlich. Beim Isolieren Kältebrücken vermeiden. Auch der Deckel sollte eine dicke Isolierschicht tragen.

Drittens: Innen eine Trennwand ziehen und den Kühlraum in eine kalte Hälfte (am Verdampfer) für Getränke, Butter, Fleisch und verderbliche Lebensmittel teilen. In der anderen (mit normaler Kühltemperatur) Tagesspeisen und sonstige Lebensmittel unterbringen.

Generell: Die Kühlbox (insbesondere die Hälfte am kalten Verdampfer) immer voll halten. Ihr eiskalter Inhalt speichert die Kälte wie (oder: besser als) eingelagertes Blockeis. Luft ist schwieriger kühl zu halten. Werden z.b. zwei Bierdosen entnommen, sofort zwei andere nachlegen.

Wichtig: Den Inhalt der Kühlkiste so sicher stauen, dass nichts umfallen und auslaufen kann. Auftrocknen und Reinigen mit Essigwasser macht Arbeit, und dazu muss meistens die Box ganz entleert werden. Wenn möglich, schon vorher einen Schwitzwassersumpf einbauen, den man mit Abflussleitung und Zapfhahn von außen entwässern kann.

Frischhalten und Kühlen ohne Kühlbox

Beachten: Gemüse, Obst und gegebenenfalls Frischbrot werden (bei uns) in Netzen aufbewahrt, die unter den Pantryregalen nahe der Bordwand hängen, wo sie (in der ständigen Luftströmung von Windsäcken und Lüftern) ständig Frischluft erhalten. Diese Lebensmittel gehören nicht in den (Bord-)Kühlschrank, dessen Raum dadurch gleichzeitig begrenzt werden kann.

Haushaltstipp: Frische Tomaten in mittlerer Größe werden gewaschen und noch nass in einer verschließbaren Tupperschüssel mit inliegendem Durchschlag (halbkugelförmig, ca. 25 x 15 cm) für den täglichen Verzehr aufbewahrt. Sie steht in einer Backskiste (nahe der Pantry), hat ein Volumen von 5 l, und ihr Inhalt hält sich (ungekühlt) eine gute Woche frisch. Das Tuppergeschirr kann in gleicher Weise auch anderes Gemüse oder Obst frisch halten.

Seemannskühlung: Vergessen wir bei aller Diskussion über Kühlung nicht die Energie von Wind und Wasser, die Seeleute in früherer Zeit allein für erfrischende Getränke einsetzten (und die wir auch heute noch in gleicher Weise benutzen können): Man zieht einen dicken Wollstrumpf über eine Flasche oder Dose (bzw. umwickelt sie mit einem Frotteelappen) und stellt mehrere dieser Gebinde schlingersicher in eine flache Schale, die mit Wasser gefüllt ist. Sie erhält ihren Platz an einem windigen Ort, entweder an Deck oder in der Kajüte unter einem offenen Luk, über dem ein Windsack hängt. Jeder Wickel zieht jetzt das Wasser nach oben, wo es im Wind verdunstet. Dadurch sinkt die Lufttemperatur in der Umhüllung, und die Verdunstungskälte sorgt für einen erfrischenden Drink.

Kühlenergie und Kühlaggregate

Unsere Kühlanlage auf CORMORAN habe ich bereits im Abschnitt »Elektrische Energie bedeutet viel – aber nicht alles« beschrieben: eine Topplader-Kühlbox von ca. 120 l Inhalt (wie ein kleiner Haushalts-Kühlschrank an Land), die mit einem 12-V-Kompressor betrieben wird. Er läuft (in den Tropen und Subtropen) täglich zwei Mal ca. 3–4 Stunden und verbraucht bei einer Leistungsaufnahme von ca. 60 W insgesamt etwa 35 Ah, die mit Solarenergie wieder nachgeladen werden.

Der Kompressor hat sich als erstaunlich langlebig und robust erwiesen. Das erste Gerät haben wir nach ca. 10 000 Betriebsstunden ausgetauscht, das identische zweite Gerät arbeitet nach 15 000 Betriebsstunden immer noch einwandfrei und ohne eine Reparatur. Es steht in einem gut belüfteten Schrank und (da es Wärme erzeugt) selbst gut isoliert in der erforderlichen Nähe der Kühlbox. Je nach Kühlbedarf stellen wir es von Hand auf die notwendige Leistung (im unteren Bereich) und die erforderliche Betriebsdauer ein.

Wassergekühlte Kompressoren haben wir nie in Erwägung gezogen. Ihr höherer Wirkungsgrad wird durch den Betrieb der Wasserpumpe wieder reduziert, und zwei zusätzliche Bordwanddurchbrüche halten wir aus Sicherheitsgründen nicht für vertretbar.

Speicherplatten mit Motorbetrieb

Die viel gelobten Kältespeicheranlagen hängen vom Betrieb des Motors ab: Ihr Kompressor wird mechanisch – über Keilriemen – von der Hauptmaschine angetrieben und friert nach einer entsprechenden Laufzeit die Speicherplatten zu einem festen Eisblock ein, der erst nach ca. 24 Stunden wieder vollständig aufgetaut ist. Ihr Nachteil: Sie kosten ein Mehrfaches einer elektrischen Kompressoranlage mit Verdampfer, und zum »Nachladen« der Kälte, die in den so genannten Eutektischen Platten gesammelt wird, muss der Jockel täglich angestellt werden und eine gute Stunde lang laufen. Das ist ein hoher Aufwand, wenn man einige Tage im Hafen oder längere Zeit vor Anker liegt, und beim Motorbetrieb entsteht nicht nur Lärm, sondern auch Wärme, die man bei einer Kajüttemperatur von 35 °C gar nicht gebrauchen kann. Eine solarbetriebene Kompressoranlage arbeitet demgegenüber fast lautlos und hat außerdem den Vorteil, dass man auch (für einen mehrtägigen Ausflug) das Boot allein lassen kann, wenn man einfach die gewünschte Kühlzeit mit einer Schaltuhr einstellt. Kältespeicheranlagen lassen eine mehrtägige (spontane) Abwesenheit nicht zu, und die Erfahrungen mit ihnen, die ich bei unseren »Mackern« erlebt habe, zeigen außerdem: Sie sind sehr reparaturanfällig, nicht nur für Leckagen an der Antriebswelle.

Absorberkühlschränke sind zwar preiswert und ebenfalls robust, aber zum Bordbetrieb meines Erachtens nicht geeignet: Sie wandeln die Wärme einer offenen Flamme, die mit Petroleum oder Gas erzeugt wird, in Kälte um und benötigen keinen elektrischen Strom. Ihr Nachteil: Sie kühlen nicht bei Krängung des Bootes, und bei ihrem Betrieb besteht ständig Feuergefahr. Benutzt man die gleiche Energie zum Kühlen wie zum Kochen, mag die Beschaffung einfach sein; aber der zusätzliche Verbrauch zum Kühlen wird die Bordvorräte schnell zur Neige gehen lassen und ihre Ergänzung etwa alle zwei bis drei Wochen notwendig machen. In abgelegenen Revieren ist dies schwierig.

Netze können nicht nur in der Kajüte, sondern auch im Freien den Frischproviant an Obst und Gemüse aufnehmen.

Eine Tiefkühltruhe haben wir nicht an Bord und auch nicht entbehrt. Man zieht immer Frischwaren vom Land vor, hat für verderbliche Hauptnahrungsmittel genügend Platz in der Kühlbox und kann sich auf längeren (wochenlangen) Seetörns ohne oder mit unzureichender Frischversorgung auch unbedenklich einige Tage lang nur von Konserven (und zusätzlichen Vitamintabletten) ernähren.

Der Getränkevorrat ruht in der Bilge

Getränke werden in der (auf unserem Stahlboot immer trockenen und kühlen, nur durch Verschlussdeckel zugänglichen) Bilge aufbewahrt. Bierdosen (bis zu 150) liegen in speziellen Staukästen, Wasserflaschen (bis zu 50) mit 1,5 l Inhalt und Weinflaschen (etwa 20) haben ihre Fächer mit getrennten Klappen im Fußboden. Papieretiketten können haften bleiben (wenn man keine Kakerlakeneier dahinter vermutet). Abgelöst könnten sie – wenn überhaupt – die fingerdicken Wassergänge zwischen den Bodenwrangen nicht passieren.

b) Gesund essen und viel trinken

Wir essen gern und oft, aber dennoch mäßig und mit Verstand: Frühstück europäisch, wirklich früh (bei 20 °C Lufttemperatur). Mittags mittelländisch mit Salaten, Tomaten, Jogurt oder Tsatsiki, dazu Weißbrot. Leichte Kost in der Plicht bei 30–35 °C unter dem Sonnensegel. Nachmittags gesundheitsbewusst, mit etwas Magenfutter zu Kaffee oder Tee, bei 30–35 °C. Wenn Besuch an Bord ist, Sundowner mit Nüssen, Oliven und Snacks. Abends (am Ankerplatz, bei 25–30 °C) landesübliches Mahl in einer Taverne, am liebsten Fisch. An Spartagen: selbst kochen.

Mit dem Druckkochtopf Energie sparen

Unser Druckkochtopf, den wir in der Karibik kauften, leistet schon seit über 20 Jahren seinen Dienst an Bord. Gemüse, dick eingekocht, mit geschmortem Rindfleisch (in Ländern des Islam) ergibt (aufgewärmt) eine gute und kräftige Zwei-Tage-Kost auf See. Der Grill am Heckkorb ist Nachbarn am Ankerplatz oft nicht zumutbar. Amerikaner lieben ihn sehr.

179

Olivenöl kaufe man – kaltgepresst – nur in Blechdosen. Frische Eier (von Bauernmärkten) halten sich fast zwei Wochen frisch, ohne dass man sie umdrehen oder die Schale einfetten muss. Honig (in Gläsern) ist Leckerei und Kraftnahrung gleichermaßen. Über den Tipp, ein Tütenschweißgerät mit Vakuumpumpe zu benutzen, um Mehl, Zucker und ähnliche Lebensmittel gegen den Befall von Ungeziefer in Plastiktüten einzuschweißen, ist die Zeit hinweggegangen. Tupperdosen, die es in allen Volumengrößen und Formen gibt, lassen auch eine Portionsverpackung zu, und man kann sie (mit Deckel) ähnlich luftdicht abschließen.

Mit Sprossenzucht (zur Deckung des täglichen Vitaminbedarfes) haben wir uns nicht beschäftigt. Ein Boot muss deshalb nicht zum segelnden Schrebergarten werden. Täglich eine Multivitamin-Tablette und nach Bedarf ein Magnesium- und Kalzium-Zusatz tun es auch.

c) Energie zum Kochen: Muss es Gas sein?

Viele Besatzungen bevorzugen Gaskocher, weil der Bordfrau der Umgang mit ihnen von Haus aus vertraut ist. Dazu gibt es jetzt fast überall Stationen, in denen man Propan oder Butan in die bordeigenen Gasflaschen einfüllen lassen oder die Behälter selbst tauschen kann.

Mit Gas betriebene Kocher und Kühlschränke müssen bekanntlich nach dem DVWG-Arbeitsblatt 608 »Flüssigkeitsanlagen auf Wassersportfahrzeugen« installiert sein und alle zwei Jahre neu abgenommen werden. Die entsprechende sicherheitstechnische Überprüfung ist im Ausland meist nicht möglich. Eine Unterlassung kann in einem Schadensfall den Verlust des Versicherungsschutzes bedeuten.

Die Gasflasche muss an Deck stehen

Nachteilig ist auch die Unterbringung der Gasflasche (mit einem Druckregler als Sicherheitsventil) in einem Kasten an Deck, der nach außenbords entwässert und wo das Entnahmeventil nach dem Kochen direkt an der Flasche geschlossen werden muss. Unsympathisch außerdem die Zuleitung zum Kocher aus so unterschiedlichen Materialien wie Kupfer- oder Edelstahlrohr, dazu Ein-

*Die Feuerschutz-
decke, die griffbereit
unter dem Kocher
lagert, musste schon
mehrmals (oft vorsorg-
lich) gegen züngelnde
Flammen eingesetzt
werden.*

steckhülsen oder Schneidringverschraubungen und Schlauchverbindungen mit Anschlüssen nach DIN 4815, für die man die entsprechenden Ersatzstücke mitnehmen muss. Campinggasflaschen bedingen noch spezielle Sicherheits-Entnahmeventile.

Aber selbst vorschriftsmäßig installierte Flüssiggasanlagen auf Yachten bleiben gefährlich: Gas ist (und bleibt auch in den Behältern) explosiv. Es ist schwerer als Luft, sodass es sich im tiefsten Bereich des Bootes, in der Bilge, sammeln kann, wenn es (geruchlos) ausströmt. Und hier genügt schon der Funke (eines Lichtschalters), um eine Explosion zu verursachen. Wir haben daher noch nie einen Gaskocher an Bord benutzt und halten unseren bewährten Petroleumkochern (Primus, Optimus) schon seit fünf Jahrzehnten die Treue.

Oder ist ein Petroleumkocher besser?

Petroleum ist nicht explosiv, doch muss der Brenner zuerst mit einer offenen Flamme erhitzt werden, damit der flüssige Kraftstoff vergasen kann. An Stelle von einem Fingerhut voll Spiritus, der hierzu in die Brennerschale geschüttet wird, kann man den Brenner auch über eine kleine Flammöffnung im Kocher direkt (und ohne zusätzliche explosive Energie) heiß machen, bevor man ihn anzündet. Zum Kochen selbst wird der Petroleumtank mit einer kleinen Pumpe unter Druck gesetzt und dieser durch gelegentliches Nachpumpen gehalten.

Dieselkraftstoff für Petroleumkocher

Petroleumkocher können auch mit Dieselkraftstoff betrieben werden, doch muss man hierzu einen speziellen Brenner mitnehmen. Man hat dann den Vorteil, mit nur einer einzigen Energieart nicht nur den Motor und die Heizung, sondern gegebenenfalls auch (bei Petroleummangel) den Kocher betreiben zu können. Neuere Kocher besitzen an Stelle des eingebauten, ca. 500-ml-Tanks getrennte und größere Tanks (ca. 5000 ml), die nur alle Woche einmal (vom Schipper) aufgepumpt werden müssen, damit die Bordfrau beim Kochen nicht mehr auf das Manometer schielen muss.

Die Brenner reinigen sich durch ein entsprechendes einfaches Umschalten des Gashahns selbst, doch muss man gegebenenfalls gelegentlich eine (verrußte) Düse reinigen oder auswechseln. Das hierzu notwendige Handwerkszeug gehört zum Kocher. Einen Reservebrenner sollte man mitnehmen.

Petroleum zum Kochen (mit einer Dichte bei 15 °C von unter 0,800 g/ml und einem Rußpunkt von über 36 mm) unterscheidet sich deutlich vom normalen Petroleum, das z. B. in Positionslaternen verbrannt wird: Dieses hat eine Dichte von 0,830 g/ml und einen Rußpunkt von max. 25 mm. Betreibt man den Kocher mit Lampenpetroleum, bleibt die Verbrennung unvollständig, und es tritt eine starke Rußbildung ein, die zur Verstopfung der Düse führt.

Nur spezielles Petroleum zum Kochen

Kochpetroleum gab es früher weltweit und überall. Heutzutage sind die Abgabestationen rar geworden. Wir haben uns daher (zusätzlich zu unserem 5-l-Nachfüllkanister) rechtzeitig mit einem etwa 40 l fassenden Edelstahltank ausgerüstet, der im Motorraum liegt und möglichst immer voll gehalten wird. In Deutschland war Kochpetroleum bis 1983 als »Esso Blue« erhältlich. Jetzt wird es (in verminderter Qualität) als »Blue Spezial« angeboten. Die Schiffshändler bieten auch andere Produkte an. Im Ausland frage man nach »Kerosin«, in der Türkei wird der (etwas irreführende) Name »Gaz« benutzt, während man in Spanien »Energia Liquida Para Aquecedores Portateis« bestellen muss, wenn man (zum Kochen geeignetes) »gereinigtes Heizpetroleum« erwerben will. Bei längerer Lagerung in (lichtdurchlässigen) Kunststoffkanistern setzt beim Petroleum ein Alterungsprozess ein, der äußerlich durch eine Dunkelfärbung erkennbar ist und zu einer Beeinträchtigung der Verbrennung führt.

d) Kocher, Herde und Küchengeräte

Am Ankerplatz muss bei uns der Optimus-Herd (am Morgen) nur einmal an-
geworfen werden – für Kaffee, Spiegeleier und Abwaschwasser. Der Nach-
mittagskaffee kommt in die Thermoskanne. Eine weitere Thermoskanne erhält
heißes Wasser für eine Suppe (irgendwann) oder für den Abwasch am Abend.
Den großen Backofen (unter unserem Herd) haben wir selten benutzt: Brot
gibt es überall vom Ankerplatz aus täglich frisch, und wenn man es backen
will, benutzen wir die napfkuchenähnliche Form, die man auf die offene Flamme stellen kann. Fische, die man gefangen oder auf See gekauft hat, bereitet
man (in Aluminiumfolie) am Ankerplatz auf einem mobilen Grill am Heckkorb
zu – wenn der achteraus ankernde Nachbar weit genug entfernt ist.
Einen Mikrowellenherd benutzen wir nicht an Bord. Er kostet (derzeit noch)
fast das Zehnfache eines üblichen und in seinen Leistungen vergleichbaren
Haushaltsgerätes für 220 V. Dazu beeindruckt er auch nur auf den ersten Blick:
Mit dem 12-V-Bordnetz betrieben und mit Ausgangsleistungen von ca. 550 W
verbraucht er ca. 45 A, die vom installierten Kabel- und Sicherungssystem nicht

*Kochen in der Plicht
und unter freiem
Himmel – beim Lang-
zeitliegen im Winter
und in warmen
Regionen nicht
ungewöhnlich.*

aufgefangen werden. Man muss seine elektrischen Leitungen direkt an die Batterien anklemmen und zusätzlich mit Starkstromsicherungen (bis 125 A) versehen.

Auch wenn der Mikrowellenherd ein Gericht für 2–4 Personen in nur fünf Minuten zu erwärmen vermag, muss die Batterie dabei über 3,5 Ah abgeben. Mehrgängige Menüs können den Energieaushalt erheblich belasten. Die Zubereitung auf dem zweiflammigen Petroleumkocher mag länger dauern, aber sie ist (in doppelter Hinsicht) billiger. Haben Sie jedoch oft Gäste an Bord und kocht die Bordfrau viel und gern, ist ein Mikrowellenherd natürlich eine große Erleichterung und lohnt die Anschaffung.

Sinngemäß dasselbe gilt für Kaffeemaschinen, die für 12 V angeboten werden und wegen ihrer Leistungs- und Verbrauchsdaten mit speziellen Zuleitungen großer Kabelquerschnitte direkt mit der Batterie verbunden und gesondert abgesichert werden müssen.

Nicht nur Wasser zum Trinken

Trinken muss man unter südlicher Sonne oft bis ständig. Der Körper (eines älteren Menschen) benötigt täglich mindestens drei Liter Flüssigkeit und ist für vier Liter dankbar. Für diesen Tagesbedarf bieten sich an:

- Abgekochtes Wasser aus dem Trinkwassertank in Kaffee, Tee oder (Tüten-) Suppen. Sie sind auf See sehr praktisch und bekömmlich.
- Frischwasser (ohne »Gas«) und Mineralwasser (mit »Gas«) aus landesüblichen Gebinden: Plastikflaschen mit 1 l Inhalt lassen sich im Kühlschrank am besten stauen, mit 5 l Inhalt ist die Menge am billigsten.
- Bier (auch als »Light« im Handel), Cola, Limonaden und Sodawasser in Dosen, dazu Fruchtsäfte und Wein (der bis Sonnenuntergang verdünnt getrunken wird) in Flaschen.
- In heißen Nächten ist es ratsam, für kurze Wachphasen eine Wasserflasche neben die Koje zu stellen, damit der Körper, wenn er schwitzen sollte, auch nachts nicht zu weit austrocknet.
- Und natürlich muss auf See auch die Nachtwache aus einer seefest gehaltenen Wasserflasche trinken können.

e) Frischluft ohne Klimaanlage

Zur selbstverständlichen Ausrüstung gehören zwei paarweise an Deck aufgestellte Dorade-Lüfter, die – auf See wie im Hafen oder am Ankerplatz und bei nassem wie trockenem Wetter – Frischluft in die Kajüte leiten und gleichzeitig alte (warme, nasse) Luft abströmen lassen. Sie stehen bei uns neben den beiden Masten unter Edelstahlrohr-Dreibeinen. Ihre Hutzen werden wahlweise für Zu- oder Abluft gestellt bzw. auf See zum Schutz gegen Spritzwasser nach hinten gerichtet. Für Lufterneuerung sorgen sie auch, wenn das Boot abgeschlossen im Hafen oder unter der Winterplane liegt.

Windsäcke für die Luken

Auch unsere vier Decksluken (in vier Räumen), zwei davon großflächig als Fluchtluken für Bug- und Heckraum gebaut, lassen in ihren Offenstellungen zusätzliche Frischluft ein. Um deren Durchfluss zu aktivieren, setzen wir in jede einen zugepassten pyramidenförmigen Windsack von 2,50 m Höhe ein. Er besteht aus vier Kammern in der Größe der Lukenöffnung, von denen sich jeweils eine Kammer zu voller Lukengröße für den Luftstrom öffnen kann. Der

Frischluft kostenlos: Eine von vier Kammern des pyramidenförmigen Windsacks öffnet sich immer für die wechselnde Windrichtung.

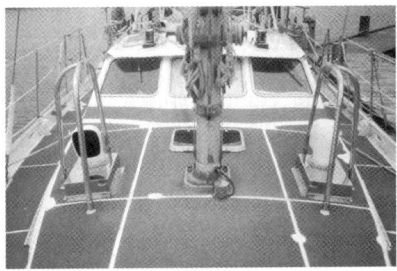

Dorade-Lüfter mit 100 mm hohen Edelstahlkästen wehren alles überkommende Wasser ab. Große Öffnungen liefern auf See (nach achtern gerichtet) wie am Ankerplatz (nach vorn offen) auch an heißen Tagen kühle Luft für die Kajüte.

Kopf des Windsacks wird mit Leinen zu den benachbarten Stagen oder ähnlichen hohen Festpunkten gehalten.

Diese Art der Windsäcke hat den Vorteil, dass sie sowohl vor Anker wie im Hafen wirken können, weil sie sich immer nach Luv öffnen und sich auch selbsttätig auf eine veränderte Windrichtung einstellen, z.B. bei festgemachtem Boot und bei Übergang von See- auf Landwind während der Nacht.

Einseitig nach voraus ausgerichtete, hutzenähnliche Windfänger aus Segeltuch wirken nur am Ankerplatz befriedigend. Bei jeder anderen Windrichtung fallen sie ein oder beginnen zu flappen.

Alle unsere flachen Decksluken (mit Sicherheitsglas und Aluminiumrahmen) haben ihre Scharniere in vorlicher und je zwei Verschlussknaggen in achterlicher Richtung, sodass sie in mehrfach arretierbarer Stellung bis 90° hochgeklappt werden können. Die Lukendeckel lassen sich auch um 180° nach vorn umlegen, wenn man z.B. einen Windsack bereits von der Deckshöhe aus wirken lassen will.

Luken mit Wechselscharnieren sind teurer, unnötig und auch nicht immer wasserdicht. Luken, die sich nach vorn öffnen (mit Scharnieren nach achtern), sind einem Wasserschwall über Deck schutzloser ausgesetzt. Als Windfänger (in geöffnetem Zustand) sind sie einem Windsack weit unterlegen.

Klimaanlagen sind laut und teuer

Mit elektrischer Energie betriebene Klimaanlagen, für die der Motor oder ein Generator ständig laufen muss, kühlen nicht besser als die eingefangene Windkälte. Sie arbeiten mit Umluft und dementsprechend nur bei geschlossenen Luken und Fenstern. Außerdem sind sie teuer in Anschaffung und Verbrauch und daher an Bord einer Langzeityacht wohl überflüssig. Wind (und zumindest einen leisen Hauch) gibt es auf See immer und überall, und wenn man diese Windenergie (auch wie in einem kalten Flur fließend unter dem breit aufgespannten Sonnendach) zu nutzen gelernt hat, muss man nicht tage- und nächtelang den Generator zum Betrieb einer Klimaanlage laufen lassen und mit deren Arbeitsgeräuschen die eigene Crew und benachbarte Boote stören.

Über Deck angeordnete länglich-schmale Kajütfenster, die zum Ausstellen eingerichtet sind, können natürlich zusätzliche Kalt- und Frischluft für die Innenräume liefern. Beim Kauf eines Serienbootes sollte man sie von Anfang an (als

Extras) ordern. Ihr nachträglicher Austausch wird teuer. Auch aufklappbare Frontscheiben im Steuerhaus verbessern die Durchlüftung eines aufgeheizten Bootes. Unter keinen Umständen sollte man die Bordfenster, die unter der Höhe des Schandecks in die Außenhaut eingelassen sind, zum Aufklappen herrichten. Mir sind mehrere Fälle bekannt (siehe auch mein Buch »Auf Rettung ist nicht immer Verlass«), in denen Yachten auf hoher See in Minutenschnelle sanken, weil man vor dem Auslaufen das Schließen eines solchen Borddurchbruchs vergessen hatte.

Solarlüfter als Ergänzung

Auch Solarlüfter können für zusätzliche Frischluft sorgen. Sie gehören zu den aktiv betriebenen Belüftungsarten und können insbesondere in (kleinen) abgeschlossenen Räumen wie den Toiletten für einen ständigen Luftaustausch sorgen. Sie sind preiswert und können durch die eingebaute Batterie Tag und Nacht laufen – ist viel Energie gespeichert, bei bedecktem Himmel sogar bis ca. 40 Stunden. Der Handel liefert zahlreiche Modelle unterschiedlicher Größe, die trittfest und spritzwassergeschützt sind.

Wir haben uns mit ihnen noch nicht angefreundet, weil sie (für obigen Zweck) an Plätzen eingebaut werden müssten, die unser großes freies Haupt- und Vordeck mit Stolperfallen bedecken würden. Auch erscheinen uns weitere Löcher von z.B. 120 mm Durchmesser in unserem Stahldeck als zu großer Sicherheitspreis. Denn nach Erfahrungen von Freunden sind die Solarlüfter, auch wenn sie von unten verschlossen werden können, gegen überkommende Seen nicht schwallwassergeschützt und somit beim Segeln unerwartete Leckstellen.

f) Heizung zum Trocknen und Wärmen

Auf den ersten Blick scheint es unsinnig, eine Langzeityacht, die sich vorwiegend in warmen (tropischen, subtropischen) Revieren aufhalten will, mit einer Bordheizung auszustatten. Wärme benötigt man aber nicht nur zu einer Überwinterung an Bord, sondern überall unterwegs auch, um nasse Kleidung oder gar die ganze, feucht gewordene Kajüte zu trocknen.

Einfache Dieselofenheizung

Für ein Boot, das seinen Motor mit Dieselkraftstoff betreibt, kommt nur eine Dieselheizung (Ölheizung) in Frage, die den Brennstoff aus dem vorhandenen Tank entnehmen kann. Flüssiggas, das schwerer als Luft ist, scheidet wegen seiner gefährlichen Eigenschaften als Brennstoff aus. Petroleum und Benzin erübrigen sich ebenfalls, weil sie in separaten Tanks mitgeführt werden müssten.

Mit einer Dieselofenheizung lässt sich Wärme am einfachsten erzeugen. Sie arbeitet nach dem Schwerkraftprinzip: Man pumpt den Brennstoff in einen kleinen Hochtank und lässt das Dieselöl von hier aus über einen mindestens 20 cm tiefer gelegenen Regulator in einen kleinen Schalenbrenner laufen, der in einem rechteckigen oder röhrenförmigen, hochreichenden Ofen steht. In der Schale verbrennt ein dünner Ölfilm mit Hilfe der Luft aus der Kajüte, die ihm von unten zugeführt wird. Der Aufstellraum muss also immer gut belüftet sein. Der Ofen verträgt Rollbewegungen (am Ankerplatz), aber keine ständige Krängung (unter Segeln).

Ein Dieselofen wärmt nur dort, wo er steht, und er muss natürlich einen zentralen Platz in der Kajüte erhalten, damit er die Wärme allseitig abstrahlen kann. Da die Abgase direkt über einen Kamin nach oben/außen geleitet werden, muss man auch an Deck für den entsprechenden Freiraum (von Großbaum und laufendem Gut) sorgen.

Dieselofenheizungen z. B. der Hersteller Taylors (England), Reflex (Dänemark) und Dickinson (USA) arbeiten geräuschfrei und ohne Strom. Starker Wind kann jedoch die Abgase sowohl durch einen normalen als auch einen H-Kamin ins Bootsinnere drücken. Ein Rotationsaufsatz auf dem Schornstein, wie er auch auf Häusern benutzt wird, vermeidet diese Gefahr – auch wenn er nicht seemännisch aussieht.

Luftheizgeräte mit Gebläse

Gebläseheizungen, die ebenfalls mit Dieselkraftstoff betrieben werden, haben den Vorteil, überall an Bord aufgestellt werden zu können – auch in Backskisten und außerhalb der Kajüte, und sie können mit den entsprechenden Warmluftleitungen auch mehrere Räume heizen. Abgase können über Deck oder durch die Bordwand abgegeben werden. Verbrennungsluft muss man getrennt davon zuführen. Gebläseheizungen funktionieren auch bei starkem Wind, benötigen aber viel Strom. Deutsche Hersteller sind z.B. Webasto und Ebersbächer.

Wasserheizungen arbeiten wie zu Hause

Wir haben uns bereits beim Bau unseres Bootes eine Webasto-Wasserheizung einbauen lassen. Sie arbeitet im Motorraum und bedient insgesamt fünf unterschiedlich große Plattenheizkörper, die im Salon (seitlich an den Sofas), im Steuerhaus und im Eignerschlafraum im Heck angebracht sind. Den Einbau haben wir Fachleuten überlassen, die nicht nur die Heizleistung bestimmt, sondern auch das Rohrnetz entsprechend dimensioniert haben.

Natürlich verursacht eine Wasserheizung zusätzliches Gewicht. Aber sie hat auch unbestreitbare Vorteile: Mit ihrer gleichmäßigen und anhaltenden Wärmeabgabe bietet sie den Komfort einer Zentralheizung. Über einen Wärmetauscher erzeugt sie auch warmes Brauchwasser. Kombiniert mit dem vorhandenen Wasserkreislauf kann Abwärme des Motors auch zum Heizen benutzt (und umgekehrt der Motor gegebenenfalls vorgewärmt) werden. Sie funktioniert auch bei viel Wind und wird (unterwegs) nicht von den Bootsbewegungen beeinflusst. Sie verbraucht weniger Strom als eine Gebläseheizung, weil sie diesen nicht für den Wärmetransport einsetzen muss.

Die gelegentlich gewartete Anlage, die wir ursprünglich nur für »Eisbrecherreisen« benutzen wollten, hat sich auch bei Überwinterungen in wärmeren Regionen bewährt. Nach fast zwanzigjährigem (und sogar monatelang unterbrochenem) Einsatz ist sie immer noch betriebsbereit und im Dienst.

5. Festmachen und Ankern kann anders sein

Hier soll kein elementares seemännisches Kolleg folgen. Es sollen nur einige Tipps und Hinweise gegeben werden, die sich

- auf die Besonderheiten in ausländischen Revieren beziehen, auf die sich Langzeitsegler schon vorher einstellen können, um an Ort und Stelle keine Misshelligkeiten zu erleben, und die
- Art und Weise, mit der die beim Langzeitsegeln wohl übliche Frau/Mann-Besatzung (eine Zweipersonen-Crew) mit einer (auf die Körperkräfte bezogenen) meist relativ großen Yacht umgehen muss.

a) Wie Langzeitsegler am besten anlegen

Langfahrtsegler erkennt man in einem Hafen daran, dass sie bei der üblichen Vierkantvertäuung in südlichen Ländern mit dem Bug zum Kai oder zur Pier liegen. Sie werden zum Anlegen geradewegs in den Liegeplatz eingedreht.

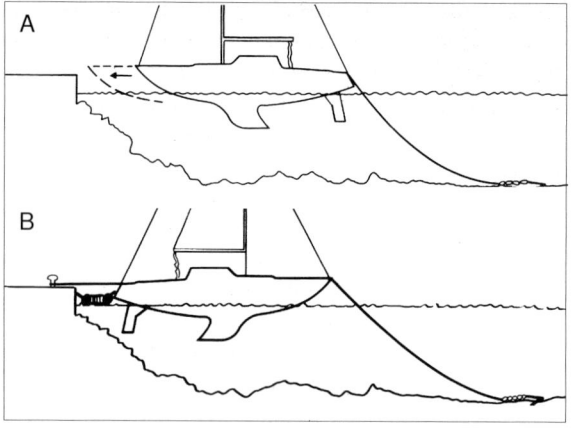

Beim Anlaufen eines Liegeplatzes in entlegenen Buchten sieht man den unsauberen Grund vor dem Kai meistens zu spät. Über den Bug (A) kann man immer gefahrlos festmachen. Mit dem Heck zum Kai (B) ist der Landgang nur über das achtern gezurrte Beiboot möglich.

190

Dies ist im Prinzip das gleiche Manöver wie das übliche Einlaufen in eine Box mit Heckpfählen. Aber es scheint (im Ausland) fast allen Charterbesatzungen unbekannt (und unsympathisch) zu sein, weil diese, auch unter den ungünstigsten See- und Windbedingungen und daher oft folgenschwer für die Nachbarboote versuchen, ihr Boot mit dem Heck an den Kai zu bringen, damit die vielköpfige Crew bequemer an Land gehen kann.

Wird auf einer Langzeityacht dazu beim Anlegen der Heckanker eingesetzt, bleibt der Schipper üblicherweise am Ruder, weil er gleichzeitig noch den Anker bedient, während die Bordfrau auf dem Vorschiff die Leinen übergibt. Meistens werden diese von einer Crew der Nachbarboote oder (in Marinas) einem dort angestellten Bootsmann wahrgenommen, und die Langzeitsegler müssen sie nur an Bord belegen, ehe am Heck die Kette straff gestreckt wird.

Eine Bugleiter ist für Ostseesegler, die in Boxen liegen, auch bei einer Vierkantvertäuung im Ausland ein nützliches Ausrüstungsteil.

Steht an Land kein Helfer zur Verfügung und kann die Bordfrau nicht »springen«, werden die Rollen beim Anlegen vertauscht: Der Schipper fiert zuerst zügig die Heckankerkette, während die Bordfrau das Ruder führt. Dann geht er nach vorn, steigt am Vorschiff zum Kai über und macht die Vorleinen an Land fest, sodass sie von der Bordfrau nach dem Aufstoppen (und Abstellen des Motors) nur an Bord belegt werden müssen. Zum Schluss wird die Kette auf eine sichere, tragende Länge gestreckt.

Muringleinen ersetzen den Heckanker

Der Einsatz des Heckankers entfällt (in den meisten Marinas), wenn dort Muringleinen ausgelegt sind. Da ihre

Bei der üblichen Vierkantvertäuung mit Heckanker und einem sicheren Bootsab-stand zur Pier muss man für einen siche-ren Übergang sorgen: hier unsere dreiteilig einschiebbare Rollen-Gangway zum Bugspriet.

Fangleinen an Land festgemacht sind und sichtbar ins Wasser hängen, er-kennt man sie frühzeitig und legt das Manöver dementsprechend anders an: Der Schipper bleibt auch hier besser am Ruder, und die Bordfrau arbeitet auf dem Vorschiff, wenn Helfer an Land stehen. Sie kann dann die Vorleinen über-geben und belegen, während er nach dem Aufstoppen sofort nach vorn ge-hen, die Fangleine der Muringleine (die ein Marina-Bootsmann meistens schon griffbereit hochhält) ergreifen, diese Hand-über-Hand mit zum Heck nehmen, die eigentliche Muringleine (oder Muringkette) daran hochholen und an Bord belegen kann.

Ein Liegeplatz mit Bug zum Kai hat den gewichtigen Vorteil, dass die Plicht außen und weitab liegt. Niemand kann von Land aus das individuelle Bord-leben einsehen.

b) Ankern und Ankergeschirr im Tiefwasser

Für den Langzeitsegler besteht die Hälfte aller seemännischen Manöver aus Ankern und Ankerlichten (mit dem Klarieren verklemmter Anker). Und die Hälfte seines Bordlebens verbringt der Langzeitsegler am Ankerplatz. Daher sollte man bedenken:

Tiefwasser, Bergküsten, Fallböen

- Das Mittelmeer ist – wie viele andere Seegebiete – ein Tiefwasserrevier. Im klaren Wasser vor den Felsenküsten ist auch der Ankergrund meistens steinig.
- Die Wassertiefe am Ankerplatz beträgt selten unter, oft über 10 m.
- Das Mittelmeer ist ein raues Revier. Bora, Meltemi, Mistral und andere örtliche Starkwinde bestimmen oft tagelang und ununterbrochen das Wettergeschehen, auch am Ankerplatz.
- Starkwinde sind hinter den Leeküsten mit hohen Bergen meistens mit Fallböen aus unterschiedlichen Richtungen verbunden. Sie können dort (auch im Sommer) Sturmstärke erreichen, lassen das Boot hart überliegen und bewirken ein unsympathisches Schwojen vor Anker.
- Bei starkem, böigen Wind baut sich auch bei kurzer Windbahn eine kräftige, steile See auf, die den Bootsrumpf am Ankerplatz zusätzlich zum Winddruck belastet.
- Die sicheren Ankerbuchten sind meistens eng, die empfohlenen Ankerplätze (durch Charterboote) oft überfüllt. Viele Ankerlieger müssen sich einen begrenzten Raum teilen. Der eigene Schwojekreis darf nur sehr klein bleiben.
- Anker und Ankergeschirr werden nicht nur zum Freiankern benutzt, sondern auch (viel häufiger) zum Festmachen im Hafen bei Vierkantvertäuung mit Bug- oder Heckanker eingesetzt.

Auf beliebten und belebten Ankerplätzen ist es eng. Der Schwojekreis und die Kettenlängen sind begrenzt.

193

*Ein Bugspriet mit opti-
maler Kombination
Ankerhalterung und
Landgangshilfe.*

Eine einfache Bugrolle erleichtert das Ankern, aber nicht den Übergang zum Kai.

c) Lange Ketten und schwere Anker

- Bei Bemessung der Ankergröße muss man von der tatsächlichen Langzeit-verdrängung, also ca. 120% des segelklaren Bootsgewichtes ausgehen.
- Das bedeutet, den Hauptanker eine Größe über der GL-Empfehlung aus-zuwählen. Bei einem CQR-Anker kann dies ein 65-lbs- (27-kg-)Anker be-reits ab 10–12 t Verdrängung sein, damit er auch bei Seegras und ande-rem Grundbewuchs gewichtig genug zum Eingraben ist.
- Die Bemessung der Kettenlänge für die Ausrüstung ist nicht von der Boots-größe abhängig, sondern von den am Ankerplatz zu erwartenden Wasser-tiefen. (So ist die Empfehlung »Kettenlänge = dreimal Bootslänge kaufen« unsinnig; denn kurze wie lange bzw. große wie kleine Boote ankern immer unter den gleichen Bedingungen.)
- Für Boote von 10–11 m Länge ist eine 8-mm-Kette ausreichend, für Boote von 12–13 m Länge eine 10-mm-Kette unverzichtbar. Eine Kettenlänge von (mindestens) 60 m ist notwendig, damit man
  - bei 10 m Wassertiefe vier- bis fünffache Kettenlänge sicher ausgeben kann,
  - bei 15 m Wassertiefe noch fast vierfache Kettenlänge stecken kann
  - und beim Ankern unter Fallböen noch Reservekette zum Nachgeben hat.
- Eine Ankerhalterung am Bug, aus der der Anker in Sekundenschnelle fal-len kann, ist selbstverständlich. Es gibt viele praktische (Kipp-)Modelle.
- Eine elektrische Ankerwinsch, die den Anker zuverlässig lichten und ihn auch (wenn er am Grund verklemmt ist) sicher wieder an Deck holt, ist lebens-wichtig.
- Bei Auswahl des Ankertyps und der Entscheidung für die Ankerhalterung bedenke man auch, wie fußsicher man bei einer Vierkantvertäuung mit dem Bug zum Kai (nicht nur beim Anlegemanöver) von Bord an Land klettern kann. Ein kurzer, breiter Bugspriet kann beide Aufgaben (Ankerhalterung und Übergang) am besten erfüllen.
- Die Bruchlast jeder Ankerkette ist immer größer als die Haltekraft ihres Ankers. Mir ist bei weit über 1000 Ankermanövern noch nie eine Kette ge-brochen; aber der Anker hat, mehr als mir lieb war, geschliert: z.B. im Schlammgrund, der durch Grundseen aufgewühlt war, durch zu kurze Ket-tenlängen bei begrenztem Platz oder wenn auf Drift gegangene Nachbar-

Diese versetzte Doppelhalterung für zwei schwere CQR-Anker ermöglicht es, jeden der beiden Anker zu benutzen, ohne dass sie sich beim Fallen behindern können.

boote ihn ausgebrochen hatten. Das (von der Bruchlast abhängige) Kettengewicht ist hauptsächlich für die Elastizität der Verbindung und für das Dämpfen der Kettenstreckung bei Belastung wichtig.

- Wie wenig die Ankerkette eigentlich durch Zugkräfte belastet wird, erkennt man bei Benutzung einer Ankerklaue, die mit einem kurzen Ende Tauwerk verbunden ist: Hier hielt auf unserem 15-t-CORMORAN Polyester- oder Polyamid-Tauwerk von 12-14 mm Durchmesser (mit ca. 4.000 daN Bruchlast) selbst unter allerhärtesten Bedingungen alle Belastungen der Ankerkette aus.

d) Mit Buggewicht des Ankergeschirrs leben

- Natürlich bedeutet die Lage des Ankergeschirrs am Bug unvermeidbares »Gewicht am falschen Ort«.
- Daher sollte der Kettenkasten möglichst tief (unter der Wasserlinie) liegen.
- Er sollte als schmaler, hoher Raum gebaut sein, in dem sich die(verzinkte) Kette in ihrer artgemäßen, turmartigen Form selbst Platz sparend stauen kann.

- Er sollte aber auch entweder von oben (wie bei Serienbooten durch eine Decksluke) oder von unten (aus der Kajüte) schnell zugängig sein, um eine klemmende Kette von Hand zu befreien.

- Überlegungen, aus Gewichtsgründen die übliche verzinkte Ankerkette durch eine (eine Nummer kleinere) Edelstahlkette zu ersetzen, kann ich nicht folgen: Man leichtert zwar den Bugbereich um ca. 45 kg, wenn man eine verzinkte 10-mm-Kette (60 m x 2,25 kg/m) gegen eine Edelstahlkette von 8 mm Durchmesser (60 m x 1,50 kg/m) austauscht. Aber dafür zahlt man 1400 DM mehr (ca. 2300 DM statt ca. 900 DM) und büßt fast 40% der Bruchlast (4000:2500) ein. Auch ist eine V2A-Legierung für den Einsatz an Bord nicht ausreichend seewasserresistent. Eine Kette aus V4A ist besser (und teurer).

e) Ankerkette ohne Alternative

- Einer Ankerkette einen Kettenvorlauf mit Ankerleine vorzuziehen mag eine Gewichtsminderung im Vorschiff bedeuten. Diese Alternative (mit einer Verbindungslänge von mindestens siebenfacher Wassertiefe) bedingt aber auch einen größeren Schwojekreis und damit eine Vervierfachung des beanspruchten Raumes auf einer Yachtreede, wenn der Nachtwind den Tagwind (und umgekehrt) ablöst. Damit werden andere Ankerlieger benachteiligt bzw. ausgeschlossen.

- Einer solchen Leinenverbindung eine größere Elastizität als einer Kette zu attestieren ist ein Fehlschluss. Ehe sich bei einer solchen Höchstbelastung ein produktbezogener Reck auswirken könnte, wird der (nicht mehr mit dem Schaft am Boden gehaltene) Anker ausbrechen. Eine Ankertrosse benötigt darüber hinaus mehr Platz im Ankerkasten als eine Kette.

- Die überlegene Elastizität und Ruckdämpfung der Ankerkette wird durch ihre fast unzähligen, flexibel miteinander verbundenen und allseitig beweglichen Kettenglieder erreicht, die sich (beim Stauen) ineinander schieben und (bei Dienstbelastung) einige Millimeter auseinander ziehen können. So besteht z.B. eine 60 m lange 8-mm-Kette aus 2520 einzelnen Kettengliedern, eine gleich lange 10-mm-Kette aus 2160 Gliedern. Wird nur der halbe Spielraum zwischen zwei Kettengliedern zum Strecken verbraucht, dann kann sich die 8-mm-Kette um ca. 10 m, die 10-mm-Kette um über 8 m verlängern, ohne dass sich eine vergrößerte Zugbelastung auf den Anker selbst auswirkt. Genauso schrumpft die ausgesteckte Kettenlänge wieder zusammen, wenn der Zug nachlässt.

• Bleiankerleinen eignen sich nicht für Langzeitsegler. Der ohnehin nur kurze, etwa 10 m lange Bleiteil ist bei vergleichbarer Zugfestigkeit teurer und auf dem Ankergrund verletzlicher als ein Kettenvorlauf. Kurzum: Alles, was produktionstechnisch machbar ist und der Handel anbietet, muss nicht auch seemännisch nützlich sein.

f) Routine mit wenig Mühe und Arbeit

• Eine Ankerklaue mit einem 2-m-Ende aus 12- bis 14-mm-Polyamid-Tauwerk entlastet das Ankerspill und verhindert das schlafstörende Einrucksen der Kette am Bug. Sie wird bei uns nach dem Ende jedes Ankermanövers eingesetzt.

Gegenüber einer Leine, die man stattdessen (doppelt geschoren) durch ein Kettenglied steckt bzw. einem eingepickten Kettenhaken hat sie den Vorteil, dass sie beim Ankerlichten (im Notfall) mit einem Griff schnell entfernt und beim Nachstecken der Kette (bei mehr Wind) von oben abgezogen und anschließend wieder eingehakt werden kann.

• Eine Deckwaschpumpe zum Abspritzen der Ankerkette beim Einholen und Reinigen des gelichteten Ankers erspart Zeit raubende Bürstenarbeit. Eine hierfür eingesetzte trockenlaufsichere Pumpe, die ca. 10 m weit spritzen kann, saugt aus kürzester Entfernung bis 1,8 m Höhe das nötige Seewasser an. Sie schaltet sich bei Schließen des Pistolenventils automatisch ab.

g) Vorsorge gegen Überlastung

Bei Fallböengefahr, vor Gewitterstürmen und möglicher Überlastung des Ankergeschirrs pflegt man einfach mehr Kette zu stecken. Auf einer vollen, be-

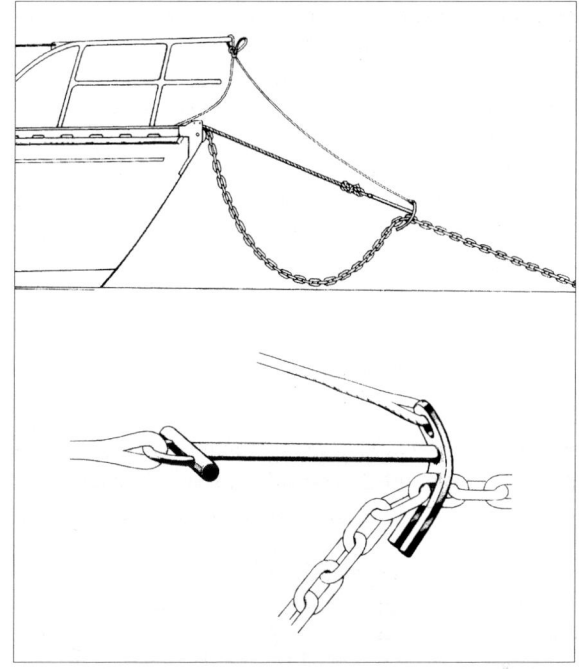

Eine Ankerklaue mit einem Stropp, der sowohl das Spill entlastet als auch störendes Einrucken der Kette vermeidet, ist unerlässlich.

grenzten Yachtreede ist dies jedoch oft nicht möglich. Dann muss man den eigenen begrenzten Ankerraum am ausgebrachten Ankergeschirr auf andere Weise sichern – auch gegenüber Nachbarbooten, die in solchen Gefahrensituationen auf Drift gehen können und sich mit an unserem Ankergeschirr aufhängen werden.

Ein Ankergewicht als zusätzliche tote Masse nimmt eine Langzeityacht nicht mit an Bord. Denn den gleichen Zweck erfüllt auch ein Reserveanker. Wird dieser dazu noch so geschickt an der Ankerkette zum Grund und so nahe wie möglich an den eingegrabenen Anker hinuntergelassen, erreicht man eine ähnliche Art der Verstärkung des Geschirrs, wie sie das Verkatten von zwei Ankern darstellen würde.

Man befestigt hierzu das Kreuz des Zweitankers mit einem Gleitschäkel oder Stropp an der ausgegebenen Ankerkette, hole das Boot einige Längen voraus, bis die Kette fast auf und nieder steht und fiere den Zweitanker so nahe wie möglich an den eingegrabenen Anker auf den Grund. Dann lässt man das Boot wieder auf den alten Platz zurücksacken und hat nun zwei Möglichkeiten:

- Entweder trägt nach wie vor die Hauptankerkette, und die Trosse des Zweitankers erhält geringfügige Lose. In diesem Falle würde der schlierende Hauptanker einige Meter an den Zweitanker heranrutschen, ehe auch dessen Trosse zum Tragen kommt, und das Boot würde vor zwei hintereinander wirkenden Ankern und zwei steifgekommenen Verbindungen liegen.

- Oder man holt die Trosse des Zweitankers durch und lässt der Hauptankerkette etwas Lose. Dann

Die Ankerklaue im praktischen Einsatz. Der Durchhang liefert die erforderliche Lose, wenn sich die Kette bei Belastung streckt.

würde sich der Abstand zwischen beiden Ankern geringfügig vergrößern, wenn der Zweitanker zu schlieren beginnt, und anschließend würden beide Ankerverbindungen steifkommen und das Boot gemeinsam halten.

Zwar wird die größere Sicherheit von verketteten Ankern hierbei nicht erreicht, aber die Haltekraft des im Grund eingegrabenen Ankers doch erheblich verbessert.

h) Seemännische Tipps für sicheres Ankern

Jede Langzeityacht hat nur ein einziges Hauptankergeschirr, das in allen Fällen benutzt wird. Einen so genannten »Lunchanker« für Kurzzeitankern oder leichtes Wetter einzusetzen ist überflüssig. Die Gründe:

- Ist das Wetter gut, mag man sich für einige Stunden oder eine Nacht mit kurzer Kettenlänge des Hauptankers (z. B. dreifache Wassertiefe) begnügen. Bei Wetterverschlechterung steckt man dann einfach mehr Kette, um die volle Haltekraft des Hauptankers auszunutzen (z. B. vierfache Wassertiefe).
- Ein leichter Zweitanker müsste bei mehr Wind erst geholt und verstaut werden, ehe man sich sicher vor den Hauptanker legen kann. Das kostet Zeit und (auf begrenzter Reede) vielleicht auch den günstigen Ankerplatz.

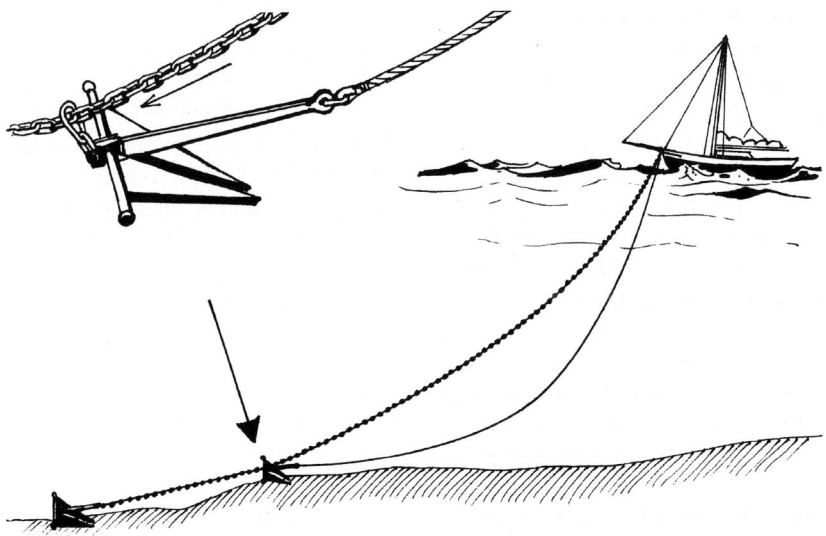

Wenn man nur mit kurzer Kette auf begrenztem Platz ankern kann, übernimmt der nachgefierte Zweitanker nicht nur die Aufgabe eines Ankergewichtes, sondern die eines vorgeschalteten Kattankers.

Die Kette muss alle 5 m markiert sein

Selbstverständlich muss die Kette (z.B. alle fünf Meter) markiert werden (falls die Ankerwinsch kein Zählwerk für die auslaufende Kette besitzt), damit man die Kettenlänge nach der am Ankerplatz geloteten Tiefe richtig ausgeben kann. Das Lot wird somit zu einem unverzichtbaren nautischen Ausrüstungsteil einer Langzeityacht.

Verzinkte Ankerketten reichen nach meinen Erfahrungen auch in salzreichem Atlantik- oder Mittelmeerwasser aus. Wir ließen unsere Kette alle fünf bis sechs Jahre neu verzinken, wenn sich die Gelegenheit im Hafen oder in der Marina eines Schifffahrtslandes bot. Bei Abholung und Anlieferung frei Boot zahlten wir nie mehr als ca. 3–4 DM/m. Etwa fünfmaliges Verzinken würde die Preisdifferenz bedeuten, die zu der (mit 32 DM/m preiswertesten) Edelstahl-Ankerkette in V4A der Firma WASI, 42231 Wuppertal, Postfach 24 01 53, besteht.

Die Kette mit der Winsch fieren

Bei der Benutzung einer (elektrischen wie hydraulischen) Ankerwinsch gibt es die Möglichkeit, den Anker nicht (mit Ausrauschen der Kette) »fallen« zu lassen, sondern die Kette mit entsprechender Motorgeschwindigkeit zu fieren. Letzteres hat den Vorteil, dass sich die Kette nicht beim Ausrauschen unterhalb der Winsch (oder gar noch im Kettenkasten) verklemmen kann.

Damit dieses gezielte Fieren nicht zu lange dauert, hängen wir schon vor Erreichen der gewählten Ankerposition den Anker auf ca. zwei Drittel der geloteten Tiefe vor und beginnen erst beim Stillstand des Bootes bzw. seinem Zurücksacken mit dem eigentlichen Wegfieren auf die vorgesehene Kettenlänge. Mit der Ankerklaue, deren Stropp auf einem Vorschiffspoller belegt wird, entlastet man sowohl die vertikale wie die horizontale Welle, mit der eine Ankerwinsch arbeitet. Besonders bei längerem Liegen vor unveränderter Kettenlänge schont diese Entlastung ein Ankerspill. Gleichzeitig befreit man dabei die Kettennuss von der Kette und kann die daneben oder darüber angeordnete Tautrommel zum Hieven von Leinen, z.B. auch einer Trosse des (nachträglich ausgebrachten) Zweitankers benutzen, ohne Nuss und Trommel trennen zu müssen.

Bis auf eine denkwürdige Ausnahme (als wir etwa 50 sm vor New York im Atlantik wegen Flaute, Nebel und hohem Schwell auf 25 m Wassertiefe anker-

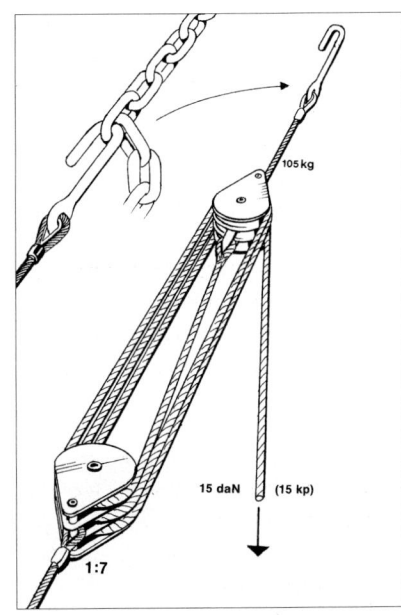

Eine Arbeitstalje mit einer Kraftersparnis von 7:1 ist nützlich, wenn man Lasten heben (z.B. bei »Mann über Bord«) oder Zugkräfte entfalten muss (z.B. beim Ankerlichten ohne Winsch).

ten) haben wir nur Ankerplätze mit höchstens 15 m Wassertiefe ausgewählt: Wenn dann zur Kraft des Ausbrechens des Ankers noch eine Masse von über 65 kg (von Anker und Kettenlänge) an der Winsch wirkt, wollten wir kein Risiko eingehen. Unsere 1500-W-Winsch hatte ihre Grenze jedoch erst erreicht, als sie aus dieser Tiefe noch zwei verklemmte Anker mit den entsprechenden doppelten Kettenlängen langsam und millimeterweit hochwinden musste. In diesem Notfall hätten wir aber auch Anker, Kette und Winsch gleichermaßen einbüßen können.

Ankerplatz nach Topografie wählen

Ankersymbole auf Seekarten zeigen hauptsächlich Ankerplätze für die Berufsschifffahrt an. Für Yachten sind die Ankertiefen meistens zu groß, und der Ankerplatz ist für sie auch zu ungeschützt.

Wenn Langzeitsegler in entlegenen und menschenleeren Buchten ihren Ankerplatz dicht am Ufer aufsuchen müssen, sollten sie ihn nicht ausschließlich nach den Grundbeschaffenheiten, sondern auch nach dem sichtbaren Baumbestand auswählen: Völlig kahle Hänge ohne Baumbestand, die nur von niedrigem Gestrüpp bewachsen sind, deuten auf viel Wind und Fallböen hin. Schräg gewachsene Bäume oder solche, die nur auf einer Seite Äste aufweisen, zeigen nicht nur große Windstärken, sondern auch deren gefährliche Richtungen an. Nur wo die Bäume hoch und gerade gewachsen sind und ihre Äste ringsum ausstrecken, kann der Ankerplatz windgeschützt sein.

Muss man am Ankerplatz Landleinen vom Heck zu einem Baum am Ufer aus-
bringen, lässt sich die Schwimmleine von ihrer Hecktrommel abrollen, während man das Dingi (mit Außenborder oder Riemen) an die Wasserscheide
bringt. Weil das Anlanden auf glitschigen Steinen, Aussteigen mit Landleine
und Zulaufen auf den ausgewählten Baum immer schnell gehen muss, sollte
man sich die (lange) Dingi-Vorleine dazu mit einem Palstek um den Bauch
binden. Man erspart sich damit das Festmachen des Beibootes und verhindert gleichzeitig dessen Abtreiben, wenn zum sicheren Belegen der Vorleine
keine Zeit mehr bleibt. Wer oft Landleinen auf diese Art, auch an Felsen und
für längere Zeit, befestigt, sollte eine kurze Kette an den Tampen der Landleine stecken und diese um den Baum mit einem Karabinerhaken schließen. Das
geht schnell, und die Landleine kann sich nicht durchscheuern.

*Beliebter Liegeplatz vor flachem Felsenstrand in verschwiegenen Buchten: mit Anker
und Landleinen.*

6. Sicherheit für Geld und Gold ist gut

Ich erinnere mich mit Unbehagen an einen Sundowner, den wir in einer Hafentaverne der griechischen Insel Chios mit der Ehepaarcrew unseres Mackerbootes einnahmen: Am Nachbartisch ließen drei Männer keinen Blick von den kostbaren Schmuckstücken, die die befreundete Bordfrau an Hals, Handgelenken und Fingern trug. Als Juwelierin war es ihr ein Bedürfnis, sich dergestalt landfein herauszuputzen, und sie konnte sich zu jedem Landgang kostbar anders ausstatten.

Nicht mit Schmuck auffallen

Nun ist jeder Yachteigner, wo immer er im Ausland sein Schiff an den Kai legt, in den Augen der Leute an Land ein wohlhabender Millionär, der begehrliche Blicke auf sich zieht. Aber gerade darum muss man eine Begehrlichkeit nicht zusätzlich anstacheln. Wer nicht (inkognito) an Bord Ferien vom Ich machen kann und keine Freude daran findet, sich besonders salopp und schmucklos unter die »armen Leute an Land« zu mischen, muss sich besonders gut für ein Bordversteck seiner zur Schau getragenen Preziosen umsehen.

Die jedermann schon bei einer flüchtigen Durchsuchung der Kajüte auffallenden Plätze scheiden als Schmuckkästen ebenso aus wie unauffällige Nischen oder Ritzen, die schwer zugänglich sind. Denn Schmuck, den man tragen will, muss man ja griffbereit aufbewahren. Anstelle eines Safes, der (sichtbar oder versteckt) im Eignerschlafraum untergebracht ist, genügt natürlich ein Geheimfach irgendwo, dessen Platz nur die Crew kennt.

Bargeld in Scheinen beispielsweise kann man gut in Büchern verstecken, wenn sie in größerer Zahl und damit unverdächtig im Regal stehen. Für Uhren, Ketten, Ringe, Broschen und ähnlichen Schmuck eignen sich Konservendosen, die man unauffällig unter den üblichen Dosenvorrat stellt. Sie sind auf den ersten Blick nicht zu entdecken, aber jederzeit zum Herausnehmen und Wiedereinlegen der Schmuckstücke schnell zugänglich. Der Zubehörhandel liefert solche, als Markenartikel getarnte Konservendosen mit praktischen Bajonettverschlüssen als preisgünstige Minisafes, von denen man gegebenenfalls mehrere an verschiedenen Plätzen in die Stauräume stellen kann.

Das Boot von innen verriegeln

Um die persönliche Sicherheit muss man im Ausland nur wenig besorgt sein. Dennoch sollte man sich in kleinen Häfen und an entlegenen Ankerplätzen nicht zu blauäugig verhalten. Seitdem wir – völlig unerwartet – in Haiti unseren ersten nächtlichen Überfall erlebten, den wir nur mit Glück überstanden, verschließen wir überall grundsätzlich nach Einbruch der Dunkelheit alle Fenster und Luken, um Langfingern jede Möglichkeit zum Eindringen zu verwehren. Nur das Luk über unseren Kojen belassen wir bei

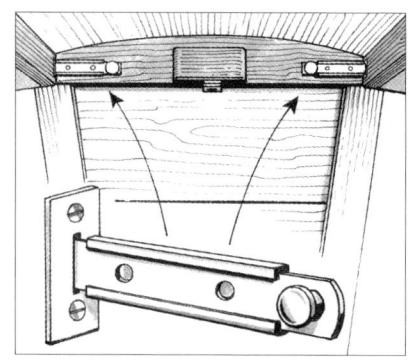

Schutz gegen ungebetene nächtliche Eindringliche bieten Vorreiber, die das Kajütluk von innen verschließen.

Nacht in einer halb offenen Stellung. Zu der Sicherung der Innenräume gehören auch Vorreiber am Kajütschiebeluk, mit denen man das Boot von innen verschließen kann. Sie sind nicht nur Schutz gegen das Aufschieben der Öffnung von außen, sondern auch wichtige Teile einer (hoffentlich nicht notwendigen, aber möglichen) Verteidigung gegen einen geplanten Überfall.

Wir erlebten einen solchen Überfall durch eine mehrköpfige Gang am Ankerplatz vor der amerikanischen Küste nur einmal und verdanken die erfolgreiche Abwehr einem kleinen, bissigen schwarzen Bordhund, den man an Bord nicht erwartet hatte. Zumindest gewinnt man durch einen solchen Selbsteinschluss Zeit für einen Seenotruf oder andere Notmaßnahmen.

Fischer müssen nicht Freunde sein

Die durch den gemeinsamen Aufenthalt auf See gegebene seemännische Verbindung zu Fischern muss in fremden Revieren nicht immer eine freundliche sein. So gehört es z.B. offenbar zu den Gepflogenheiten mancher griechischer Fischer, den ausländischen Seekreuzern, selbst im Scheinwerferlicht vor dem Hafenamt, bei Nacht die dicken Kugelfender abzuhaken, weil sie die besten Netzmarker sind, und anderntags ganz unverfroren damit zum Fang auszulaufen.

Auf einigen karibischen Inseln sind es sogar die Beiboote, die bei Nacht vom Heck der Seekreuzer verschwinden und von »ehrlichen Fischern« noch vor dem Morgengrauen auf See wieder gefunden werden. Wer zahlt da nicht gern einen Finderlohn von »nur« 100 Dollar und bedankt sich noch freundlich? Gegenstand eines möglichen Piratenstreiches sollten wir wohl unerwarteterweise an der albanischen Küste, fast vor der europäischen Haustür werden: Als einziges Boot in einer entlegenen, schwer zugänglichen Bucht wurden wir am frühen Abend zuerst fern und dann immer näher von mehreren Booten mit ausgelegten Netzen eingeschnürt. Als eine unfreundliche Absicht unverkennbar wurde, gingen wir mit dem letzten Büchsenlicht ankerauf und erreichten in schnellem Slalom durch schmale Netzlücken wieder freies Wasser.

7. Kommunikation und Information

Je mehr Kommunikationsmöglichkeiten es heutzutage weltweit und über alle Ozeane hinaus gibt, desto mehr wächst auch das Informationsbedürfnis, das auch mancher Langzeitsegler selbst auf hoher See aktuell und akustisch wie optisch befriedigt wissen möchte. In unserer schnelllebigen elektronischen Zeit ändern sich die entsprechenden Verhältnisse sehr schnell. Dennoch will ich dieses Thema hier nicht auslassen:

a) Informationen aus der Heimat

Langzeitsegler halten Verbindung mit ihrer deutschen Heimat: Den einen genügt der regelmäßige Kontakt, wenn sie die Sendungen der deutschen Welle empfangen, auf mehreren Frequenzen, in zeitlicher Wiederholung und im Mittelmeer auch mit dem täglichen Wetterbericht für das Revier. Andere kommen nicht ohne deutsche Fernsehsendungen aus, die sich empfangen lassen, wenn man eine mobile Satellitenschüssel an Bord oder neben dem Liegeplatz an Land korrekt ausrichtet.

Die deutsche Welle verschickt auf Anforderung (und vor allem gern ins Ausland) nicht nur eine Liste der empfohlenen Empfangsfrequenzen für den jeweiligen Weltteil, in dem sich die Langzeityacht befindet, sondern auch das jeweilige Monatsprogramm mit seinen Sendezeiten.

Auf diesem Wege lassen sich neben aktuellen Nachrichten aus Politik, Wirtschaft und Sport auch täglich die Börsenkurse (mit allen Einzelwerten für den DAX), die Umlaufrenditen der Rentenwerte und die Devisenkurse aller wichtigen Weltwährungen verfolgen. In zunehmend mehr Marinas (sogar in der Türkei) gibt es auch Computeranschlüsse am Liegeplatz.

Weltweite Mobiltelefonverbindung

Viele Küsten der Welt und auch alle Mittelmeerküsten sind für Mobiltelefone vernetzt, und es gibt nur noch sehr wenige Küstenstriche bis ca. 10 Seemeilen Abstand, in denen das Handy zeitweise kein Netz findet oder erst einige Zeit auf Netzsuche gehen muss. Wo die Sende- und Empfangsanlagen auf den oft weit über 100 m hohen Bergspitzen vorgelagerter oder entlegener Inseln errichtet sind, haben wir sogar Telefonreichweiten von über 30 Seemeilen, also gut 50 km, mit guter Gesprächsqualität ausnutzen können.

Die Betreiber der ausländischen Netze sind Vertragspartner der deutschen Telekom-Firmen, sodass es für die Abrechnung in Deutschland unerheblich ist, ob man im türkischen Küstenvorfeld mit einem griechischen Betreiber verkehrt oder umgekehrt unser Mobil-Bordtelefon sich im griechischen Seegebiet in ein türkisches Netz eingeklinkt hat.

Deutsche Zeitschriften sind begehrt

Deutsche Tageszeitungen und Zeitschriften erhält man in jedem größeren Küstenort mit der üblichen ein- oder zweitägigen Verspätung zu etwa 150–200 % des deutschen Preises, und sogar auf die *Yacht* muss man in den Shipshops vieler ausländischer Marinas nicht verzichten.

Zeitschriften werden nach dem Lesen natürlich nicht entsorgt, sondern an Freunde und Stegnachbarn weitergegeben, und es ist besonders reizvoll, z.B. einen vier Wochen alten *Spiegel* zu lesen und zu verfolgen, inwieweit befürchtete Entwicklungen eingetreten sind oder Analysen für die nahe Zukunft das Papier nicht wert waren, auf dem sie gedruckt wurden.

b) Internet und E-Mails unterwegs

Die letzten aktuellen Erfahrungen hierzu veröffentlichten Andrea und Martin Rösch von der 15,06 m langen AMAZONE im Juli 1999 in den TO-Nachrichten. Sie schrieben aus der Karibik:

»Die einfachste Form ist es, sich einen E-Mail-Account einzurichten, um von jedem ›Internet-Café‹ aus seine persönliche Mail senden und empfangen zu können. Ein solcher E-Mail-Account, der grundsätzlich unabhängig vom Provider ist und von überall aus aufgerufen werden kann, lässt sich z. B. komplett kostenlos bei Hotmail einrichten. (Aufruf: www.hotmail.com und dann den Button anklicken für »New User«.) Der Rest ist menügesteuert. Der Nachteil dieser Variante ist, dass es nicht von Bord aus geht.«

Solche »Internet-Cafés« oder zumindest kleine Geschäfte oder Werkstätten, die eine Benutzung des Internet-Zuganges ermöglichen, gibt es schon fast überall und selbst auf kleinen, entlegenen Inseln. Und wie steht es mit den Kosten?

»Die meisten dieser Läden rechnen nach Minuten ab, wenige auch nur halbstundenweise«, berichtet Rösch. »Die Kosten bewegen sich zwischen 2 US-$ und 10 US-$ je halbe Stunde. Die Effizienz kann steigern, wer einen PC an Bord hat und die Mails an Bord vorbereitet (z. B. in MS Word, aber als so genannte RTF-Datei abspeichern wegen Kompatibilität der verschiedenen Word-Versionen). Mit Hin- und Herkopieren hat das bei uns mit allen genannten Adressen funktioniert. Alle hatten auch eine Virenschutzsoftware aktiviert.«

In den genannten TO-Mitteilungen sind auch Adressen in der Karibik enthalten, von denen aus ein solcher Internet-Zugang möglich ist.

INMARSAT und andere Kommunikationsmöglichkeiten sollen hier nicht weiter behandelt werden, weil sie zu sehr von der schnellen technischen Entwicklung und auch den persönlichen Bedürfnissen einer Crew abhängen.

Die Möglichkeiten des Fernsehempfanges, die im Ausland vielerorts gegeben sind, wird man (entsprechend der Geräteausstattung an Bord) nach Belieben ausnutzen können. Weltweit bedeutsame (Sport-)Ereignisse kann man auch überall in Klubräumen oder Tavernen an Land miterleben.

c) Verständigung an Land

Langzeitsegler besuchen fremde (und nicht unbedingt sehr ferne) Länder. Sie sollten sich (den Behörden gegenüber) in Englisch gut verständigen und (unter den anderen ausländischen Seglern, die sie treffen) flüssig unterhalten können. Dazu sind einige Brocken in der jeweiligen Landessprache hilfreich, auch wenn es nur »Bitte« und »Danke« oder »Guten Morgen« und »Guten Abend« sind, weil sie einen (wenn auch nur klitzekleinen) persönlicheren Kontakt vermitteln, den man dann in Englisch, Deutsch oder einer anderen Art gemeinsamer Verständigung ausbauen kann.

Vielerorts wird jetzt auch Deutsch gesprochen – nicht nur von den Kindern deutscher Gastarbeiter, sondern auch von allen jenen Personen, die in touristischen Dienstleistungen oder im Kleinhandel tätig sind und sich die erforderlichen umgangssprachlichen Worte oder Redewendungen im Laufe der Zeit angeeignet haben.

Fachausdrücke aus dem Yacht-Lexikon

Um zu erklären, welcher Art ein Schaden an Bord ist oder wie man ihn repariert haben möchte, muss man in Englisch auch technische Vokabeln beherrschen, sonst kann es kostenträchtige Missverständnisse geben. Handwerker in den technischen Werkstätten der Marinas und in kleineren Häfen beherrschen die englische (internationale) Techniksprache erstaunlich gut, und man muss schon aufpassen, wenn man die detaillierten Fachfragen eines Mechanikers richtig und ohne langes Nachdenken beantworten muss.

Es empfiehlt sich, vorher noch einmal in ein Fachwörterbuch (z.B. mein *Yachtwörterbuch* Englisch–Deutsch, Deutsch–Englisch) zu schauen und sich z.B. bei einer Elektrikreparatur anzusehen, was man nun »Starter« bzw. »Anlasser« nennen muss, was (im Gegensatz dazu) »Lichtmaschine«, »Ladegerät« oder »Umformer« bedeutet und wie man die Bordspannung charakterisiert.

d) UKW für Verständigung unverzichtbar

Langzeitsegler müssen nicht still und heimlich ihre Kurse segeln. Sie können auch Gelegenheiten schaffen oder diese wahrnehmen, um sich mit anderen Schiffen zu verständigen oder Nachrichten über ihre Anwesenheit auf ganz ungewöhnlichen Wegen zu hinterlassen.

Eine nützliche Yacht-Schiff-Verbindung

So preiten wir z.B. im Raum Madeira, den viele Schifffahrtslinien durchlaufen, den Frachter CAP SAN MARCO der Reederei Hamburg-Süd an, auf dem unser Sohn gefahren war, und kamen im Laufe eines Seefunkgespräches über UKW auf den Gedanken, die Sichtbarkeit unseres CORMORAN, der mit gerefften Segeln in einer hohen See lag, auf dem dortigen Radarschirm testen zu lassen. Trotz unseres starr befestigten größtmöglichen Radarreflektors war das Ergebnis niederschmetternd. Denn der wachhabende Offizier konnte uns mit Radar nicht ausmachen und erfasste uns bei einem Abstand von zwei Seemeilen erst auf dem Bildschirm, als wir ihm die genaue Peilung übermittelt hatten. Nach diesem Ergebnis hatten wir viel Stoff für die Unterhaltung an Bord in den folgenden Stunden.

Auch Hafenlotsen arbeiten mit UKW

Glücklicher waren wir über die nicht von uns eingeleitete Kommunikation, die die Hafenlotsen von Halifax an der kanadischen Ostküste über UKW mit uns führten: Wir waren gegen Mitternacht bei ruppigem Wetter in den weitflächigen Fjord eingelaufen, an dem sich die Kaianlagen erstrecken, und hatten bis zu seinem inneren Ende den Yachtklub, wo wir überliegen wollten, nicht gefunden.

Aber die Hafenlotsen hatten uns auf ihren Bildschirmen verfolgt, und als sie unsere ziellose Suche nach einem Anleger bemerkten, preiten sie uns auf ihrem UKW-Kanal an – zuerst mit einem Schreck, fremde Stimmen in unserem Telefon zu hören. Sie boten an, uns über die Radarkette des Hafens an einen Prahm zu führen, an dem wir (bei dem beträchtlichen Tidenhub) sicher festmachen könnten. Auf dem Weg dorthin erzählten wir ihnen von unserem Boot und unserer Langfahrt, und sie gaben uns Tipps zum Aufenthalt in ihrer Heimatstadt.

Zum Mackern braucht man immer UKW

Nur einmal haben wir mit einem (neuen) Boot gemackert, das sich nicht mehr mit einem UKW-Gerät ausgerüstet hatte. Die Crew glaubte, bei einer nicht sehr küstenfernen Fahrt auch über Mobiltelefon Kontakt mit uns halten zu können – weil sie ja auch zuverlässig schon mit so entfernten Orten wie London, Bahrain oder Stockholm mobil telefoniert hatte. Doch als wir kurzzeitig in eine unsympathische Lage kamen und die Macker anrufen wollten, gelang die Netzsuche nicht – wir lagen noch in Sichtweite, aber in einem kommunikationslosen Loch, in dem keiner den anderen über Mobilfunk hören und sprechen konnte.

Insoweit braucht man die UKW-Verbindung, auch zu den Hafenverwaltungen, wenn man einen Liegeplatz bestellen will, und erst recht für die häufig gewünschten Gesprächsverbindungen zu anderen Booten – in weitflächigen Häfen und Ankerbuchten selbst für »Ortsgespräche« von Liegeplatz zu Liegeplatz.

e) Kommunikation auf See – einmal anders

Etwas abenteuerlicher war die Art, in der wir im Seegebiet von Grönland unseren dortigen Aufenthalt dokumentieren und weitergeben wollten: Wir setzten am 2.8.1979 auf 62° N und 029° W eine Flaschenpost aus und lobten 50 US-$ demjenigen aus, der sie finden und an unsere Heimatadresse senden würde. Am 5.3.1980 fand man sie – in einem Fjord an der Ostküste Islands, wohin sie nach den Stromkarten eigentlich gar nicht hätte treiben können, nach einer Drift von ca. 1000 Seemeilen. So gern wie für diesen begleitenden Brief aus Djupvog habe ich noch nie eine ausgesetzte Belohnung gezahlt.

(Der guten Ordnung halber muss ich hier anführen, dass die zweite Flaschenpost, die wir tags darauf im gleichen Seegebiet ausgesetzt hatten, nach elfmonatiger Drift im Juli 1980 an der Nordwestküste Norwegens antrieb – an einer Insel, an der wir gerade eine Woche vorher auf unserem Weg zum Nordkap vorbeigesegelt waren. Sie war 2000 Seemeilen weit getrieben.)

Langzeitseglers Pinnwände

Eine stumme Kommunikation möchte ich die (wenigen) berühmten »Anschlag-tafeln« nennen, auf denen sich Yachtbesatzungen mit Schrift und Malings ver-ewigen können. Die große Mole auf den Azoren ist eine von ihnen, auf der man unzählige Namen von Transozeanyachten lesen kann, die hier Station machten.

Weniger bekannt ist die hohe steile Felswand im Trollfjord der Westeraalen-Inseln nördlich der Lofoten, auf der sich – vom Boot aus und bei hohem Ti-denhub – die »Eisbrecher« auf ihren Nordmeer-Wegen meldeten. Auch unser CORMORAN hat sich hier mit hohen weißen Lettern eingetragen, die zuerst vom Deck und dann von der Saling des in der Dünung schwankenden Bootes aus, das sich an den glatten, nassen Felswänden kaum festhalten ließ, mit dicken Pinselstrichen gemalt wurden.

Richtig bedacht und geplant gibt es auch in unserer Zeit noch viele urtümli-che oder ausgefallene Kommunikationswege – neben dem Mobiltelefon und dem Internet. Probieren Sie es aus – mit Fantasie!

8. Das Risiko kommt ungewollt von irgendwo

Früher gehörte das Risiko zum Segeln wie das Salz zum Meer. Heute segeln alle mit der Garantie, dass Risiken nicht bestehen – mit Ausrüstungspaketen für alle Fälle, einem weltweit etablierten Seenotsystem und dann noch mög-lichst unter dem zusätzlichen Sicherheitsschirm einer Organisation – wie bei der Atlantic Rally for Cruisers, beispielsweise.

Für sorgsam geplante Törns ist das Risiko gering. Aber jeder Trip, der über mehrere Tage führt, kann (auch ohne Havarie) doch noch zu einem – glückli-cherweise meist ungefährlichen – Abenteuer werden. Ich will nur zwei Erleb-nisse erzählen.

a) *Auf dem Friedhof der großen grauen Wale*

Es war ein regenschwerer grauer Tag mit einer tief hängenden Wolkendecke, der 14. Seetag seit dem Verlassen Neufundlands auf dem Wege nach Island, als wir Anfang August 1979 in der Irminger See vor Grönland ein unerwartetes, aber unübersehbares Hindernis direkt auf unserer Kurslinie, etwa zwei Seemeilen ab, an der Kimm sichteten.

Zwei Wochen lang hatten wir kein Fahrzeug gesichtet. Die Funkfeuer lagen außerhalb der Reichweite. Schifffahrtslinien führten nicht durch dieses Gebiet. Und Hochseefischerei wurde hier nicht betrieben. Was lag voraus?

Zuerst sah das unbekannte Objekt wie eine Boje aus – aber es war viel größer. Konnte es eine Rettungsinsel sein? War es ein abgestürzter meteorologischer Ballon? Oder ein treibendes Wrack? Um besser manövrierfähig zu sein, bargen wir die Segel, starteten den Motor und pirschten uns, mit Herzklopfen, vorsichtig heran. Beim Näherkommen sahen wir: Der geheimnisvolle Gegenstand war ein toter Wal von doppelter Bootslänge, der einen prall gefüll-

Ein toter Wal im See-gebiet von Grönland, an dem wir mit Cormoran ii *längsseits gingen.*

ten roten Ball von etwa 3 m Durchmesser im Maul hielt – seine wie ein Luftballon aufgeblähte Zunge, wie uns ein alter Walfänger später sagte. Nach Auskunft kompetenter Meeresforscher war es eine Jahrhundertsichtung – und von Yachtseglern unstreitig die erste.

Wir gingen zögernd heran, umfuhren den Körper des toten Wales, von dem die Seevögel schon Besitz ergriffen hatten, und legten uns sogar mit dem Bug gegen seinen mächtigen Leib. Die riesige Schwanzflosse bewegte sich im Seegang, als wäre doch noch ein Fünkchen Leben in ihm – es war eindrucksvoll und gespenstisch zugleich. Eine halbe Stunde später sichteten wir den nächsten toten Wal, diesmal jedoch ohne den mächtigen Ballon über seinem Kopf. Auch er war wohl eines natürlichen Todes gestorben und verweste hier, Nahrung für Tausende von Seevögeln, auf dem Friedhof der großen Meeressäuger.

b) Ohne Seekarte an unbekannter Küste

Wir waren im Juli 1982 auf dem Wege von Sardinien nach Bizerta in Tunesien, als uns im Morgengrauen (Wetterberichte für dieses Gebiet gab es noch nicht) und ganz unerwartet ein starker Levante, ein stürmischer Ostwind, überfiel. Wir konnten das Ziel nicht mehr anliegen, und hoch am Wind machte CORMORAN in der hohen See kaum mehr Distanz nach Osten gut. Kinder waren an Bord, die in den harten Bewegungen des krängenden Bootes seekrank geworden waren, und Beidrehen musste verworfen werden, weil wir am bzw. im Dampfertrack von Gibraltar zum Suezkanal lagen. Blieb also nur das Ablaufen nach Westen. Aber wohin?

Wir waren mit Seekarten für die Atlantikküste (von der wir kamen) bis zum östlichen Mittelmeer (wohin wir wollten) ausgerüstet und hatten etwa 200 Stück an Bord. Aber westlich von Tunis war Tabula rasa – kein bedrucktes Papier für die afrikanische Küste im Kartenschrank. Was also tun?

Wir legten das Boot unter Sturmfock auf Westkurs, um möglichst langsam zu laufen, und näherten uns der Küste: Abweisende hohe Felswände, unterbrochen von Sanddünen, die wie Eisgletscher ins Meer leckten. Keine Unterbrechung der Küstenkontur für eine mögliche Ankerbucht und Tiefwasser bis in

Felsennähe. Ketzerische Frage: Wie weit ist es bis Algier? Oder Oman? Aber so weit wollten wir nicht verweht oder, um mit Odysseus zu sprechen, »verschlagen« werden. Fieberhaft schlugen wir in den Seehandbüchern nach. Aber wenn es keine Hafenbeschreibungen gibt, gibt es auch keine Häfen. Irgendwie muss auf einer 100- oder 200-sm-Distanz doch eine Liegemöglichkeit gefunden werden, wo man einen Levante abwettern kann, bis er wieder zum Ponente, zum Westwind, wird.

Reiseführer ersetzt des Seehandbuch

Um es kurz zu machen: In einem Reiseführer durch die Sahara, der zufällig an Bord aufgestöbert wurde, fanden wir den Hinweis auf einen antiken Umschlagplatz aus der Römerzeit – aber ohne jegliche Koordinaten. Also noch näher heran an die Küste und scharfen Ausguck halten nach Häusern, vielleicht sogar Masten.

Plötzlich Stimmen im UKW-Gerät: Ein Frachter, en route nach Osten, preite uns in dieser Einsamkeit zwischen Gelbsand und Blauwasser an und erkundigte sich zu unserem Kurs nach Nirgendwo. Und er bestätigte uns, dass eine Naturbucht nur etwa 30 sm entfernt an der Küste läge, bei Tabarka.

Wir setzten mehr Segel, gingen auf eine sichere Lotlinie in Küstennähe und ließen die Kinder nach voraus starren – bis sie in der Abenddämmerung eine Landzunge sichteten, hinter der eine versandete Bucht lag. Aber zwei (französische) Yachten lagen darin, wie wir erkennen konnten. Und zu ihnen musste es auch ein Fahrwasser geben. Als wir uns vorsichtig eingesteuert hatten, lagen Häuser, Hütten und Zelte voraus. Es war Ramadan, Fastenmonat. Wir hatten den Beginn der Essenszeit an Land noch nicht verpasst, labten uns unter einem Zeltdach und schliefen anschließend am Anker wie in Abrahams Schoß. Das Fazit? Man muss damit rechnen, in Gebiete verschlagen zu werden, für die man keine Seekarten an Bord hat. Auch aus spärlichsten Informationen lassen sich dann nautische Erkenntnisse filtern, mit deren Hilfe man in unerwarteten Situationen ein bis dahin unbekanntes Ziel ohne Risiko erreichen kann. Man erlebt ein Abenteuergefühl für ein paar Stunden.

9. Es geht nicht nur ums Segeln

Die Schönheit des Segelns immer wieder neu erleben und jede Stunde auf See im unendlich schönen und faszinierenden Wechsel von Wind und Wetter, Sonnenschein und Wolkenbildern dankbar ausnutzen – das ist nur eine Seite des Langzeitsegelns. Glücklicherweise gibt es noch andere Seiten, zum Beispiel diese:

- die Kurse zu den Sehenswürdigkeiten unserer Erde zu wählen
- oder sich forschend-begleitend als Amateurwissenschaftler zu betätigen,
- kulturelle Veranstaltungen und Museen gezielt anzusteuern
- oder einfach Ergänzungssport wie Tauchen und Schwimmen am Ankerplatz oder Wandern und Bergsteigen in dessen Umgebung zu betreiben.

Im Einklang mit der Natur Erlebnisse besonderer Art: Großflächige Fischschwärme kreuzen den Kurs auf ihren Meereswanderungen und tauchen zu Millionen unter dem Boot hindurch.

217

*Abenteuerliches Lang-
zeitsegeln: in der
Eisbergstraße zwischen
Labrador und Grön-
land.*

a) Historische maritime Spurensuche

So folgten wir mit unserem CORMORAN mit dem Hobby der Spurensuche z.B.
dem Kurs von Kolumbus in die Karibik, warfen wie er in Huelva an Spaniens
Atlantikküste die Leinen los und ankerten vor San Salvador, wo er zum ersten
Mal die Neue Welt betrat, oder vor Haiti, wo er die SANTA MARIA verlor.
Wir segelten auf der Wikingerroute von Amerika über Island nach Norwegen
und besuchten die Ausgrabungen der Wikingersiedlung L'Anse aux Meadows
auf Neufundland, der einzigen jenseits des Atlantiks.
Wir folgten den Kursen, auf denen Odysseus auf seinen Irrfahrten von und
nach Ithaka durch das Mittelmeer verschlagen wurde, und versuchten nach-
zuerleben, wie der Apostel Paulus auf seiner Gefangenschaftsreise von der
Levante über Zypern und Kreta vor Malta strandete, ehe er in Ketten über
Syrakus nach Rom weiterverfrachtet wurde.
Wir schickten uns an, vom antiken Iolkos in Griechenland den Kursen der
Argonauten auf der Suche nach dem Goldenen Vlies ins Schwarze Meer zu
folgen, und versuchten nachzuerleben, wie Seeräuber in einem ähnlich kleinen Boot wie dem unsrigen die Gebeine des 342 gestorbenen St. Nikolaus
von Myra an der türkischen Südküste über raues Tiefwasser wohl nach Bari
an der Adria gebracht haben könnten, wo sie heute noch ruhen.

b) Antike Sehenswürdigkeiten neu belebt

Fiktion und Wirklichkeit verschmolzen miteinander, als wir vor der Insel Monte Christo ankerten und im Angesicht kraxelnder Steinböcke standesgemäß des Romanautors Dumas und seines gräflichen Helden bei frisch gefangenen Langusten und edlem Wein gedachten.

Klöster und Kirchen, die am Wege lagen, waren ebenso sehenswert wie Ganzkunstwerke der Antike, derer es besonders im östlichen Mittelmeer unendlich viele gibt: vom Hafen Kusadasi aus die Reste der antiken Großstadt Ephesus. Von den Häfen Kemer und Antalya aus das über 2000 Jahre alte Amphitheater von Aspensos, wo wir die neunte Sinfonie von Beethoven in großer internationaler Besetzung in einer mitternächtlichen Gala unter dem Sternenhimmel erlebten.

Von Beirut aus können die Wege nach Damaskus, Palmyra und anderen Stätten der frühen Christenheit führen. Der Orakelort Delphi ist von Itea im Golf von Korinth schnell zu erreichen. Athen bietet nicht nur die Akropolis für kunst- und geschichtsinteressierte Langzeitsegler, und Venedig besuchten wir, um es unseren Kindern und Freunden zu zeigen, bereits viermal – immer am

Geschichte und Kultur gleichermaßen erleben: in über 2000 Jahre alten Amphitheatern mit Blick aufs Meer die 9. Sinfonie von Beethoven hören.

219

Dalben direkt vor dem Markusplatz festgemacht, mit der Murmur-Kulisse Zehntausender Besucher in den Ohren. Ebenso oft tuckerten wir auch durch den Kanal von Korinth – der wohl teuerste Kurztrip, den man sich denken kann.

c) Meeresarchäologie mit eigenen Zielen

Meereskunde kann man überall und unverändert treiben, Landeskunde bietet sich immer neu an: Wasserfälle und Höhlen für den Naturfreund, Teppichknüpfer in Zelten und Werkstätten von Silberschmieden für den technisch Interessierten. Archäologische Ausgrabungen nicht nur im alten Troja sind genauso sehenswert wie die Bilder von den Tauchgängen zu versunkenen, gestrandeten Frachtschiffen der Ägypter und ihren jetzt an ihrem Unglücksort geborgenen kostbaren Ladungen, die man in Bodrum besichtigen kann. Oder die im Wasser stehenden Sarkophage der Lyker, die 3000 v. Chr. in Kleinasien siedelten.

Langzeitsegeln kann eben doch mehr sein als nur Meer, und irgendwann sind wohl alle jene Segler zu bedauern, die ihre Erfüllung nur in immer mehr Geschwindigkeit unter Segeln oder im Ablaufen von immer längeren Non-Stop-Distanzen über die Ozeane suchen.

10. Vorsicht und Vorsorge für unterwegs

Am Anfang ihres Langzeitseglerlebens ist wohl jede Crew topfit, denn sie hat sich jahrelang auf diesen Beginn eines neuen Lebensabschnittes gefreut und sich physisch wie psychisch auf das Alleinsein fern der Heimat vorbereitet. Dennoch sollte man auch an dunkle Stunden denken, selbst wenn man sie (hoffentlich) nie erleben wird.

a) *Vorsorge gegen Unfall und Krankheit*

Bis auf eine kleine Verletzung, die im Ausland geröntgt und behandelt werden musste, sind wir auf CORMORAN in den über 20 Jahren unseres Langzeitsegelns, in dem wir ja auch älter wurden, heil und gesund geblieben. Die entsprechenden, eher geringfügigen Arzt- und Behandlungskosten (in einem außereuropäischen Land) erstattete uns unsere Krankenversicherung nach Vorlegen der Rechnungen anstandslos.

Medikamente selbst bezahlen

Die Medikamente für die übliche Bordapotheke haben wir zum Teil aus Deutschland mitgebracht, zum Teil im Ausland gekauft. Hier werden sie oft unter anderem Namen angeboten und sind auch mit ihrer deutschen Bezeichnung preiswerter. Eine so strenge Rezeptpflicht wie in Deutschland gibt es vielerorts nicht. Im Zweifelsfalle stellt ein einheimischer Arzt (in einem Tourismusort) gegen eine geringe Gebühr ein Rezept für das adäquate Medikament einer Langzeitbehandlung (z.B. bei Bluthochdruck) aus.

Muss man andere persönliche Medikamente ergänzen, nehme man den (meist mehrsprachigen) Beipackzettel zum örtlichen Apotheker mit. Im Allgemeinen kann man sich von den oft im Ausland ausgebildeten und dann auch gut Englisch oder Deutsch sprechenden Fachapothekern fachmännisch beraten lassen und ihnen auch dann vertrauen, wenn sie an Stelle des (nicht lieferbaren) deutschen Produktes ein alternatives Medikament aus einem anderen EU-Land empfehlen.

Ohne entsprechende Gesundheitsvorsorge und Sicherung einer ärztlichen Behandlung sollte niemand an Bord einer Langzeityacht gehen. Hand- und Beinbrüche können noch die problemlosesten Verletzungen sein, aber auch mit Infektionen muss man rechnen. Ob man hierfür eigene Rücklagen bildet und die entsprechenden Kosten, wenn sie anfallen, an Ort und Stelle in bar und aus eigener Tasche bezahlt oder ob man sich in eine Krankenversicherung (oder eine spezielle Unfall- oder Auslands-Krankenversicherung) einkauft, die diese Kosten übernimmt, muss jeder selbst (und nach Einschätzung des eigenen Gefahrenrisikos) entscheiden.

b) Krankenversicherungsschutz im Ausland

Empfehlenswert ist es, das private Versicherungsverhältnis (z.b. zur DAK) aufrechtzuerhalten, wenn man sich in Ländern des Europäischen Wirtschaftsraums aufhält. Denn hier bleibt der Krankenversicherungsschutz in gleicher Weise wie in Deutschland bestehen. Zum EWR zählen z.b. auch die Küstenstaaten Belgien, Dänemark, Finnland, Frankreich (mit z.b. Guadeloupe und Martinique), Griechenland, Großbritannien (außer den Kanalinseln), Irland, Island, Italien, Niederlande, Norwegen (außer z.b. Spitzbergen und Bäreninsel), Portugal, Schweden und Spanien.

Inwieweit man sich von seiner Versicherung bereits vorher ein entsprechendes Formular »Bescheinigung über den Sachleistungsanspruch« für mögliche Rückerstattung von Arzt- und Krankenhauskosten beschaffen sollte, kläre man vor der Abreise ab.

Mit Kroatien, Slowenien, Jugoslawien, Tunesien und der Türkei bestehen nur bilaterale Abkommen. Hier bedarf es von vornherein eines entsprechenden Formulars, wenn man ärztliche Hilfe in Anspruch nehmen und die Kosten von der eigenen Krankenversicherung in Deutschland später rückerstattet haben möchte.

Zusätzlich noch privat versichert?

Deutsche Krankenversicherungen empfehlen dennoch, eine Auslandskrankenversicherung zusätzlich abzuschließen, weil auch in den oben genannten Ländern mit einem Sozialversicherungsabkommen und natürlich in allen anderen Staaten einmal für bestimmte Leistungen zum Teil erhebliche Eigenanteile zu bezahlen sind, zum anderen die gewährten Leistungen natürlich auch nur nach den Rechtsvorschriften der jeweiligen Länder gewährt werden.

Eine solche Reise-Krankenversicherung haben z.b. die Besatzungen von über 1000 Yachten, die unter dem Stander des Vereins »Trans-Ocean« über die Weltmeere segeln, über einen relativ günstigen Gruppenvertrag bei der Firma Siegfried Preuß abgeschlossen (Infos über Fax 05 31-3 66 69). Derzeit beträgt der Jahresbeitrag 949 DM für Frauen und 475 DM für Männer. Bei der Continentalen-Versicherung sind die Prämien nach Alter und Leistungen gestaffelt und betragen zwischen 1100 und 2900 DM.

Eine kostengünstige Auslandsreise-Krankenversicherung bietet jetzt auch der Yachtversicherer Pantaenius für Langzeitsegler an. Die weltweit geltende Vollversicherung ist in der Höhe der Versicherungssumme bei den Behandlungs- und Krankenhauskosten nicht beschränkt. Die Jahresprämie beträgt 750 DM für einen Erwachsenen und 350 DM für ein Kind bis zum 16. Lebensjahr. Eine Gesundheitsprüfung vor Abschluss entfällt. (Infos über Tel. 040-37091-0.) Wer vor der Ausreise als Arbeitnehmer über die gesetzliche Krankenversicherung versichert war, sollte gegebenenfalls eine freiwillige Weiterversicherung abschließen, die auch »ohne Leistungsansprüche« möglich ist. Mit einer solchen »Anwartschaftsversicherung« erspart man sich vor allem mögliche mehrmonatige Wartefristen, auch in der Sozialversicherung.

Für rechtsgültige Informationen vor der Entscheidung zum Langzeitsegeln im Ausland sollte man seine Versicherungen um Rat fragen.

c) Eignervollmacht für einen Unfall

Es war nur eine flüchtige Hafenbekanntschaft für eine Nacht, aber mit gegenseitiger Sympathie. Und als Christian am Morgen von Kalkan an der türkischen Südküste mit einem Leihwagen zum einige Fahrstunden entfernten Flughafen Dalaman startete, um Segelfreunde abzuholen, hinterließ er seinen neben unserem CORMORAN festgemachten Seekreuzer CARINA ganz selbstverständlich in unserer Obhut.

Nachdem er am Nachmittag noch nicht zurückgekehrt war, wurden wir unruhig, und als am Abend drei unbekannte Segler mit einem Taxi vor der CARINA hielten und an Bord gingen, mussten wir sie ansprechen. Was wollten sie hier? Und wo war Christian?

Die Antwort war schockierend: Christian hatte auf der Hinfahrt einen Autounfall gehabt und war mit einem komplizierten Bruch ins Krankenhaus gekommen. Seine Freunde, so hatte er sie wissen lassen, sollten die CARINA bis nach Marmaris weitersegeln und die Yacht dort, an ihrem Liegeplatz, unter Zollverschluss stellen lassen, bevor sie wieder nach Deutschland zurückkehrten.

Transitlogs sind personengebunden

So weit, so gut. Aber was in deutschen Küstengewässern ganz selbstverständlich sein würde, erwies sich in türkischen Gewässern als problematisch: Denn für die CARINA war Christian als Eigner nicht nur im deutschen Schiffszertifikat vermerkt, sondern als Eigner (und Kapitän) auch im türkischen Transitlog eingetragen. Die CARINA durfte also nur segeln, wenn er an Bord war, und wenn andere Personen ohne ihn die CARINA segelten und bei einer Kontrolle der Bootspapiere dabei ertappt wurden, müsste die Küstenwache sie als vermeintliche Yachtdiebe festsetzen.

Mit ihrer neuen Crew, aber ohne Eigner und Kapitän, hing die CARINA somit fest – in einem kleinen Durchgangshafen, in dem sie schon aus seemännischen Gründen nicht bleiben konnte und aus zollrechtlichen Gründen nicht bleiben durfte. Was also tun?

Das Problem war auch für mich neu und seine Zeit raubende Lösung lehrreich: Christian musste an seinem Krankenbett im Ausland in Anwesenheit eines Notars und eines Behördenvertreters eine von seinem Anwalt in Deutschland konzipierte Vollmacht unterzeichnen, nach deren Vorliegen einer seiner an Bord der CARINA eingestiegenen Freunde die Yacht dann endlich in der gewünschten Weise weitersegeln durfte.

Eine solche Vollmacht (siehe weiter unten) gehört seit diesem Erlebnis zu meinen Bootspapieren. Ich habe sie ausführlicher geschrieben, nachdem ich in der Zwischenzeit gelesen habe, für welche vielen anderen Tücken und Gefahren man als Eigner einer Yacht doch eine eigentlich selbstverständliche Vorsorge treffen muss, ohne ängstlich oder pessimistisch zu sein. Aber: Unverhofft kommt oft, und Fahrtensegeln ist – wie jede Seefahrt – kein ungefährlicher Sport.

d) Vorsorge für den Fall der Fälle

Es muss ja nicht ein unerwarteter tragischer oder gar gewaltsamer Tod sein, wie ihn der deutsche Trans-Ocean-Segler Rolf S. 1997 an Bord seiner Yacht vor Honduras fand, für den sich jedermann wappnen sollte. Da gibt es ja z.B. die hinlänglich bekannten (und immer wiederkehrenden) Mann-über-Bord-

Unfälle, die – auch wenn sie den Eigner betrafen – immer nur mit einem seemännischen, aber nie mit einem juristischen Fazit publiziert werden. Aber was kommt dann?

Der tote Eigner ist ja auch meistens ein Erblasser, und selbst wenn eine andere Person eindeutig als Erbe der Yacht im Testament genannt war, kann es doch oft Wochen dauern, bis deren Verfügungsgewalt über die Yacht verbrieft und besiegelt ist. In der Zwischenzeit liegt die Yacht (im Ausland) irgendwo, nimmt (unbetreut) Schaden, kostet Liegegeld und kann nicht bewegt werden. Ein älterer Eigner kann an Bord auch eines natürlichen Todes sterben, er kann bei Herzinfarkt oder Fischvergiftung für eine bestimmte Zeit ausfallen, er kann durch einen Schlag des Großbaumes eine Gehirnerschütterung erleiden und sich vorübergehend vertreten lassen müssen, er ist bei allen Bordarbeiten, bei Bootsbewegungen im Seegang, bei Reparaturen in Havariefällen und anderen Gelegenheiten mehr einer Vielzahl von Verletzungsgefahren ausgesetzt, die oft nur an Land und stationär behandelt werden können.

Kurz und gut: Für jeden Bootseigner ist es ratsam, eine solche Erklärung an Bord und (gegebenenfalls versiegelt) in den Bootspapieren zu haben, auf die seine Crew entweder auf seine (persönliche) Anweisung oder in seiner unerwarteten, anhaltenden Abwesenheit zurückgreifen kann.

Ihr Text sollte so gestaltet sein, dass sowohl die Hafen- und Zollbehörden dort zufrieden gestellt werden, wo die Yacht zum Zeitpunkt des Ereignisses liegt, als auch die zoll- und schifffahrtsrechtlichen Forderungen in jenen Orten und Ländern erfüllt werden, zu denen das Boot gebracht werden soll. Das setzt u. a. eine mehrsprachige Version, zumindest in Deutsch und Englisch, voraus. Eine solche Erklärung sollte auch für Vereinbarungen gelten, die mit einer Yachtversicherung getroffen wurden und einen Fall von Havarie, Strandung, Sinken, Yachtdiebstahl o. ä. betreffen. Sie könnte etwa lauten:

e) Unbeschränkte Eignervollmacht

»Hiermit übertrage ich (*Name, Vorname, Geburtsdaten, ggf. Passnummer etc., Wohnort*), eingetragener Eigentümer/Eigner der Yacht (*Name, Heimathafen, Unterscheidungszeichen, Schiffsregisternummer, Yachtregisternum-*

225

mer o. ä., Bruttoraumzahl), für den Fall meiner aus gesundheitlichen, geschäftlichen oder anderen Gründen bedingten Abwesenheit, im Falle einer vorübergehenden, durch Unfall oder Krankheit an Bord bedingten Rechtsunfähigkeit oder im Falle meines Todes alle Rechte und Pflichten als Eigner der oben genannten Yacht (*Name*) auf meine Frau/... oder andere Person (*Name, Vorname, Geburtsdaten, ggf. Passnummer etc., Wohnort*).

Frau/Herr (*Name, Vorname, wie oben*) ist bevollmächtigt, über die Yacht (*Name, wie oben*) nach eigenem Willen zu verfügen. Insbesondere ist sie/er befugt, die Yacht von ihrem bei Vollmachteintritt erreichten Liegeplatz bzw. Ankerplatz zu entfernen, sie an einen von ihr/ihm bestimmten Ort zu überführen, sie in ein Winterlager zu bringen oder an einem bestimmten Platz einzulagern, im Havariefalle ihre Fahrbereitschaft wiederherzustellen, sie im Falle einer andauernden Manövrierunfähigkeit für ihren Restwert zu verkaufen und/oder gegebenenfalls eine andere befähigte Person mit der Führung der Yacht als verantwortlichem Fahrzeugführer/Kapitän zu betreuen.

Der Name von Frau/Herrn (*Name wie oben*) soll in jedem der oben genannten Fälle auf allen privaten und gesetzlichen, inländischen wie ausländischen Dokumenten, die sich auf den Betrieb und das Eigentum der Yacht beziehen, als Ersatz für meinen Namen gelten.

Datum, Unterschrift   Siegel und Unterschrift der Beglaubigung«

f) Oft genügt eine Benutzungserlaubnis

An Stelle eines solchen Papiers, das den Charakter eines Testamentes hat und das natürlich kein Langzeitsegler gern zu früh ausstellt, genügt auch eine Bescheinigung anderer Art, die ebenso ratsam ist und gegebenenfalls den gleichen Zweck erfüllen kann.
Sie ist vor allem dann nützlich, wenn Yachten, die einem privaten Eigner gehören, von einem Schipper geführt werden, der nicht der in den Bootspapieren eingetragene Eigner ist. Misstrauische Passkontrolleure oder Zollbeamte können dann auf den Gedanken kommen, die Yacht sei gestohlen worden.

Diese Gefahr besteht besonders, wenn der Yachteigner auf der Teiletappe einer Langfahrt nicht an Bord ist, er aus persönlichen oder geschäftlichen Gründen eine Reise unterbrechen musste und auf einer Überführungsfahrt noch Häfen in verschiedenen Ländern (zum Einklarieren) angelaufen werden müssen. In zunehmendem Maße vermuten die Behörden (vor allem in den Mittelmeerländern) in solchen Fällen auch eine unangemeldete gewerbliche Vercharterung – wohingegen es jedem Eigner nach wie vor freigestellt ist, z.b. seinen Kindern wie Verwandten oder Freunden sein Boot auch unentgeltlich für einen Urlaubstörn zu überlassen.

Da bereits wiederholt Yachten, auf denen der Fahrzeugführer nicht der Eigner war, bis zum Nachweis einer entsprechenden Berechtigung (vor allem in ausländischen Häfen) festgehalten wurden, empfiehlt es sich, solchen Schwierigkeiten vorab durch eine Benutzungserlaubnis vorzubeugen. Sie wird am besten in Deutsch und Englisch (gegebenenfalls auch in Französisch oder Spanisch) abgefasst und in mehreren Kopien ausgefertigt (in die gegebenenfalls der Name des jeweiligen Skippers eingesetzt wird, wenn mehrere Personen nacheinander die Yacht führen sollen).

Lässt man sich die Unterschrift des Eigners noch durch einen Notar (mit dessen Siegel) oder eine Behörde bestätigen, wird die Nutzungserlaubnis gleichzeitig zu einem Dokument, das zu den Schiffspapieren gehört und den Eigner auch juristisch absichert.

Muster für eine Benutzungserlaubnis

»Der Unterzeichner (*Name, gegebenenfalls Anschrift*), Eigner der Yacht (*Name, Unterscheidungszeichen, Yachtregister- oder Bootsbrief-Nummer*), bestätigt hiermit, dass Frau/Herr (*Vorname, Name, Reisepass-Nummer*) das Recht hat, die Segelyacht (*Name*) nach eigenem Ermessen zu benutzen.

Frau/Herr (*Nachname*) darf alle Rechte ausüben bzw. muss alle Pflichten erfüllen, die üblicherweise zu denen des Eigners gehören.

Dieses Nutzungsrecht besteht gratis und auf private Art. Es ist nicht durch einen Chartervertrag/Mietvertrag mit Entgelt begründet.

Ort, Datum   Eigner   Benutzer«

In Englisch ausgefertigt, könnte die Benutzungserlaubnis lauten:

Permit of the owner. To whom it may concern

»The undersigned (*name, etc.*), owner of the sailing yacht (*name of the yacht, distinguishing signal, sail number*), confirms herewith that Mrs./Mr. (*name etc.*) is entitled to operate the yacht (*name of the yacht*) for his own wish and on his own responsibility.

She/He is committed to practise owner's rights and to do owner's duties by operating the yacht to third parties directly.

The agreement is not based on a chartering contract. It is a private understanding, free of charge.

Place, Date   Owner   Authorized Person«

11. Ärgernisse, mit denen man rechnen muss

Wo Licht ist, ist auch Schatten, und wenn man Freude finden will, muss man (leider) auch Unbill in Kauf nehmen. Lassen Sie uns offen darüber sprechen und ein wichtiges Thema anschneiden, das in der Yachtpresse oft totgeschwiegen wird, weil man ja seine Kunden (Leser wie Anzeigenfirmen) nicht vom Segelsport vergrätzen, sondern möglichst (immer) mehr am Segeln interessierte Personen (als »Verbraucher«) dazugewinnen möchte.

a) Naturbuchten verstädtern durch Marinas

Und da liegt der Hase im Pfeffer: Denn die Anzahl der naturgegebenen und zum Segeln geeigneten (ortsnahen) Küstenreviere nimmt ja nicht zu – es wachsen nur die gewerbsmäßig vermieteten Boote darin. Und wenn Chartergesellschaften ein Gebiet entdecken, in dem Langzeitsegler bisher weitgehend unter sich waren, etablieren sie sich schnell mit immer neuen Stützpunkten.

Nicht jedermanns Sache: die Betonburgen an der französischen Mittelmeerküste, für die Yachthäfen nur Staffage sind.

So »verstädtern« auch die schönsten Buchten, indem man neue Landanlagen mit Serviceeinrichtungen an ihren Küsten baut und das freie Wasser zum Ankern mit Betonstegen zum Festmachen zudeckt. Die Piškera und die Palmižana in Kroatien sind Beispiele dafür in der dalmatinischen Inselwelt.

b) Charteryachten überschwemmen das Revier

Im letzten Überwinterungshafen unseres Cormoran, Marmaris an der türkischen Südwestküste, unterhalten zum Beispiel mindestens acht Chartergesellschaften zusammen ungefähr 250 Charterboote mit durchschnittlich 44 Fuß (ca. 13,50 m) Länge und je ca. acht Schlafplätzen, die wöchentlich gewechselt werden. Das bedeutet, dass von Anfang April bis Anfang November, gut 30 Wochen lang, wöchentlich bis zu 2000 Gelegenheitssegler allein von hier aus zu einem (meist jetzt nur noch) einwöchigen Chartertörn nach Norden oder/ und Süden starten können und – mit Insel-, Hafen- oder Ankerplatz-Hopping – nach sechs oder sieben Tagen wieder zu ihrer Basis zurückkehren.

Auf eine Segelsaison hochgerechnet, überschwemmen jetzt ca. 50 000 Gelegenheitssegler ein (beidseits kaum 100 Seemeilen langes) idyllisches Küstenrevier, in dem die Häfen und Buchten, die sie anlaufen können, nicht zahlreicher werden – und auch nicht mehr voller werden können. Denn sie sind ohnehin schon (von Charterseglern) überfüllt, und die Eigneryachten (von Langzeitseglern) können sich hier nur noch halten, wenn sie entweder antizyklisch segeln, das heißt z. B. eine einsame Ankerbucht am Wochenende aufsuchen, wenn die Gelegenheitssegler in den Charterbasen ihre Boote wechseln, oder dem Wellenberg der nachfolgenden Charterflotte auf ihren programmierten Kursen voransegeln, wenn sie die Ärgernisse dieser Masseninvasion vermeiden wollen.

Denn wohin sollen sie ausweichen, wenn die nächste Charterbasis mit einem ähnlichen Besatz von Mietbooten keine Tagesreise weit entfernt liegt? Ein deutscher Charterkatalog listet allein über 20000 Mietboote auf, die ganzjährig und weltweit angeboten werden – der Anfang vom Ende des Eigner- und Langzeitsegelns?

c) Gelegenheitssegler ohne Erfahrung

Die seemännischen Erfahrungen von vielen Gelegenheitsseglern, von denen oft nur der »Kapitän« schon einmal ein Boot manövriert hat, sind überwiegend mangelhaft. Während Yachten in deutschen Häfen fast ausnahmslos an Pfählen liegen und man ganz selbstverständlich Bug voran in die Box einläuft, versuchen Chartersegler in Mittelmeerhäfen, mit ihrem Mietboot fast grundsätzlich mit dem Heck voran in eine Vierkantvertäuung zur Pier zu gehen (damit ihre vielbeinige Crew bequemer aus der Kajüte über die Plicht an Land gehen kann).

Dabei können sie einen Freiraum von vier Meter Breite zwischen anderen Booten beim Zurücksetzen mit gleichzeitig gefierter Bugankerkette nur einnehmen, wenn sich die Crew an den Relingen der Nachbarboote vielhändig abstützt oder (andererseits) das Boot mit der Bootshakenspitze von den Nachbar(eigner)booten absetzt und das überbreite Heck kräftig nach achtern zerrt. (Langzeitsegler gehen ganz selbstverständlich und ohne seemännische Komplikationen mit dem Bug voran an den Kai und machen die in allen Marinas ausgelegten Muringleinen am Heck fest.)

Die Folgen an unserem Boot, wenn denn jeden Abend ein anderes Charterboot mit dem gleichen Unvermögen seiner Besatzung festmachte, waren offensichtlich: Alle Relingstützen waren verbogen und wackelten in ihren Füßen, die Davits wurden abgeknickt, das in ihnen hängende Schlauchboot beschädigt, und Risse im Farbüberzug der Außenhaut mussten übermalt werden.

d) Charterboote ankern abenteuerlich

Im Ankerfeld waren insbesondere deutsche Charteryachten daran zu erkennen, dass sie ihren Anker (für eine Nacht, bei leichtem Wetter und trotz einer zu erwartenden Windänderung vom Tag- zum Nachtwind) beim Ankermanöver »einfahren« mussten, mit »Voll zurück« und 40 Pferdestärken eine halbe Minute lang. Da kein Anker dieser Belastung standhielt, mussten sie das Ankermanöver mehrmals wiederholen und pflügten dazu durch die Gassen der Ankerlieger, bis der Pflug schließlich (meist an einem fremden Geschirr) endlich doch Halt fand. Jeden Abend ein mehrfaches Nervenspiel für Ereignisse in nächster Nähe.

Gelegenheitssegler haben auch eine Vorliebe dafür, sich möglichst dicht an eine verankerte Langzeityacht zu legen – selbst wenn rundherum Hunderte von Metern Freiraum auf dem Wasser ist. Warnungen vor möglichen Kollisionen bei nächtlicher Winddrehung schlagen sie in den Wind. Und wenn es dann (wie z.B. mit uns beim griechischen Kap Sounion in Attika) in dunkler Nacht zu Kollisionen der ankernden Yachten kommt, gehen sie (als letztgekommene Crew) nicht ankerauf, wie es Seemannsbrauch ist, sondern bezichtigen ihre Nachbarn »schlierender Anker« und halten sich ungeniert stundenlang an fremden Bordwänden mit Bootshaken fest, anstatt mit ihrem Boot umzuankern.

Diskos beschallen stille Buchten

In viel belegten Buchten und am Rande kleiner Häfen haben sich natürlich auch Diskos etabliert, die bis zum Morgengrauen die weiten Wasserflächen beschallen. Leider warnt kein »Führer für Sportschiffer« vor ihnen, und da sie meistens erst in späten Nachtstunden öffnen, kann man oft nur mit Oropax Nachtruhe finden.

Eine Geißel sind auch die Jet-Skies, wie man jene hochmotorisierten, schnellen und lauten »Motorräder auf dem Wasser« nennt. Geschäftstüchtige einheimische Bootsverleiher fahren mit ihnen das Ankerfeld ab und bieten dabei den Gelegenheitsseglern zum Ausklang des Tages teure wilde Fahrstunden an. Natürlich finden sie Kunden, und nicht selten sind es ein halbes Dutzend dieser Renner, die dann dicht und lebensgefährlich an den verankerten Yachten vorbeirasen – ohne Rücksicht auf deren Besatzungen, die nahe der Bordwand ihr Abendbad nehmen.

Nicht anders machen es die Wasserskiläufer, die meistens zu den Besatzungen von Motoryachten gehören und vornehmlich die frühen Morgenstunden für ihren »Sport« auswählen, weil sie nur dann genügend Platz haben. Auch sie gefährden das Morgenbad in Bordwandnähe.

e) Übergroße Motoryachten nehmen Platz weg

Motoryachten sind ebenfalls keine willkommenen Partner mehr. Oft blockieren sie (mit über 20 m Länge) die Liegeplätze der Segelyachten im Hafen, und wenn sie (auf der Suche nach einem freien Platz auf flachem Wasser) mit ihren starken Motoren durch ein enges Ankerfeld steuern, bricht ihr Propellerstrom oft sorgsam eingegrabene Anker aus.

Wir merkten dies z.B. in der kleinen Bucht von Trizonia im Golf von Korinth erst, als wir vor dem Abendessen auf der Terrasse der hohen Bergbar die erschreckten Alarmrufe von unten hörten: »Cᴏʀᴍᴏʀᴀɴ geht auf Drift!« In diesem Augenblick hätten wir fliegen mögen – aber amerikanische und französische Seglerfreunde auf den Nachbarbooten sicherten unser Boot, bis wir vom Ufer übersetzen konnten.

Nicht immer sympathische Liegeplatz-Konkurrenten sind (im östlichen Mittelmeer) auch die Kaiken, Güllets oder wie auch immer die Passagier-Motorsegler landesüblich heißen, die mit mindestens zwölf zahlenden Gästen wöchentlich immer die gleiche Küstenstrecke im Pendelverkehr ablaufen. Als wir z.B. an einem Sommermorgen das Kap Yardirma an der Südwestspitze der türkischen Küste ansteuerten, passierten uns innerhalb einer Stunde 56 Güllets auf Gegenkurs – alle mit ähnlichen Tageszielen.

Liegen diese in kleinen Häfen (wie auf dieser Strecke z.B. in Kas oder Kalkan), lassen sie dort (bei ihrer Vierkantvertäuung) den Buganker fast hautnah neben den festgemachten Yachten der gegenüberliegenden Seite fallen, und vertörnte Ankergeschirre sind die unabwendbare Folge. Man muss dann warten, bis die Großen die Geschirre klariert haben, und später auslaufen – mit den Bordmitteln einer Yacht kann man schweren Ankersalat nicht entwirren.

f) *Ärgernisse mit unliebsamen Zeitgenossen*

Noch nicht genug der Ärgernisse? Auch Wind und Wetter, die sich in manchen Revieren schnell und plötzlich ändern und dazu führen können, dass man an seinem Liegeplatz verholen, zusätzliche Leinen scheren oder gar einen (zweiten) Anker ausfahren muss, erfreuen einen Langzeitsegler nicht immer. So kann man auch zum Gefangenen seines Bootes werden, wenn man vor Anker oder im Hafen liegt und durch gefährliche Wetterverhältnisse ein (mehr-

Früher erfreuliche, heute oft unliebsame Begegnung: Marine- und Polizeifahrzeuge stoppen Yachten auf hoher See und schicken ein Enterkommando, um nach geschmuggelten Drogen zu suchen.

stündiger) Landgang, geschweige ein (mehrtägiger) Ausflug auf unbestimmte Zeit unmöglich wird. Hier zahlt sich eine Bordfreundschaft mit Nachbarbooten aus, die einen anstehenden Noteinsatz übernehmen wollen, oder auch die selbstverständliche Hilfe des »Mackers«, mit dem man einen längeren Törn in der Partnerschaft von (mindestens zwei) Booten segelt.

Liegen im Päckchen sollte man vermeiden

Längsseitsliegen ist im Mittelmeer glücklicherweise nicht üblich; denn mit einer Vierkantvertäuung nimmt man nur eine Bootsbreite, aber keine Bootslänge am Kai ein, und mit Bug oder Heck zum Kai hat man auch immer einen separaten Zugang zum Land, auf dem man niemanden stört. Leider gibt es dennoch (dumme oder rabiate) Bootseigner, die sich über diese selbstverständliche Regelung hinwegsetzen.

Als wir in dem immer überfüllten Yachthafen Alimos bei Athen den Bootsmann des einzigen längsseits liegenden griechischen Bootes fragten, ob wir längsseit gehen dürften, erlaubte er es selbstverständlich. Wir säuberten unser Boot vom Salz des Seetörns durch die Kykladen, und bald hing frisch gewaschene Wäsche auf einer von vorn nach achtern gezogenen Leine.

Dieser Anblick lockte offenbar den Eigner des Nachbarbootes an, der an Land gewesen war: Wutentbrannt stürzte er auf sein Deck und warf ohne Federlesens unsere Leinen los – vorn und achtern, die ich stehenden Fußes wieder an seinen Klampen festmachte – vorn und achtern. So ging es eine Zeit lang, doch ehe es zu Handgreiflichkeiten kommen konnte, erwies sich ein Loswerfen als schnellere Handlung, und wir segelten mit Wäsche statt Fock und Großsegel durch den Hafen, bis wir wieder seemännisch manövrierfähig waren.

Unangenehmer ist mir eine ähnliche Situation im kleinen kroatischen Fischerhafen Vrsar in Erinnerung, wo eine deutsche 10-m-Yacht mitten an einem 20 m langen Kai längsseits lag und den Platz von fünf Yachten mit der üblichen Vierkantvertäuung blockierte. Unser Anlegemanöver an seinem (verlassenen) Boot sah sich der Eigner anonym aus einer Zuschauermenge am Kai an, aber als wir schließlich die Festmacher belegt hatten, kam er an Bord und wollte uns (in einem vermeintlichen Liegeplatzrecht) zum Ablegen zwingen und dazu unsere Leinen mit dem Messer durchschneiden. Peinlich, dass ein kroatischer Polizist einen deutschen Segler im Ausland daran hindern musste.

Er entschied dann auch gemäß Seemannsbrauch: Wer längsseits festmacht, muss das Anlegen einer zweiten (und dritten) Yacht an seinem Boot zulassen. Er kann sich gegebenenfalls als kleineres Boot im Päckchen nach außen verholen und dann mit seiner Crew selbst über die anderen Decks steigen.

Muslime sind ehrliche Menschen

Diebstähle und Einbrüche an Bord, die andernorts Ärgernisse sein können, sind in islamischen Ländern, z. B. in Tunesien und in der Türkei, undenkbar. Hier bietet der Langzeitaufenthalt eine wirklich wohl tuende Sicherheit. Dafür haben wir in anderen kleinen Häfen (nicht nur des Mittelmeeres) immer mal wieder kleine Ausrüstungsstücke verloren, die man uns einfach bei Nacht vom Deck nahm. Die begehrlichen Blicke der Passanten am Kai hätten uns schon am Tage auffallen sollen.

Einen sehr folgenschweren Einbruch erlebten wir im (damals noch jugoslawischen) Kroatien. Offenbar kamen die Diebe (im Schutz einer Novembernacht) mit dem Boot und räumten gezielt technische Teile, Wäsche und Haushaltsgeräte ab. Mit den Wachstropfen von Teelichten, mit denen sie offenbar das Boot ausleuchteten, verschmutzten sie die ganze Kajüte und vandalisierten die Teile, die sie nicht mitnehmen konnten.

Wie weit man sich dagegen schützen kann und muss, ist individuell und örtlich zu entscheiden.

Und Ärgernisse mit (technischen) Bordgeräten? Wir segeln nur mit einfachsten Geräten und haben für die wichtigsten, falls sie denn einmal unterwegs ihren Dienst versagen, ein (selten eingesetztes) Zweitgerät an Bord: Geber für Log und Lot, Handempfänger für GPS – und Ersatzteile für den Optimus-Herd und die Toilettenpumpen, mit denen wir selbst umgehen können.

Langzeitseglers Feld
ist die ganze Welt

1. Was man planen und verwirklichen kann

a) Am Anfang jeder Reise steht der Plan

»Man sage nicht, das Schwerste sei die Tat – da hilft der Mut, der Augenblick, die Regung. Das Schwerste dieser Welt ist der Entschluss.« So las ich es einmal vor Jahr und Tag, und dieses Dichterwort hat mich seither bei allen meinen Entscheidungen begleitet.

Auch zum Langzeitsegeln wird es bei jedem Segler irgendwann einmal einen Entschluss geben. Aber diese Entscheidung ist ganz selbstverständlich auch mit Antworten auf die Fragen verbunden: Wird mich ein monatelanges Bordleben tatsächlich befriedigen? Wohin soll ich meine Kurse steuern? Wo liegt das Ziel meiner Reisen? In welchen Revieren will ich die erwünschten schönen Jahre meines Lebens verbringen?

Ich habe Ihnen bis hierher eigene Tipps und Erfahrungen vermittelt. Am Anfang dieses Buches habe ich kurze Anregungen zum Langzeitsegeln mit Kindern in verschiedenen Altersgruppen gegeben und außerdem gezeigt, wie man das Berufsleben unterbrechen kann, um schon vor dem Rentenalter ein langes Segeljahr einzulegen.

Zum Abschluss möchte ich noch ein paar wertvolle Beispiele zum Langzeitsegeln anführen, erläutert an den Reisen von besonders erfahrenen Seglerpaaren, die schon früh zu diesem Lebensabschnitt starten konnten oder auch erst spät, aber dann umso länger die Träume eines Lebens zu verwirklichen verstanden. Anstöße zu den entsprechenden Plänen und Entscheidungen kommen oft von außen, und ich bin glücklich, dass Heide und Erich Wilts den entscheidenden Impuls zu ihrem wohl wichtigsten Seglerunternehmen, das den

Lebensabschnitt als Langzeitsegler einleitete, nach ihrem eigenen Bekunden von mir erhielten.

»Am Anfang einer jeden Reise steht die Idee!«, schreibt Erich Wilts im Juli 1983 im Vorwort zu Heides Buch *Weit im Norden liegt Kap Hoorn*. »Bei meiner Frau und mir hatte alles damit begonnen, dass wir einmal für ein halbes Jahr aus dem Berufsalltag aussteigen wollten und uns überlegten, das Winterhalbjahr auf eigenem Kiel in der Karibik zu verbringen. Dann kam der Tag, an dem uns das Buch *Als erste deutsche Yachtsegler rund Kap Hoorn* von Joachim Schult in die Hände fiel, in dem er die Kap-Hoorn-Umrundung der deutschen Segelyacht JOSHUA beschreibt. Diese Reise wurde von den Berlinern Götz Schreiber und Hans-Joachim Pusch 1972/73 durchgeführt und stellt eine historische Tat im deutschen Hochsee-Yachtsport dar.

Man könnte mit Stefan Zweig fragen: ›Was gilt eine Tat, wenn sie nicht dargestellt wird?‹ – Die Berliner fanden in Schult ihren Pigafetti; wie jener einst bei Magellans Weltumsegelung 1519 bis 1522 wurde dieser zum Chronisten einer für unsere Zeit bedeutsamen Reise. Wir verschlingen das Buch und studieren die sorgfältige Dokumentation. Allmählich nimmt unsere Idee Gestalt an: Auch wir wollen um das Kap der Stürme segeln, und zwar entgegen dem ›logischen Weg‹, den Moitessier und die Berliner gewählt hatten.«

b) Langzeitsegeln mit Abenteuerlust

Die Reise mit dem 15 m langen Stahlseekreuzer FREYDIS dauert in den Jahren 1981/82 für das damals 40-jährige Ehepaar 325 Tage, von denen gut 200 auf See und insgesamt vier Monate an Land verbracht werden. In dieser Zeit durchsegelt die FREYDIS alle Klimazonen der Welt, stößt als erste deutsche Yacht in die Antarktis vor und legt fast 23 000 Seemeilen zurück – mehr als den Erdumfang.

Nach dieser Langzeitreise ist es nur eine Frage der Zeit, wann sich die 1942 geborene Ärztin Heide und der gleichaltrige Diplomkaufmann Erich aus ihren verantwortungsvollen Tätigkeiten an Land lösen dürfen, um künftig nur noch als Langzeitsegler an Bord leben und zu immer neuen, von Yachtseglern noch nie betretenen Ufern aufbrechen zu können. Beide werden dabei zu Chronisten ihrer spektakulären Reisen, die von Heide packend beschrieben und von Erich aus oft unglaublichen Perspektiven im Bild festgehalten werden. Beginnend mit den Arktis-Reisen 1986 und 1987, auf denen sie auch teilweise im Kielwasser unseres 9-m-Seekreuzers CORMORAN II bei seiner Atlantiküberquerung 1979 auf der Wikingerroute von Neufundland über die grönländischen Gewässer und Island nach Norwegen segelten, liefen sie in den Folgejahren zu immer extremeren Langzeitfahrten in die kältesten Regionen der Erde aus. Zu ihrer Finanzierung tragen auch Chartergäste und die Einnahmen aus ihren Büchern und Filmen bei, in denen sie ein breites deutsches Seglerpublikum an ihren abenteuerlichen Extremreisen teilhaben lassen. *Gestrandet in der weißen Hölle* (1992) und *Auf der Route der Albatrosse* (1996) sind ihre jüngsten Veröffentlichungen.

c) Langzeitreisen mit Fernweh

So ist das derzeit (1999) 57-jährige Eignerpaar der FREYDIS zwar ein beispielhaftes, aber nicht in jedem Falle typisches Langzeitpaar. Ich möchte dafür eher Karin und Jürgen Schultze-Röhl nennen, obwohl auch sie – dem Gustav-Normalsegler gegenüber – einen entscheidenden Lebensvorteil in Anspruch nehmen konnten: Jürgens freiwillige vorzeitige Pensionierung im Jahre 1977 als Oberst der Bundesluftwaffe und Tornadopilot im Alter von 45 Jahren, als Karin etwa 42 Jahre alt ist.

Sie kaufen die 1970 aus Stahl gebaute KRIOS, einen 11,50 m langen und 3,50 m breiten englischen Dreikieler mit 1,40 m Tiefgang aus zweiter Hand, lassen sich mit ihm im Winter 1977 im Hafen von Laboe einfrieren, um zu prüfen, ob sie auch ein monatelanges hautenges Zusammenleben auf engstem Raum durchstehen, und starten nach Bestehen dieses Testes 1978 zur Atlantiküberquerung, wo wir ihnen mit unserem CORMORAN II begegnen und sie eine Zeit lang begleiten. Die KRIOS mit Heimathafen Kiel, in deren Mittelplicht wir unter karibischer Sonne unvergessliche Gesprächsstunden verbrachten, ist in vieler Hinsicht eine ideale Langzeityacht.

Karin und Jürgen leben jetzt schon, fast ohne Unterbrechung, zweiundzwanzig Jahre an Bord. Als wir mit unserem CORMORAN II 1979 Richtung Grönland starteten, rüstete sich die Krios zur Fahrt in den Amazonas, aus dem Cormoran II gerade gekommen war. 1980 begann sie seine Erkundung, die bis in den Oberlauf führte. Von hier aus ging es mit Seebeinen in die Anden und in die Länder Peru, Bolivien und Ecuador, bis die Krios Ende 1981 wieder in Belem an der Strommündung ankern konnte.

Jürgen und Karin Schultze-Röhl haben die Langzeitreisen mit der Krios in der Buchreihe »Fischer Report« anschaulich beschrieben. Vier Bände liegen bisher vor, und so gibt es eine ausführliche wie nachdenkliche Dokumentation: der anschließenden Weltumseglung auf der Passatroute, beispielsweise, die nach Erreichen von Kapstadt zuerst nach Brasilien und dann ins Mittelmeer führt; die folgende zweite Südamerikareise nach Kap Hoorn und wieder zurück ins Mittelmeer; der Kurs Ost durch das Mittelmeer ins Schwarze Meer und wieder zurück über Zypern und den Suez-Kanal ins Rote Meer; und schließlich die Langfahrt über Kenia nach Sri Lanka und weiter nach Indonesien, wo sich die Krios jetzt (1999) mit dem inzwischen 67 und 64 Jahre alten Eignerpaar immer noch aufhält.

Über ihre Reise berichten sie unter dem Sammeltitel *Vom Cockpit zu Cockpit* (worunter Jürgen den Wechsel von der Flugzeugkanzel in die Seekreuzerplicht versteht) in bisher vier Paperbacks, die in der Reihe »Fischer Report« erschienen sind: Band 1 *Mit Krios zur Karibik* (1991); Band 2 *Mit Krios zum Amazonas* (1991); Band 3 *Mit Krios in südlichen Breiten* (1993) und Band 4 *Mit Krios auf Kurs Ost* (1997).

d) Langzeitsegeln heimatnah, mit Nahweh

Im Deutschen gibt es diesen Begriff zwar nicht, aber er erscheint mir dennoch geeignet, ihn in einem sprachlichen Kontrast zu »Fernweh« zu benutzen: Amerika, Australien, Ostasien und Südafrika sind jeweils Fernziele unserer Reiselust. Das Mittelmeer oder das Nordkap sind Nahziele, wohin uns eine nicht geringere unbestimmbare Sehnsucht nach unbekannten Küsten, abgeschiedenen Inseln oder geschichtsträchtigen Sehenswürdigkeiten ziehen kann. Ein Beispiel hierfür ist die Calypso, deren Eignerpaar bei uns fast um die Ecke zu Hause ist.

Klaus, der Betriebsleiter eines großen Chemiewerkes an der Küste war, ließ sich mit 50 Jahren in einen gut bezahlten freiwilligen Ruhestand schicken und verließ im Mai 1987 mit seiner Frau Ute in der CALYPSO, einem kleinen 9,60-m-Seekreuzer, die Elbe. Die ursprünglich 8,80 m lange Ohlsen 8:8 hatte Klaus am Heck auf 9,60 m verlängert, und durch diesen zusätzlichen achteren Überhang erhielt das 2,85 m breite Boot mit 1,56 m Tiefgang, 33 qm Segelfläche und 3,20 t Verdrängung, das einen 13-PS-Dieselmotor hat, neben besseren Segeleigenschaften auch mehr Stauraum.

Mit der CALYPSO segelten Ute und Klaus im ersten Jahr entlang der Kanalküsten und über die Biskaya bis nach Vilamoura, im Jahre 1988 über die Balearen rund Sardinien, Korsika und Elba bis nach Tunesien, wo sie in El Cantoui überwinterten. Im Jahre 1989 ging es rund Sizilien, über die Ionischen Inseln durch die Ägäis und über die türkische Küste nach Zypern, wo die CALYPSO in Larnaka überwinterte.

Von dort aus erkundeten die beiden in den Jahren 1990 bis 1995 das östliche Mittelmeer, gingen 1996 ins westliche Mittelmeer zurück und entschieden sich dann doch kurz vor Erreichen von Madeira, das sie eigentlich vor der Teilnahme am ARC anlaufen wollten, nach Portugal zurückzukehren. 1996 und 1997 überwinterten sie nach atlantischen Küstenfahrten in Lagos, gingen 1998 wieder mit Ostkurs ins Mittelmeer und waren 1999 zur französischen Küste unterwegs.

Ute und Klaus sind wohl typische Langzeitsegler in einem relativ kleinen und bescheidenen Boot, in dem sie das ganze Jahr über (bis auf die Weihnachtstage, die sie daheim verbringen) segeln und leben. Wir trafen uns häufig und waren immer wieder erstaunt, wie wohl sie sich fühlten und wie sie immer neue lohnenswerte Ziele an der südeuropäischen Atlantikküste und im weiten Mittelmeer, das sie längst nicht ausgesegelt haben, entdeckten und ansteuerten.

e) Nur Sommer: zwei Boote in zwei Revieren

Zwei befreundete Besatzungen leisten sich das Langzeitsegeln seit 20 Jahren auf eine ganz besondere, persönliche Art: Mit ihren beiden Seekreuzern SCHNUDDEL (einer davon eine 41-Fuß-Nicholson) segeln Anni und Horst im Frühjahr und Herbst je drei Monate im Mittelmeer, und im Sommer sind sie mit der kleineren Namensschwester, einer Faurby 363, drei Monate in der Ostsee unterwegs.

Ursel und Claus-Peter, die an der Florida-Küste sesshaft geworden sind, aber immer noch »einen Koffer in Hamburg« haben, segeln die Nimanoa (eine 41-Fuß-Hallberg-Rassy) in der Hurrikan-freien Zeit (von November bis Mai) im Großraum Karibik, und von Juni bis September sind sie mit einem anderen Seekreuzer gleichen Namens von Hamburg aus in Ost- und Nordsee bis nach Norwegen unterwegs.

f) *Langzeitreisen mit Heimweh*

So möchte ich die Art unseres eigenen Langzeitsegelns mit unseren Seekreuzern Cormoran seit über 20 Jahren nennen.

Wir leben, nahezu Haus bei Haus, in einer Familiengemeinschaft, die bis vor einigen Jahren noch aus vier Generationen bestand und zu der heute Kinder und Enkelkinder gehören, die allesamt in ihrer Ferien- und Urlaubszeit (mit eigenen Seekreuzern oder als willkommene Crew mit uns) unter Segeln unterwegs sind. An Langzeitreisen war (insbesondere aus mütterlicher Sicht) erst zu denken, als die Schul- und Hochschulausbildung unserer Kinder abgeschlossen war.

Aber auch die ersten Transozeantörns wählten wir nie weiter als mit Zielen, die (für eine notwendige schnelle Rückkehr) nur sechs bis sieben Flugstunden von zu Hause entfernt lagen. Die Familienbindung (oder nennen wir es »Heimweh« zu unseren Kindern, dann zu Enkelkindern, und auch Verpflichtungen gegenüber deren Urgroßmutter in unserem Hause) war immer ein verständliches Gegengewicht gegen exzessive Seglerpläne.

So hieß es meistens einige Monate Abenteuersegeln, unterbrochen von einigen Wochen Heimatzeit, die ich auch als Autor für die Arbeit an neuen Büchern, die in der Praxis dieser Langzeittörns entstanden, oder für die Aktualisierung neuer Auflagen von erfolgreichen Titeln benötigte.

Segeln mit Heimweh – das heißt wohl: Nicht in der Summe der (über die Ozeane) gesegelten Meilen muss das Seglerglück liegen. Man kann es auch in der

241

Vielfalt der Erlebnisse finden, die das Langzeitsegeln küstenfern und küstennah, in enger Beziehung zu Land und Leuten und oft ganz unerwartet bieten kann.

2. In deutscher Gesellschaft überwintern

Langzeitsegler segeln das ganze Jahr in internationaler Gesellschaft, und sie verständigen sich fast ausschließlich in Englisch. Kleinere Kinder an Bord sind daher von einer Kommunikation weitgehend ausgeschlossen. Sucht man für die Winterliegezeit einen Hafen, wird man ihn vorrangig nach den Liegegebühren und daneben nach den Reparaturmöglichkeiten auswählen. Man sollte jedoch auch die Gesellschaft deutschsprachiger Besatzungen bedenken, die man in einem Winterhafen vorfinden könnte, damit sich die Kinder ebenfalls auf Freunde und Spielgefährten freuen können, mit denen sie in den langen und dunklen Winterwochen zusammenleben.

Winterliegehäfen, die sowohl einen Marinaservice für Langzeityachten gewährleisten als auch die Gesellschaft mit anderen deutschen Besatzungen bieten, sind u.a. folgende:

- Bodrum, Ohaniye, Marmaris, Fetiye, Finike, Kemer und Antalya an der türkischen Südwestküste.
- Girne, Larnaka auf Zypern.
- Abacca (Jordanien) und Eilat (Israel) am Roten Meer.
- Agios Nicolaos auf Kreta.
- Porto Heli, Kalamata, Syvota, Levkas, Korfu in Griechenland.
- Sibari an der italienischen Südküste.
- Monastir, El Kantaoui in Tunesien.
- Malta und Mallorca mit ihren Häfen.
- Marbella, Isla Cristina, Torrevieja, Cadiz in Südspanien und Gibraltar.
- Lagos, Vilamoura in Portugal.
- Agadir in Marokko.

- Madeira, Porto Santo und die Häfen der Kanaren im Ostatlantik.
- Palm City in Forida; die Bahamas; Puerto Rico und Cape Haitien; die Virgin Islands mit St. Thomas.
- Antigua, Martinique, Bequia, Grenada und andere Inseln in der Karibik.
- Bonaire und Curacao in den Niederländischen Antillen.
- Die San Blas-Inseln vor Panama.
- Isla Margarita, Puerto la Cruz und Caracas del Este in Venezuela.
- Kourou in Guayana; Bahia und Porto Bello in Brasilien.

In vielen der genannten Orte gibt es Stützpunkte des Vereins Trans-Ocean (Geschäftsstelle Bahnhofstraße 6–8, 27457 Cuxhaven, Tel. 05721–51800), die als Postadressen dienen können und mit denen man gegebenenfalls vor einer Planung eines längeren Aufenthaltes Kontakt aufnehmen kann.

Stichwortverzeichnis